100 Methoden für den

Englischunterricht

Ideen zur Förderung der mündlichen und schriftlichen Sprachkompetenz

Amy Buttner

D1705073

Verlag an der Ruhr

Impressum

Titel der deutschen Ausgabe
100 Methoden für den Englischunterricht
Ideen zur Förderung der mündlichen und schriftlichen Sprachkompetenz

Titel der amerikanischen Originalausgabe
Activities, Games and Assessment Strategies for the Foreign Language Classroom

© **der amerikanischen Originalausgabe**
Eye On Education 2007

Autorin
Amy Buttner

Titelbildmotiv
© by ponsulak – Fotolia.com

Übersetzung
Rita Kloosterziel

Bearbeitung für Deutschland

Verlag an der Ruhr
Mülheim an der Ruhr
www.verlagruhr.de

Geeignet für die Klassen 5–10

Unser Beitrag zum Umweltschutz:
Wir sind seit 2008 ein ÖKOPROFIT®-Betrieb und setzen uns damit aktiv für den Umweltschutz ein.
Das ÖKOPROFIT®-Projekt unterstützt Betriebe dabei, die Umwelt durch nachhaltiges Wirtschaften
zu entlasten.
Unsere Produkte sind grundsätzlich auf chlorfrei gebleichtes und nach Umweltschutzstandards
zertifiziertes Papier gedruckt.

© **der deutschen Ausgabe**
Verlag an der Ruhr 2012
ISBN 978-3-8346-2275-4

Printed in Germany

Inhaltsverzeichnis

Inhaltsverzeichnis

Inhaltsverzeichnis

Inhaltsverzeichnis

Vorwort

Eine Fremdsprache so zu unterrichten, dass die Schüler* sich ganz unbefangen in ihr bewegen und ihre Kenntnisse beim Sprechen und Schreiben ganz natürlich und unverkrampft wiedergeben können, ist seit jeher eine große Herausforderung. Hinzu kommen ständig weitere Schwierigkeiten, wie z.B. größere Klassen, heterogenere Leistungsstände und vollere Lehrpläne, und zudem bleibt immer weniger Zeit für die Stundenvorbereitung. Damit der Unterricht nicht mehr und mehr auf ein trockenes Abarbeiten der Lehrwerkslektionen reduziert wird, soll Ihnen diese bunte Sammlung an schnell und flexibel einsetzbaren Methoden, Strategien und Spielen für die Sekundarstufe I dabei helfen, Ihren Schülern abwechslungsreiche und kreative Sprech- und Schreibanlässe zu bieten, um so der Kommunikation – dem Dreh- und Angelpunkt des Fremdsprachenlernens – wieder mehr Raum zu geben.

Einleitend finden Sie in den ersten beiden Kapiteln einige **allgemeine Hinweise und Tipps zur Gestaltung des Fremdsprachenunterrichts**. Darin befinden sich bspw. zahlreiche Anregungen für Zeit sparende Organisationshilfen, wiederverwendbare Materialien, die Sie vielseitig für ein lebendiges Fremdsprachenlernen einsetzen können, und auch Vorschläge und Beispiele, wie Sie die kommunikativen Leistungen der Schüler sinnvoll dokumentieren, beurteilen und fördern können. Die abgedruckten Bewertungsraster, Dialogkarten-Vorlagen etc. finden Sie zusätzlich als **veränderbare Word-Datei** in dem zu diesem Buch gehörenden **Download-Angebot** (Download , siehe „Hinweise für den Download" auf S. 249). So können Sie die Vorlagen ohne viel Aufwand an Ihre eigenen Lerngruppen und den aktuellen Unterrichtsstoff anpassen.

In den Kapiteln 3 bis 8 finden Sie dann 100 Methoden, Aktivitäten und Ideen, mit denen Sie Ihren Unterricht ohne große Vorbereitung lebendig gestalten und die Schüler dazu bringen können, sich aktiv mit den Lerninhalten auseinanderzusetzen. Die Sammlung ist in **Aufwärmübungen, Einzel-, Partner- und Gruppenaktivitäten sowie Spiele und kurze Lockerungsübungen „für Kopf und Beine"** gegliedert. Darüber

---

* Aus Gründen der besseren Lesbarkeit haben wir in diesem Buch durchgehend die
  männliche Form verwendet. Natürlich sind damit auch immer Frauen und Mädchen
  gemeint, also Lehrerinnen, Schülerinnen etc.

hinaus helfen Ihnen die **Übersichten zu Beginn jedes Kapitels** dabei, schnell die passende Übung herauszusuchen, indem sie Ihnen für jede Aktivität eine kurze inhaltliche Erläuterung liefern und angeben, ob sie zum Trainieren von Grammatik, Wortschatz, Inhalt und/oder Landeskunde einsetzbar ist. Ebenso sehen Sie auf einen Blick, ob sich eine Übung für die mündliche und/oder schriftliche Kommunikation eignet.

Als weitere Hilfestellung finden Sie **zu Beginn jeder Methodenbeschreibung** den Hinweis auf das **Lernziel** (⇨), das mit ihr verfolgt wird, und eine Angabe zu den eventuell **benötigten Materialien** (✎). Anschließend finden Sie eine genaue Beschreibung der jeweiligen Aktivität und Hinweise auf **verschiedene Einsatz- und Variationsmöglichkeiten**, sodass Sie die Methoden und Spiele flexibel einsetzen können, wie Sie es gerade brauchen. Häufig gibt es auch Anregungen, wie Sie oder die Schüler selbst kreativ werden und eigene Übungen und Spiele entwickeln können. Darüber hinaus liefert Ihnen der Band mehrere Beispiele für **Spielvorlagen oder Arbeitsblätter**, die Sie ebenfalls **als bearbeitbare Word-Dateien im Download-Angebot** zu diesem Buch finden.

Materialien und Techniken für den Unterricht

Wichtige Lehrerhilfsmittel und ihre Einsatzmöglichkeiten im Unterricht

Flashcards

Flashcards mit Vokabeln und den wichtigsten Fragen gehören im Fremd-sprachenunterricht zur Standardausrüstung. Sie lassen sich auf alle Lek-tionen anwenden und eignen sich auch zur Wiederholung von landeskund-lichen Themen, Textinhalten und Fragen. Stellen Sie die Vokabeln nach Möglichkeit in Form von Bildern dar, sodass die Schüler über das Bild zu dem entsprechenden englischen Wort geleitet werden. Bei Wortkarten sehen sie das Wort und seine Schreibweise. Solche Wortkarten können Sie ganz einfach selbst herstellen, wenn Sie die Vokabeln in Microsoft Word® eingeben. Wählen Sie den größtmöglichen Schriftgrad, und drucken Sie die Wörter auf dünnem Karton aus. Falls Sie Ihre Vokabelliste sowieso auf dem Computer schreiben, brauchen Sie sie nur zu kopieren und in ein neues Dokument einzufügen, den Schriftgrad anzupassen und auszudrucken. Wenn Sie einen Moment Zeit brauchen, um die Anwesenheitsliste zu prü-fen, oder Ihre Schüler dazu bringen wollen, sich stärker zu beteiligen, können Sie die Wiederholung mit Flashcards auch von einem Schüler durch-führen lassen. Vielen Schülern macht das Spaß, und außerdem bekommen unruhigere Kandidaten auf diese Weise die Möglichkeit, aufzustehen und sich ein bisschen zu bewegen. Eine Wiederholung mit Flashcards eignet sich als Aufwärmübung zu Beginn einer Stunde oder als Abrundung, wenn Sie am Ende der Stunde noch ein paar Minuten Zeit haben.

Ideen für Flashcards

Bilder für Flashcards finden Sie bspw. hier:
1. ClipArts
2. Zeichnungen der Schüler
3. Kalenderbilder
4. Weihnachtskarten
5. Bilder aus Zeitschriften oder Werbeprospekten
6. Internet

Erstellen Sie Wortkarten, bei denen die Schüler ...

➡ Vokabeln üben

➡ Sätze übersetzen

➡ Fragen beantworten

➡ die Fragen auf den Karten beantworten

➡ Satzanfänge oder -enden ergänzen

➡ Vokabeln im Kontext wiederholen

➡ landeskundliche Informationen wiederholen

Einsatzmöglichkeiten für Flashcards

Die wichtigsten Fragen üben

✎ Sie brauchen: Question-Flashcards, Papier

Zeigen Sie den Schülern Flashcards mit Fragen, die sie beantworten sollen, oder zeigen Sie ihnen Antworten, zu denen sie die passende Frage formulieren. Sie können die Schüler die Antworten oder Fragen auch aufschreiben lassen. Eine weitere Möglichkeit ist es, die Flashcards mit den Fragen auf Stationen im Raum zu verteilen. Die Schüler gehen von einer Station zur anderen und schreiben eine Antwort zu der jeweils ausliegenden Frage auf.

Sätze oder Geschichten schreiben

✎ Sie brauchen: Flashcards, Papier

Teilen Sie die Klasse in Gruppen auf, und geben Sie jeder Gruppe eine Auswahl an Flashcards mit Wörtern und/oder Bildern. Die Aufgabe besteht darin, alle Wörter oder Bilder in einem Satz oder einer Frage unterzubringen, Richtig-/Falsch-Aussagen daraus zu bilden oder sie in eine Geschichte einzubauen. Lassen Sie die Schüler ihre Sätze, Fragen oder Geschichten illustrieren. Oder stellen Sie sie vor die Herausforderung, den längsten logischen oder unlogischen Satz zu bilden und dabei alle Begriffe auf den Flashcards zu verwenden. Sie können die Aufgaben auch an den Leistungsstand der Schüler anpassen und die fortgeschritteneren eine Geschichte schreiben lassen, während die anderen Schüler Aussagen oder Fragen formulieren.

Möglichkeit 1

Möglichkeit 2

Ein Bild beschreiben

✎ **Sie brauchen:** Image-Flashcards, Papier

Geben Sie den Schülern ein Flashcardbild oder ein anderes Bild, auf dem eine Szene zu sehen ist. Stellen Sie ihnen die Aufgabe, das Bild zu beschreiben, eine Geschichte dazu zu schreiben, Fragen zu stellen, sich einen Bildtitel auszudenken oder eine Mischung aus sinnvollen und unsinnigen Aussagen zu dem Bild zu formulieren.

Alphabetische Wörtersammlung

✎ **Sie brauchen:** Flashcards mit den Buchstaben des Alphabets, Papier

Mit Buchstaben-Flashcards können Sie einzelne Schüler oder Gruppen Wörter sammeln lassen, die mit dem Buchstaben auf der Flashcard beginnen. Dazu legen Sie an Stationen im Klassenzimmer jeweils eine Auswahl an Buchstabenkarten aus oder geben den Schülern drei beliebige Buchstaben. Als zusätzliche Herausforderung lassen Sie die Schüler möglichst lange Sätze bilden, bei denen alle Wörter mit demselben Buchstaben beginnen.

Ideen verknüpfen

✎ **Sie brauchen:** Flashcards, Papier

Geben Sie Gruppen oder Schülerpaaren ein paar Flashcards mit Wörtern oder Bildern, die auf den ersten Blick nichts miteinander zu tun haben. Lassen Sie sie Sätze, Fragen oder eine Geschichte aufschreiben, die diese Karten miteinander verknüpft. Bitten Sie die Schüler, passende Bilder dazu zu malen.

Ideen für Märchen

✎ **Sie brauchen:** Flashcards, Papier

Verwenden Sie „Schwarzer Peter"-Spielkarten oder ein Quartett als Bildvorlagen, zu denen sich die Schüler dann in kleinen Gruppen ein Märchen ausdenken.

Spielvorlagen

✎ **Sie brauchen:** Flashcards

Für Spiele, wie „Around the World", „Five", „Charades" oder „Pictionary®", und für „Inside-Outside Circles"-Aktivitäten lassen sich Flashcards ebenfalls verwenden. Sehen Sie im Inhaltsverzeichnis nach, wo Sie die Beschreibungen dieser Spiele und Aktivitäten finden.

Requisitenkiste

Eine Requisitenkiste ist ein Muss im Fremdsprachenunterricht. Mit einer bunten Sammlung aus Telefonen, Kostümen, Masken, verrückten Hüten, abgelegten Kleidungsstücken, Sonnenbrillen, Plastikinstrumenten usw. können Sie Sketche, Dialoge, Scharaden und Mitmachlieder sowie alle möglichen Improvisationen noch interessanter machen. Die nötigen Utensilien finden Sie auf Flohmärkten, in Ein-Euro-Läden oder in Ihrer eigenen Abstellkammer. Karnevals- oder Halloweenmasken und -kostüme oder auch Weihnachtszubehör können Sie nach den entsprechenden Feiertagen normalerweise zu heruntergesetzten Preisen kaufen, und vielleicht hat die Theater-AG an Ihrer Schule ein paar Requisiten oder Kostüme übrig. Sprechen Sie auch Ihre Kollegen und Schüler an. In den meisten Haushalten findet sich irgendetwas Überflüssiges, das Sie im Unterricht gut gebrauchen können – je verrückter, desto besser! Bewahren Sie alles in einer durchsichtigen Box auf, und setzen Sie Ihre gesammelten Schätze ein, um mündliche und schriftliche Aktivitäten zu fördern. Ziehen Sie bspw. ein paar Gegenstände/Requisiten hervor, die auf den ersten Blick nichts miteinander verbindet, und lassen Sie die Schüler einen Sketch aufführen oder eine Geschichte schreiben, die alle Gegenstände einbezieht. Fragen Sie die Schüler, warum alle diese Gegenstände am Tatort eines Verbrechens gefunden wurden, und ermuntern Sie sie, einen Krimi zu inszenieren. Lassen Sie die Schüler einige der Kleidungsstücke anziehen und einen kurzen wortlosen Sketch aufführen. Bitten Sie die Schauspieler und die Zuschauer, die dargestellten Szenen mündlich oder schriftlich wiederzugeben und zu berichten, was passiert ist. In der Requisitenkiste finden sich zahllose Ideen für weitere mündliche und schriftliche Aktivitäten.

Mini-Tafeln

Individuelle Schreibtafeln für jeden Schüler sind ein echtes Plus im Fremdsprachenunterricht. Bei Büro- und Schulausstattern kann man zwar gebrauchsfertige „Mini-Tafeln" kaufen, doch es gibt auch preiswerte Alternativen. Im Baumarkt bekommen Sie Schichtstoffplatten mit weißer, hochglänzender Oberfläche, die nicht allzu teuer sind, und mit etwas Glück können Sie sich vor Ort 30 x 30 cm große Stücke ohne Aufpreis zuschneiden lassen. Eine andere Möglichkeit sind selbstklebende Whiteboard-Folien, die Sie in unterschiedlichen Breiten rollenweise oder als Meterware kaufen und auf Holzplatten aufziehen können. Auf den Mini-Tafeln können die Schüler Vokabelbilder malen und sie mit englischen Begriffen beschriften, Fragen stellen und beantworten, Sätze übersetzen, Verben konjugieren, Szenen aufmalen und Partner- oder Gruppenspiele spielen. Sie eignen sich außerdem hervorragend für Rechtschreibübungen, vor allem, wenn Sie den Schülern helfen, die Wörter, die sie falsch geschrieben haben, in ihre Lautbestandteile zu zerlegen, sodass sie den Unterschied hören und sehen können. Mit diesen individuellen Tafeln machen all die Aufgaben Spaß, die auf einem Arbeitsblatt einfach nur langweilig wären. Lassen Sie die Schüler ihre Antworten hochhalten, bis Sie sie kontrolliert haben, oder schreiben Sie die Antworten auf eine Overhead-Folie, sodass die Schüler sich selbst kontrollieren können. Den Schülern kommt das unmittelbare Feedback entgegen, und Sie haben auf diese Weise die Möglichkeit, nachzuvollziehen, welche Fortschritte sie machen.

Einsatzmöglichkeiten für die Tafeln

✎ **Sie brauchen:** Mini-Tafeln, nicht-permanente Folienstifte/Whiteboard-Marker, Lappen oder Whiteboard-Löscher, Vokabelliste

Vokabeltraining

Wenn die Schüler einer Vokabel zum ersten Mal begegnen, sagen Sie das Wort auf Englisch, lassen sie auf die kleinen Tafeln ein Bild dazu malen und das englische Wort aufschreiben. Bitten Sie Ihre Schüler, ihre kleinen Tafeln hochzuhalten, wenn sie mit ihren Antworten fertig sind. Auf diese Weise können Sie ihre Antworten prüfen. Durch die Illustrationen zeigen die Schüler, dass sie wissen, was das Wort bedeutet. Wenn Sie sie das Wort aufschreiben lassen, können Sie ihnen dadurch helfen, dass Sie es in seine Lautbestandteile zerlegen oder mit Lautgruppen arbeiten. Ermuntern Sie die Schüler, sich ihre Vokabellisten zurechtzulegen, für den Fall, dass sie sich an ein Wort überhaupt nicht erinnern können oder Probleme mit der Schreibweise haben. Fordern Sie sie auf, zunächst zu überlegen, woran sie sich bei dem Wort erinnern, bevor sie es aus der Vokabelliste abschreiben.

Übersetzungstraining

Individuelle Schreibtafeln sind gut für die Übersetzung von Vokabeln und Sätzen geeignet. Geben Sie den Schülern ein einzelnes Wort oder einen ganzen Satz auf Deutsch vor, und lassen Sie sie das englische Gegenstück dazu aufschreiben.

Konjugationstraining

Mit den Mini-Tafeln machen auch Konjugationsübungen Spaß. Geben Sie den Schülern ein Subjekt und ein Verb im Infinitiv vor, und lassen Sie sie das Verb in der konjugierten Form aufschreiben. Sie können ihnen auch die Aufgabe stellen, die gesamte Konjugation eines Verbs in dem Modus und der Zeitform aufzuschreiben, die Sie gerade durchnehmen. Oder lassen Sie sie eine Verbalphrase vom Deutschen ins Englische übersetzen.

Fragen und Antworten üben

Lassen Sie die Schüler mit Hilfe der Tafeln die Bildung von Fragen und Antworten üben. Bitten Sie sie, eine Frage aus dem Deutschen zu übersetzen, sie auf Englisch zu beantworten oder die Frage zu einer Antwort zu finden, die Sie ihnen auf Englisch vorgeben.

Wiederholung von landeskundlichen und sachbezogenen Informationen

Setzen Sie die kleinen Tafeln für die Wiederholung ein. Nehmen Sie sich ein Thema vor, das Sie wiederholen wollen, und stellen Sie den Schülern Fragen dazu, geben Sie ihnen Richtig-/Falsch-Aussagen, zu denen sie „true"/ „false" auf die Tafeln schreiben und diese dann hochhalten, oder Aussagen, die sie schriftlich ergänzen müssen.

Einschlagpapier

Einschlagpapier erfüllt viele unterschiedliche Zwecke. Sie bekommen es rollenweise in Weiß, in Braun oder in anderen Farben und können damit lange Papierbahnen auslegen, auf denen die Schüler zeichnen oder schreiben. Dabei können sie allein oder in kleinen Gruppen arbeiten. Wenn sie eine Zeichnung oder eine schriftliche Aufgabe erledigt haben, bitten Sie sie, ihre Arbeit in einer mündlichen Präsentation der Klasse vorzustellen. Hier sind einige Aufgaben, die Sie Ihren Schülern stellen können:

➡ Suchen Sie die wichtigsten Vokabeln der Lektion heraus. Lassen Sie die Schüler Bilder dazu zeichnen und beschriften. Hängen Sie die Bilder im Klassenzimmer oder im Flur auf.

➡ Unterteilen Sie das Papier in vier Abschnitte, für jede Jahreszeit einen. Die Schüler illustrieren jeden Abschnitt mit Bildern von typischen Wettersituationen und Beschäftigungen und beschriften die Bilder.

➡ Die Schüler zeichnen den Umriss eines anderen Schülers auf dem Papier nach und beschriften die Körperteile.

➡ Die Schüler zeichnen und beschriften ein Haus. Sie zeichnen in jeden Raum die Möbel und Gegenstände, die man normalerweise darin findet. Dann schreiben sie Sätze über die Dinge in den Zimmern oder verfassen eine Geschichte über das Haus und die Leute, die darin leben.

➡ Die Schüler zeichnen ein Schaufenster eines Bekleidungsgeschäfts. Sie stellen Schaufensterpuppen dar, die unterschiedliche Kleidungsstücke tragen, und versehen die Kleidungsstücke mit Preisschildern. Dann schreiben sie Sätze über den Preis und den Stil der Kleidung oder verfassen einen Bericht über einen Einkaufsbummel.

➡ Die Schüler zeichnen und beschriften ein Wohngebiet oder eine Stadt, entweder ihre eigene oder eine Fantasiestadt. Dann schreiben sie Sätze oder eine Geschichte dazu. Hier ist es auch möglich, die Schüler ihren Schulweg zeichnen und beschreiben zu lassen.

➡ Die Schüler zeichnen und beschriften einen Tisch, der für eine ganz besondere Gelegenheit eingedeckt ist. Dann formulieren sie eine Geschichte dazu.

➡ Die Schüler zeichnen und/oder schreiben eine Story Map und schreiben dann eine Geschichte in der Gruppe.

➡ Die Schüler stellen eine Collage aus Bildern zusammen, die sie sich aus Zeitschriften oder anderen Quellen zusammensuchen. Sie schreiben einen Text zu den Bildern, die sie ausgesucht haben, oder verfassen eine Interpretation der Collage.

➡ Die Schüler schreiben zusammen eine Geschichte auf das Papier, das Sie dann an einer Wand im Klassenzimmer oder im Schulflur aushängen.

➡ Lassen Sie die Schüler eine Reihe von englischsprachigen Anweisungen für eine Aufgabe befolgen. Dabei können Sie eine der bereits genannten Aufgaben nehmen oder sich eine andere ausdenken. Wenn Sie das Ganze wie einen Wettbewerb anlegen wollen, loben Sie einen Preis für die Gruppe aus, die am besten zusammenarbeitet und die Arbeit in der kürzesten Zeit so korrekt wie möglich erledigt.

Karteikarten

Ohne Karteikarten kommen Sie im Fremdsprachenunterricht nicht aus. Sie können zum einen solche Informationen über die Schüler darauf notieren, wie Sie sie für die Karten für die Zufallsauswahl brauchen (siehe „Wie Sie die Beteiligung am Unterricht fördern und dokumentieren", S. 22). Zum anderen sind Karteikarten bestens als Stichwortgeber geeignet, wenn die Schüler Dialoge vorspielen oder eine Präsentation vortragen. Bei „Walk around"-Aktivitäten, bei denen sie in der Klasse umhergehen und sich gegenseitig Fragen stellen, können Sie die nötigen Informationen auf Karteikarten schreiben. Bei mündlichen Tests notieren Sie auf jeder Karte eine Frage und legen sie mit der Schrift nach unten auf den Tisch. Wenn Sie jedem z.B. fünf Testfragen stellen wollen, bitten Sie die Schüler, fünf Karten auszusuchen und Ihnen zu geben. Stellen Sie die Fragen, und halten Sie fest, wie gut jeder Schüler abschneidet. Außerdem lassen sich aus Karteikarten auch Flashcards machen, mit denen die Schüler allein arbeiten können. Die Größe betreffend, empfehle ich normalerweise, die Standardgrößen-Karteikarten zu zerschneiden. Wenn die Schüler keine allzu langen Wörter benutzen, sind kleinere Formate völlig ausreichend.

Größere Karten oder auch DIN-A4-Blätter sind hingegen als Schablone für Zeichnungen von rechteckigen Gegenständen, wie z.B. einem Koffer, sinnvoll. Die Schüler schreiben und zeichnen alles in dieses Kofferrechteck, was sie auf eine Reise mitnehmen würden. Statt eines Koffers könnte das Rechteck auch einen Kühlschrank, Schreibtisch oder Karton, ein Bett, einen Schrank, den Kofferraum eines Autos oder die Ladefläche eines Lasters, den Gang zwischen Supermarktregalen, einen Kleiderständer, einen Kalender, ein Buch oder einen Stereo-Receiver darstellen. Solche Rechtecke lassen sich auch bei der „Chart swap"-Aktivität einsetzen, von der später noch die Rede sein wird (s. S. 122).

Organisationshilfen für die Schüler

Pakete

Im Schulalltag müssen Sie davon ausgehen, dass immer wieder Schüler fehlen. Wenn Sie für jede Lektion die dazugehörige Liste der wichtigsten mündlichen Fragen, Vokabeln, Grammatiknotizen und Arbeitsblätter für die Hausaufgaben zu einem Paket bündeln, können Sie viel Zeit sparen und Stress vermeiden. Das gilt vor allem für den Fall, dass Sie Ihre Lektionen selbst schreiben, ist aber grundsätzlich eine Hilfe für alle Lehrer. Diese Materialpakete sind hilfreich, wenn Schüler ein Arbeitsblatt aus der letzten Stunde brauchen, das sie nicht bekommen haben, oder wenn Eltern vorbeischauen und die Hausaufgaben abholen wollen, weil ihr Kind nicht am Unterricht teilnehmen kann oder abzusehen ist, dass es in der Schule fehlen wird. Die Schüler die Materialpakete zu Beginn einer Lektion selbst heften und lochen zu lassen, ist eine weitere Zeit sparende Maßnahme. Fertigen Sie ein paar zusätzliche Kopien an, und bitten Sie einige Schüler, weitere Pakete zusammenzustellen. Auf diese Weise sorgen Sie für den Fall vor, dass Schüler ihr Paket verbummeln. Bewahren Sie die Extrapakete an einem für die Schüler zugänglichen Ort auf. Eine zusätzliche Sortierhilfe ist es, die Blätter im Materialpaket einer bestimmten Farbe zuzuordnen. Beispielsweise ist es sinnvoll für die wichtigsten mündlichen Fragen immer dieselbe Farbe zu nehmen, die Vokabelblätter sollten je nach Lektion eine unterschiedliche Farbe haben, die Grammatikhinweise könnten stets auf grünem Papier („g" wie „grün" und „Grammatik") und die Arbeitsblätter für die Hausaufgaben auf weißem Papier gedruckt sein. Am Ende einer Lektion müssen die Schüler alle farbigen Blätter aufheben. Die weißen können sie entweder wiederverwerten oder für spätere Wiederholungen aufbewahren. Alle weiteren Blätter mit wichtigen Informationen sollten Sie ebenfalls auf farbigem Papier ausdrucken, sodass die Schüler wissen, dass sie sie nicht wegwerfen dürfen.

Hefter

Im Fremdsprachenunterricht ist es vorteilhaft, wenn die Schüler Hefter oder Ringbücher benutzen. Sie lassen sich mit Registern für unterschiedliche Themen unterteilen, und Materialien zum Nachschlagen können darin ordentlich aufbewahrt werden.

In dem **Hefter für jeden Tag** finden sich zu jeder Unterrichtsstunde Aufzeichnungen, Notizen, Angaben zu Aktivitäten während des Unterrichts und zu den Hausaufgaben. Auch Ankündigungen von Klassenarbeiten werden dort abgelegt. Bitten Sie einen verlässlichen Schüler, täglich die Informationen auf dem Protokollbogen einzutragen, den Sie in den Hefter einlegen. Die Schüler, die im Unterricht gefehlt haben, können in diesem Hefter nachschlagen, was sie verpasst haben (s.o., „Nachholpakete"). So sparen Sie und die Schüler zu Beginn den Unterrichts Zeit.

Die Schülerstation

Reservieren Sie einen Tisch oder einen Bereich im Klassenzimmer, wo Sie Utensilien, wie Scheren, Farbstifte, Filzstifte, zusätzliche Bleistifte, Klebeband, Locher usw., bereitstellen. So wissen die Schüler, dass sie dort hingehen, die Sachen benutzen und wieder zurücklegen können. Ein solcher Sammelplatz für Materialien, die immer wieder benötigt werden, ist für alle zugänglich und sorgt dafür, dass der Unterrichtsablauf nicht ständig durch Fragen nach Schreib- oder anderen Utensilien gestört wird.

Lernen Sie Ihre Schüler kennen

Ermitteln Sie die unterschiedlichen Lernstile Ihrer Schüler

Ihre Unterrichtsplanung muss in erster Linie Methoden enthalten, die den unterschiedlichen Lernarten Ihrer Schüler gerecht werden. Versuchen Sie, im Laufe einer Woche alle Lerntypen zu berücksichtigen, die in Ihrer Klasse vertreten sind. Setzen Sie Lieder, Zeichnungen, Image- und Word-Flashcards für das Vokabeltraining ein. Geben Sie den Schülern die Möglichkeit, von ihren Tischen aufzustehen und sich in der Klasse zu bewegen, und vermitteln Sie Vokabeln mit Hilfe von Gesten und Bewegungen, wann immer es möglich ist. Verschaffen Sie den Schülern möglichst viele Gelegenheiten sowohl zu mündlichem Sprachtraining in Partner- oder Gruppenarbeit als auch zu stillen Aktivitäten, bei denen in der Zielsprache Englisch gelesen oder geschrieben wird. Ermuntern Sie die Schüler, sich in ihrer Freizeit mit englischsprachiger Musik, Fernsehsendungen und Filmen zu beschäftigen.

Wie Sie herausfinden können, zu welchem Lerntyp Ihre Schüler gehören

Strategie 1 Beobachten Sie die Reaktionen Ihrer Schüler

Achten Sie darauf, wie die Schüler auf Ihren Unterrichtsstil und die angebotenen Aktivitäten reagieren. Manche Klassen arbeiten lieber nach herkömmlichen Unterrichtsstrategien. Seien Sie flexibel, und passen Sie Ihren Unterricht entsprechend an. Wenn eine Klasse Spaß daran hat, Vokabeln vorzuspielen, eine andere aber nicht, bereiten Sie stattdessen andere Aktivitäten vor. Das mag nach einer Menge zusätzlicher Vorbereitung aussehen, muss aber nicht mehr beinhalten als eine kleine, von den Schülern improvisierte Geschichte in der einen Klasse und ein Vokabelquiz in Partnerarbeit oder ein kurzes Pictionary®-Spiel (s. S. 212) in der anderen. Gewöhnen Sie sich an, Unterrichtsentwürfe so zu schreiben, dass Sie am Schluss eine Reihe von alternativen Aktivitäten benennen, die dasselbe Ziel auf einem anderen Weg ansteuern. Die Schüler werden es zu schätzen wissen, und auch Sie selbst profitieren davon, weil die Klasse konzentrierter bei der Sache ist und weniger Störungen auftreten.

Strategie 2 Bewertungen durch die Schüler

Eine weitere Möglichkeit, die Lernstile Ihrer Schüler zu ermitteln, ist eine Bewertung der Aufgaben durch die Schüler. Lassen Sie sie Fragebögen ausfüllen, auf denen Sie bestimmte Aktivitäten auflisten, die Sie im Unterricht einsetzen. Bitten Sie die Schüler, sie auf einer Skala von eins bis fünf zu bewerten. Dabei bekommen die Aufgaben fünf Punkte, die den Schülern am ehesten helfen, den Unterrichtsstoff zu behalten. Vergleichen Sie die Bewertungen, und ermitteln Sie auf diese Weise „Trends", um Ihren Unterricht entsprechend anpassen zu können. Versuchen Sie, eine solche Befragung gleich zu Beginn eines Schuljahres durchzuführen, wenn Sie neuen Schülern zum ersten Mal begegnen, und wiederholen Sie sie mehrmals während des Schuljahres, wenn die Schüler mit Ihrem Repertoire an Methoden vertraut sind.

Strategie 3 Lerntypentests für die Schüler

Geben Sie Ihren Schülern einen der zahlreichen Lerntypentests, wie man sie im Internet oder in einschlägiger Literatur finden kann. Sie verdeutlichen allgemeine Trends und verschaffen Ihnen einen Eindruck von den Stärken der Schüler. Berücksichtigen Sie die Lernstile der Schüler, und bieten Sie in Ihrem Unterricht im Laufe einer Stunde oder einer Woche Aktivitäten an, die unterschiedliche Schüler ansprechen. Sie werden feststellen, dass die Schüler engagierter bei der Sache sind und sich den Unterrichtsstoff besser einprägen können.

Rückmeldungen der Schüler sammeln

Bieten Sie Zeiten nach dem Unterricht an, in denen Sie Rückmeldungen der Schüler zu Ihrem Unterricht entgegennehmen. Bitten Sie kleine Gruppen von Freiwilligen, sich als **Schülervertreter** mit Ihnen zu treffen. Im Vorfeld legen diese Schüler ihren Klassenkameraden einen Fragenkatalog vor und sammeln ihre Antworten. Stellen Sie Fragen wie:

➡ Was war hilfreich? Was war nicht hilfreich?

➡ Was ist noch nicht ganz klar?

➡ Was würde dir beim Lernen helfen?

➡ Bist du bereit für neuen Unterrichtsstoff?

➡ Gibt es genügend Verbindungen zwischen dem Unterrichtsstoff und deinem Alltag?

➡ Trainieren wir die folgenden Fertigkeiten ausreichend:
   (1) Lesen, (2) Schreiben, (3) Sprechen, (4) Hörverstehen?

Geben Sie den Schülern die Möglichkeit, im Rahmen von **Befragungen** ihre Einschätzung des Unterrichts zu äußern und herauszufinden, zu welchem Lerntyp sie gehören. Dazu können Sie spontane mündliche Befragungen durchführen, bei denen die Schüler ihre Antworten auf ihr eigenes Papier schreiben, oder Sie können eine schriftliche Befragung vorbereiten. Vielleicht lassen Sie die Schüler zunächst die Fragen beantworten, die den Einzelnen betreffen, und dann gemeinsam mit einem Partner neue Ideen, Aktivitäten und/oder Spiele vorschlagen, die ihnen Spaß machen.

Verbessern Sie die Kommunikation mit Ihren Schülern, indem Sie einen **Lehrerbriefkasten** oder eine andere Sammelstelle einrichten, wo anonyme oder namentlich gekennzeichnete Nachrichten mit Fragen zur Unterrichtsstunde oder anderen Themen deponiert werden können. Wenn diese Nachrichten nicht mit einem Namen versehen sind, sollten die Schüler zumindest angeben, auf welche Unterrichtsstunde sie sich beziehen, damit Sie wissen, in welcher Klasse Sie die Fragen ansprechen sollten. Lassen Sie die Schüler wissen, dass Sie sich so bald wie möglich mit ihren Fragen beschäftigen werden. Auf diese Weise können auch diejenigen ihre Fragen loswerden, die zu schüchtern sind oder keine Gelegenheit hatten, während der Unterrichtsstunde zu fragen. Der Briefkasten kann auch für Vorschläge für neue Spiele oder für Bitten um bestimmte Aktivitäten genutzt werden.

Wie Sie die Beteiligung am Unterricht fördern und dokumentieren

Karten für die Zufallsauswahl

Lassen Sie die Schüler zu Beginn des Schuljahres eine Karteikarte ausfüllen, auf der sie einige persönliche Informationen notieren, z.B. ihren Vor- und Nachnamen, ob sie Geschwister und Haustiere haben, was sie am liebsten essen, ihre Lieblingsfarbe, ihr Lieblingstier, wo sie gerne Urlaub machen usw. Außerdem sollen sie eine Sache aufschreiben, die sie in diesem Jahr im Unterricht lernen wollen. Mit Hilfe dieser Informationen können Sie Ihre Schüler besser kennenlernen. Sie können aber auch Fragen an die Klasse stellen, um zu sehen, wie gut die Schüler sich untereinander kennen (Wer hat einen Hund namens Skippy? Wer war schon mal in Puerto Rico?).

Auf der Rückseite der Karteikarte lassen Sie die Schüler ihren englischen Namen notieren, falls Sie sie Namen wählen lassen, oder ihren richtigen Namen. Verwenden Sie die Karten, um die Schüler beim Vorlesen der Hausaufgaben oder bei anderen Aktivitäten willkürlich aufzurufen, bei denen Sie Fragen an die ganze Klasse stellen. Achten Sie darauf, dass Sie die Karten, die Sie gerade gebraucht haben, irgendwo in die Mitte des Kartenstapels zurücklegen. Wenn Sie sie einfach ans Ende stecken, schalten die Schüler ab, weil sie wissen, dass es eine ganze Weile dauern wird, bis sie wieder an der Reihe sind. Mit diesem Kartensystem geht die Kontrolle der Hausaufgaben außerdem schneller, weil Sie sich nicht überlegen müssen, wen Sie als Nächsten aufrufen. Lassen Sie die Schüler sich aber von Zeit zu Zeit auch von sich aus melden und Fragen beantworten.

Selbsteinschätzung der Beteiligung am Unterricht

Lassen Sie die Schüler ihr Verhalten und ihre Beteiligung am Unterricht selbst bewerten. Auf diese Weise wird ihnen deutlicher bewusst, dass es an ihnen liegt, wie gut sie die Unterrichtszeit nutzen. In Abbildung 1.1 (s. S. 24) sehen Sie ein wöchentliches Bewertungsraster, das die Schüler selbst ausfüllen. Dabei steht H für „hervorragend", Z für „zufrieden stellend" und NZ für „nicht zufrieden stellend". Lesen Sie sich die Selbstbewertungen durch, und überlegen Sie, ob Sie mit der Einschätzung der Schüler übereinstimmen. Wenn Sie anderer Ansicht sind, kreisen Sie stattdessen den Bereich ein, in den Sie den Schüler einordnen. Verwenden Sie das Bewertungsraster als ein Mittel, Verhaltensprobleme mit den Schülern anzusprechen, wenn sich ein fortlaufendes Muster zeigt. Gleichzeitig ist das Raster ein Instrument, die Anstrengungen anderer Schüler positiv zu verstärken. Es kann hilfreich sein, die Informationen der Wochenblätter auf ein großes Blatt Papier zu übertragen, um ein Muster bei der Beteiligung am Unterricht nachvollziehen zu können. So haben Sie außerdem konkrete Daten über die Unterrichtsbeteiligung bei der Hand, die Sie den Eltern zeigen können.

Abb. 1.1 Bewertungsraster zur Selbsteinschätzung der Beteiligung am Unterricht

Download

Bewertungsraster zur Selbsteinschätzung deiner Beteiligung am Unterricht

Anleitung: Nachdem du dir die Beschreibungen der einzelnen Kategorien durchgelesen hast, kreise das Kästchen ein, das deine Beteiligung in der jeweiligen Kategorie am besten beschreibt.

	Beteiligung Ich habe mich diese Woche dadurch am Unterricht beteiligt, dass ich …	**Englisch sprechen** Im Unterricht habe ich …	**Betragen** Im Unterricht habe ich …
H	mir beim Bewegen, Zeichnen, Schreiben und Singen viel Mühe gegeben habe. Ich habe bei allen Partner- und Gruppenaktivitäten gut mitgemacht. Ich habe mich im Unterricht oft gemeldet, um Fragen zu beantworten oder andere Beiträge einzubringen.	statt der deutschen die englischen Wörter verwendet, die ich gelernt habe. Ich habe Redewendungen für den Unterricht auf Englisch eingesetzt, den Lehrer und meine Mitschüler auf Englisch begrüßt und bei der Partner- und Gruppenarbeit nur englische Fragen und Ausdrücke verwendet. Ich habe die englischen Vokabeln, die ich kenne, benutzt, wann immer ich konnte.	nicht gestört. Ich habe mich immer gemeldet, wenn ich eine Frage hatte, die den Unterricht betraf. Ich habe nicht geredet, während der Lehrer uns unterrichtet hat oder meine Mitschüler bei Unterrichtsaktivitäten etwas gesagt haben.
N	mir bei Einzel-, Partner- und Gruppenaktivitäten einigermaßen Mühe gegeben habe. Ich habe mich im Unterricht manchmal gemeldet, um Fragen zu beantworten oder andere Beiträge einzubringen.	die englischen Wörter, die ich kenne, meistens angewandt.	nicht mehr als einmal in der Woche gestört.
NZ	mir bei Einzel-, Partner- und Gruppenaktivitäten kaum Mühe gegeben habe. Ich habe mich nur selten im Unterricht gemeldet, um Fragen zu beantworten oder andere Beiträge einzubringen.	die englischen Redewendungen für den Unterricht oder andere Wörter, die ich im Unterricht gelernt habe, nicht verwendet.	gestört, weil ich in die Klasse geredet habe, ohne mich zu melden, oder geredet habe, während der Lehrer etwas sagte. Ich mache manchmal Bemerkungen, die nichts mit dem Unterricht zu tun haben und die den Lehrer und den Rest der Klasse stören.

Bewertungsraster für Aktivitäten in englischer Sprache

Verwenden Sie das folgende Bewertungsraster (s. Abb. 1.2 auf S. 26), um festzuhalten, wie gut sich die Schüler an Aktivitäten in englischer Sprache beteiligen. Die einfachste Methode, die Schüler zu beobachten, besteht natürlich darin, durch die Klasse zu wandern und ihnen zuzuhören oder ihre schriftlichen Arbeiten zu kontrollieren. Manche Schüler brauchen jedoch ein formelles System, das sie in der Spur hält. Für sie ist es wichtig, zu wissen, dass ihre Arbeit bewertet wird, sonst bringen sie nicht ihre besten Leistungen. Das folgende Raster hilft Ihnen bei der Bewertung, indem es die Beteiligung der Schüler in die Kategorien „vollständige Bearbeitung der Aufgabe", „Gebrauch der englischen Sprache", „Verständnis der Aktivität" und „Kommunikation während der Arbeit" gliedert.

Ergänzend zu dem Bewertungsbogen finden Sie eine Vorlage, in der Sie die Beurteilung der Unterrichtsbeteiligung der Schüler übersichtlich dokumentieren können (s. Abb. 1.3 auf S. 27). Dieses Raster ist flexibel und kann sowohl für mündliche als auch für schriftliche Aktivitäten verwendet werden. Es eignet sich zudem als Grundlage für die Benotung der Schüler. Meist wird es Ihnen nicht gelingen, im Laufe einer Aktivität alle Schüler zu bewerten. Am besten geben Sie den Schülern eine Kopie des Bewertungsbogens und eine Erläuterung Ihrer Erwartungen. Dadurch wird die Beurteilung besonders effektiv. Setzen Sie Ihre Bewertungen willkürlich an, sodass die Schüler nicht wissen, wann sie bewertet werden sollen. Ich verwende Bewertungsraster und Beteiligungsdokumentation, um die Leistungen und Beteiligung der Schüler festzuhalten, aber ich setze keine Note hinzu. Diese Informationen über die Fortschritte und Leistungen eines Schülers kann dann als Grundlage für Gespräche mit den Schülern und ihren Eltern genutzt werden.

Abb. 1.2 Bewertungsraster für Aktivitäten in englischer Sprache

Download

Bewertungsraster für Aktivitäten in englischer Sprache

	H	Z	NZ	Note
Vollständige Erfüllung der Aufgabe	☐ Hat die Anweisungen gehört und weiß, wie die Aufgabe zu erledigen ist. ☐ Beginnt sofort mit der Arbeit und wird ohne Probleme in der vorgeschriebenen Zeit fertig.	☐ Muss ermahnt werden, mit der Arbeit zu beginnen. ☐ Schafft die Arbeit knapp in der vorgeschriebenen Zeit.	☐ Ist nicht bereit, rechtzeitig mit der Arbeit zu beginnen, weil er/sie nicht aufgepasst hat. ☐ Bringt die Aktivität nicht in der vorgeschriebenen Zeit zu Ende, weil er/sie sich nicht konzentriert.	
Gebrauch der englischen Sprache	☐ Verwendet im Laufe der Aktivität bei allen Partnerkommunikationen die englische Sprache. ☐ Verwendet Ausdrücke wie *Please repeat, I don't understand, What?*, wenn eine Frage wiederholt werden soll.	☐ Verwendet die englische Sprache im notwendigen Maße. ☐ Verwendet Ausdrücke wie *Please repeat, I don't understand, What?*, um um Hilfe zu bitten.	☐ Redet mit Freunden, statt zu arbeiten. ☐ Fragt und antwortet auf Deutsch.	
Verständnis der Aktivität	☐ Versteht die Fragen und die Antworten der Mitschüler.	☐ Versteht die Fragen und die Antworten der Mitschüler nicht immer, fragt aber nach.	☐ Versteht Fragen und/oder Antworten nicht und gibt sich keine Mühe, sich Klarheit zu verschaffen.	
Kommunikation	☐ Kommunikation geht über den Rahmen der Aktivität hinaus.	☐ Kommuniziert erfolgreich mit seinem Partner.	☐ Gibt sich keine Mühe, mit seinem Partner zu kommunizieren.	

Abb. 1.3 Beurteilungsbogen der Aktivitäten in englischer Sprache

⇩ Download

Beurteilungsbogen der Aktivitäten in englischer Sprache

Name	1. Bewertungszeitraum 4. Februar – 13. März				2. Bewertungszeitraum 16. März – 9. April				3. Bewertungszeitraum 28. April – 3. Juni			
	Erfüllung der Aufgabe	Verwendung der Zielsprache	Verständnis	Kommunikation	Erfüllung der Aufgabe	Verwendung der Zielsprache	Verständnis	Kommunikation	Erfüllung der Aufgabe	Verwendung der Zielsprache	Verständnis	Kommunikation
Berner, Katie	N	N	N	N	N	N	N	N	N	N	N	N
Christoff, Emily	H	H	H	H	H	H	H	H	H	H	H	H
Krüger, Kevin	NZ	NZ	NZ	NZ	N	N	N	N	N	N	N	N
Matthäus, Markus	N	N	N	N	H	H	H	N	N	N	N	N
Sörens, Jonas	N	N	N	N	N	N	N	N	N	N	N	N
Schmitz, Leon	NZ	NZ	NZ	NZ	NZ	NZ	NZ	NZ	N	N	N	N
…	…											

Negative Verhaltensweisen notieren, um Störungen zu reduzieren

Die beste Methode, Schüler zu kooperativem Verhalten und Beteiligung am Unterricht zu bewegen, besteht immer noch darin, ein gutes Verhältnis zu ihnen aufzubauen, indem Sie Empathie und echtes Interesse an ihnen zeigen. Viele unnötige Konflikte zwischen Schülern und Lehrern entstehen dadurch, dass der Lehrer eine Situation falsch interpretiert und den Schüler durch seine Reaktion in die Defensive drängt. Versuchen Sie, den Schüler zunächst zu fragen, was los ist, bevor Sie einen voreiligen Schluss ziehen und ein überstürztes Urteil fällen. Trotzdem ist es auch wichtig, klare Erwartungen zu formulieren und Beteiligung und Fortschritte der Schüler im Unterricht konsequent zu beobachten und festzuhalten. Lassen Sie die Schüler im Vorfeld wissen, welche Erwartungen Sie an sie stellen und mit welchen Konsequenzen sie rechnen müssen, wenn sie stören oder ihre Aufgaben nicht vollständig bearbeiten. Eine kurze, einfache Liste mit Erwartungen an ihr Verhalten ist dabei vorteilhaft: Die Schüler können sie sich leichter merken, und Sie können sie leichter durchsetzen. Es gibt zwar viele unterschiedliche Systeme, mit deren Hilfe man als Lehrer das Verhalten und die Fortschritte von Schülern beobachten kann. Der wesentliche Faktor ist jedoch Ihre Bereitschaft, Ihr System konsequent und fair einzusetzen. Bei dem einfachsten, aber wirkungsvollsten System, mit dem ich bisher gearbeitet habe, wird das Verhalten der Schüler in einer Tabelle festgehalten (s. Abb. 1.4 auf S. 30). Ich notiere den Namen des Schülers, der ein Verhaltensproblem hat, und mache Striche dahinter, wenn das Problem erneut auftritt. Normalerweise reicht es, wenn die Schüler sehen, dass ihre Namen aufgeschrieben werden. Meist stellen sie ihr störendes Verhalten dann ein, sodass sich dieses System als wirkungsvoller erwiesen hat als mündliche Ermahnungen. Wenn Sie die Verhaltensweisen der Schüler in einer Tabelle dokumentieren, haben Sie darüber hinaus einen wichtigen Nachweis in der Hand, falls Sie fortgesetzte Störungen mit einem Schüler, seinen Eltern oder der Schulleitung besprechen müssen. Wenn sich ein Muster herausbildet und der Name eines Schülers an mehreren aufeinanderfolgenden Tagen oder mehrmals in einer Unterrichtsstunde in der Tabelle erscheint, hat das Konsequenzen. Zunächst spreche ich normalerweise mit dem Schüler und versuche, das Problem ohne eine Strafarbeit oder ein

Elterngespräch zu lösen. Wenn das Problem weiterhin besteht, verordne ich Nacharbeiten und bitte den Schüler, darüber nachzudenken, warum er dort ist, und eine Lösung des Problems vorzuschlagen. Wenn ein Anruf bei den Eltern notwendig wird, bitte ich den Schüler, die Verantwortung für sein Handeln zu übernehmen, die Eltern anzurufen und zu erklären, was er getan hat. Nachdem der Schüler mit den Eltern gesprochen hat, rede ich mit ihnen. Bei schwerer wiegenden Disziplinproblemen und Problemen, die sich mit einem Anruf bei den Eltern nicht lösen lassen, schalte ich die Schulleitung ein.

An den Tagen, an denen ein großer Teil der Schüler zu lange braucht, um zur Ruhe zu kommen, oder Anweisungen nicht befolgt, kommt die Spalte mit der Überschrift „Zeit nach der Stunde" ins Spiel. Die Schüler wissen, dass sie fünf Sekunden Zeit haben, ihre Gespräche zu beenden, wenn ich sie bitte, zuzuhören, damit wir eine Aktivität beginnen können. Wenn sie nicht reagieren, versuche ich gar nicht, mit ihnen zu reden, sondern behalte die Uhr im Blick und zähle die Minuten, die sie brauchen, um ihre Gespräche einzustellen. Diese Zeit wird an das Stundenende angehängt. Normalerweise merken die Schüler schnell, dass ich auf die Uhr sehe, und dann ermahnen sie sich gegenseitig ruhig zu sein, weil sie wollen, dass die Unterrichtsstunde pünktlich zu Ende geht.

Mir ist klar, dass Lehrer in ganz unterschiedlichen Kontexten unterrichten und dass es keinen Plan und kein System gibt, das garantiert für jede Klasse und jede Unterrichtssituation funktioniert. Ich hoffe zwar, dass meine Ideen Ihnen helfen, aber ich bin trotzdem der Überzeugung, dass der beste Plan derjenige ist, der für Sie und Ihre Schüler funktioniert.

Abb. 1.4 Tagesübersicht über Schülerverhalten im Unterricht

Download

Tagesübersicht über Schülerverhalten im Unterricht

Datum: ______

			Problematisches Verhalten			
	Klasse/ Kurs	Zeit nach der Stunde	Redet in die Klasse/ unterbricht Anleitungen	Redet bei Anweisungen mit anderen	Ist respektlos zu anderen	Weitere Probleme
1. Stunde						
2. Stunde						
3. Stunde						
4. Stunde						
5. Stunde						
6. Stunde						
7. Stunde						
8. Stunde						

Mündliche Sprachkenntnisse fördern und beurteilen

2

Überlebenshilfen für den Unterricht

Nehmen Sie sich die Zeit, sich eine Liste mit häufig vorkommenden Redewendungen für den Unterricht oder „Phrases of the day" auszudenken oder
zusammenzustellen. Auch wenn Sie jeden Tag einen dieser Sätze an die
Tafel schreiben und die Schüler ihn sich in ihrem Heft notieren, ist es eine
gute Idee, eine fertige Liste zu verteilen. Auf diese Weise müssen die
Schüler nicht warten, bis das halbe Schuljahr vorbei ist, um eine Redewendung zu lernen, die sie schon früher einsetzen möchten. Außerdem erleich-
tert es die Wiederholung vorangegangener Redewendungen, weil Sie die
Schüler bitten können, das „Phrases of the day"-Paket für einen schnellen
Wiederholungsdurchgang hervorzuholen. Flashcards mit diesen Redewendungen sind ebenfalls hilfreich. Stellen Sie für jedes Lernniveau eine Liste
zusammen, sodass die Schüler immer neue Redewendungen lernen. Für die
Schüler können diese Listen auch nützlich sein, wenn sie Dialoge schreiben
sollen.

Klassenraumplakate

Wählen Sie die wichtigsten Redewendungen für den Unterricht aus, und
lassen Sie die Schüler ein Plakat damit gestalten. Sie schreiben die Redewendungen darauf und malen passende Bilder dazu. Geben Sie ihnen einen
Motivationsschub mit der Ankündigung, die Plakate zu laminieren und im
Klassenzimmer aufzuhängen. Den Schülern macht es Spaß, ihre Arbeiten an
der Wand hängen zu sehen, und außerdem haben sie die Redewendungen
auf diese Weise immer vor Augen.

Die wichtigsten mündlichen Fragen

Die Fragen aufschreiben

Nehmen Sie sich zu Beginn einer jeden Lektion die Zeit, die mündlichen
Fragen zu diesem Themenbereich herauszusuchen, die Ihre Schüler unbedingt stellen und beantworten können sollten. Schreiben Sie auf dem

Computer eine Liste, und verteilen Sie sie an Ihre Schüler. Durch das Abtippen sparen Sie wertvolle Unterrichtszeit, die Sie für sinnvollere Aktivitäten einsetzen können. Außerdem verhindern Sie damit mögliche Übertragungsfehler, die manchen Schülern unterlaufen, wenn sie Wörter in einer Fremdsprache von der Tafel abschreiben. Erläutern Sie, warum Sie diese Fragen wichtig finden und dass Sie vorhaben, die Sprachkenntnisse der Schüler mit Hilfe dieser Fragen zu prüfen. Mit den folgenden drei Trainingsarten können sie die Fragen üben und sich so auf Ihre Überprüfung vorbereiten.

Wenn Sie die Arbeit an einem Themenbereich abgeschlossen haben, können Sie die unten genannten Aktivitäten auch zu Prüfungszwecken einsetzen.

Beispiel: Wichtige mündliche Fragen zum Themenbereich „Kleidung einkaufen"

➥ What do you need to buy?
➥ Do you want to go shopping with me on Saturday?
➥ Do you prefer the red or blue shirt?
➥ Do you like my new coat?
➥ Where did you buy it?
➥ How does it fit me?
➥ What do you think of these pants?
➥ Should I buy them?
➥ How much is it?

Wichtige mündliche Fragen üben

Klassenwettbewerb

✎ **Sie brauchen:** wichtige Fragen auf Karteikarten

Schreiben Sie die wichtigsten Fragen auf DIN-A7-Karten (eine Frage pro Karte). Im Laufe einer Woche lassen Sie immer mal wieder einen Freiwilligen einen Klassenwettbewerb durchführen. Der Fragensteller kann einen beliebigen Mitschüler auffordern, die Frage auf einer der Karten zu beantworten, oder er stellt die Frage auf Deutsch und lässt die Mitschüler sie übersetzen. Ist die Antwort bzw. Übersetzung richtig, bekommt die Klasse einen Punkt. Ist sie falsch, bekommt der Fragensteller einen Punkt. Legen Sie im Vorfeld fest, um wie viele Punkte Sie spielen. Wenn Sie einen Themenbereich gerade neu erarbeiten, gewinnt meist der Fragensteller, doch im Laufe der Zeit holt die Klasse normalerweise auf.

Partner- und Gruppenaktivitäten

✎ **Sie brauchen:** verschiedene Partner-/Gruppenaktivitäten

Achten Sie darauf, dass Sie die wichtigen Fragen auch in Partner- und Gruppenaktivitäten einfließen lassen. Vor allem „Information gap"-Aktivitäten bieten gute Übungsmöglichkeiten für diese mündlichen Fragen. Auch „Walk around"-Aktivitäten sind gut geeignet, weil sie sich so gestalten lassen, dass die Schüler dieselbe Frage mehrmals an unterschiedliche Mitschüler richten müssen.

Leitern

✎ **Sie brauchen:** Leitervorlage (s. Abb. 2.1 auf S. 35)

Zu Beginn einer Woche verteilen Sie eine leere „Leiter"-Vorlage an die Schüler. Gestalten Sie die Leiter als Tabelle, und legen Sie so viele „Sprossen" an, wie Sie möchten. Für jede Sprosse müssen sich die Schüler gegenseitig eine Frage auf Englisch stellen. Nach jeder Frage dürfen sie den Zwischenraum zwischen zwei Sprossen bunt ausmalen. Diese Aktivität eignet sich gut für den Unterrichtsbeginn, weil die Schüler so die Möglichkeit haben, die wichtigen Fragen zu wiederholen oder zum Aufwärmen Gesprächssituationen zu trainieren. Ermuntern Sie die Schüler, nach Möglichkeit mehr als eine Leiter pro Woche voll zu bekommen. Dies ist eine einfache Methode, die Schüler dazu zu bringen, die wichtigsten Fragen aus aktuellen und vergangenen Lektionen regelmäßig zu üben.

Die Fragen prüfen und bewerten

Eine Möglichkeit, die wichtigen mündlichen Kompetenzen zwischendurch zu überprüfen, ergibt sich, während die Schüler mit den bereits beschriebenen Aktivitäten beschäftigt sind. Für jede Lektion oder jeden Themenbereich sollten Sie jedoch auch eine formelle Überprüfung vorsehen. Dabei können Sie das Raster in Abbildung 2.2 (s. S. 37) für die Bewertung der Schülerantworten verwenden. In einer Tabelle lässt sich die Punktzahl für jede Kategorie festhalten, und am Ende können Sie den Punktestand problemlos addieren. Geben Sie den Schülern Rückmeldungen zu ihren Stärken und Schwächen in den verschiedenen Kategorien, dabei können Sie sich auf die Punktzahlen berufen. Es spart Zeit, wenn Sie den Schülern eine

Abb. 2.1 Vorlage Leiterspiel

Download

The ladder game

Finish	
	30
	29
	28
	27
	26
	25
	24
	23
	22
	21
	20
	19
	18
	17
	16
	15
	14
	13
	12
	11
	10
	9
	8
	7
	6
	5
	4
	3
	2
	1

The ladder game

Finish	
	30
	29
	28
	27
	26
	25
	24
	23
	22
	21
	20
	19
	18
	17
	16
	15
	14
	13
	12
	11
	10
	9
	8
	7
	6
	5
	4
	3
	2
	1

The ladder game

Finish	
	30
	29
	28
	27
	26
	25
	24
	23
	22
	21
	20
	19
	18
	17
	16
	15
	14
	13
	12
	11
	10
	9
	8
	7
	6
	5
	4
	3
	2
	1

Schreibaufgabe oder eine andere Einzelarbeitsaktivität geben, während Sie ihren Stand bei den mündlichen Fragen prüfen und bewerten. Bei einer Klasse mit 20 Schülern und einer Unterrichtszeit von 45 Minuten können Sie jedem Schüler normalerweise drei Fragen stellen. Bereiten Sie die Prüfung vor, indem Sie alle wichtigen Fragen auf Karteikarten schreiben. Dabei verwenden Sie für jede Frage eine Karte. Wenn ein Schüler zu seiner Bewertung antritt, legen Sie die Karten mit der Schrift nach unten auf den Tisch und bitten ihn, zwei oder drei Karten zu ziehen und Ihnen zuzuschieben. Den meisten Schülern ist es lieber, wenn sie die Karten selbst aussuchen können, auch wenn sie die Fragen darauf nicht zu sehen bekommen. Stellen Sie dem Schüler die Fragen, und halten Sie Ihre Bewertung seiner Antworten in einer Tabelle fest. Eine Mustertabelle finden Sie in den Abbildungen 2.2 und 2.3 (s. S. 37 und 38).

Möglichkeiten der Datensammlung

In einer Tabelle wie in Abb. 2.3 (s. S. 38) können Sie die Leistungen der Schüler über einen längeren Zeitraum übersichtlich darstellen. Viele Lehrer benutzen heute elektronische Zensurenbücher, um Noten zu sammeln, doch in einer Tabelle lässt sich spezifischeres Datenmaterial zusammentragen. Halten Sie für jeden Schüler die Daten zu den einzelnen Kategorien eines Bewertungsbogens für schriftliche und mündliche Arbeitsproben fest. Mit Hilfe der einzelnen Bewertungskategorien in der Tabelle können Sie z.B. Bereiche identifizieren, in denen sich ein Schüler verbessert hat. So sind Sie in der Lage, ihm präzisere Rückmeldungen zu geben. Über einen längeren Zeitraum geführte Datensammlungen zeigen Trends an; an ihnen können Sie auch ablesen, wo Sie möglicherweise Ihren Unterricht verbessern müssen. Wenn viele Schüler in einem bestimmten Bereich schwache Leistungen zeigen, könnte das ein Hinweis für Sie sein.

Abb. 2.2 Bewertungsbogen für die wichtigsten mündlichen Fragen

⬇ Download

Bewertungsbogen für die wichtigsten mündlichen Fragen

	2	1	0
Verständlichkeit/ Inhalt	☐ Der Schüler gibt eine verständliche und umfassende Antwort, die sein Verständnis der Frage belegt. ☐ Der Schüler versucht evtl., die Antwort auszuweiten.	☐ Der Schüler gibt eine einfache, aber verständliche Antwort. ☐ Die Antwort mag richtig sein, ist aber unvollständig. ☐ Der Lehrer muss die Frage evtl. einmal wiederholen.	☐ Der Schüler versteht die Frage nicht und kann sie auch nicht beantworten, nachdem der Lehrer sie zweimal langsam wiederholt hat.
Flüssiger Sprachgebrauch	☐ Der Schüler gibt eine flüssige Antwort.	☐ Der Schüler antwortet zögerlich und mit Unterbrechungen, äußert sich aber für den Zuhörer verständlich.	☐ Der Schüler spricht stockend und macht sehr lange Pausen, die dem Zuhörer das Verstehen erschweren.
Korrektheit in Ausdruck und Grammatik	☐ Der Schüler macht geringfügige oder keine grammatischen Fehler. ☐ Der Schüler korrigiert Konjugationsfehler selbstständig. ☐ Der Schüler verwendet die richtigen Wörter und Wendungen.	☐ Der Schüler macht verschiedene Grammatikfehler, die Antwort ist jedoch verständlich. ☐ Der Schüler verwendet das richtige Verb, um auszudrücken, was er sagen will, verwendet jedoch die falsche Form. ☐ Der Schüler verwendet möglicherweise eine Vokabel falsch, die Aussageintention bleibt im Kontext aber verständlich.	☐ Die Anzahl der grammatischen Fehler machen die Antwort unverständlich. ☐ Der Schüler findet nicht das richtige Verb für seine Antwort. ☐ Der Schüler verwendet mehrere Worte falsch.
Aussprache	☐ Der Schüler spricht in seiner Antwort alle Wörter korrekt aus oder macht höchstens einer Fehler.	☐ Der Schüler spricht die meisten Wörter in seiner Antwort korrekt aus.	☐ Der Schüler spricht in seiner Antwort alle oder fast alle Wörter falsch aus.

Abb. 2.3 Datensammlung zu wichtigen mündlichen Fragen

Download

Datensammlung zu wichtigen mündlichen Fragen

Thema: Essen   Datum: 30. April 2012

Name	Question 1 Verständlichkeit	Question 1 Flüssiger Sprachgebrauch	Question 1 Korrektheit	Question 1 Aussprache	Zwischensumme 1	Question 2 Verständlichkeit	Question 2 Flüssiger Sprachgebrauch	Question 2 Korrektheit	Question 2 Aussprache	Zwischensumme 2	Question 3 Verständlichkeit	Question 3 Flüssiger Sprachgebrauch	Question 3 Korrektheit	Question 3 Aussprache	Zwischensumme 3	Gesamtpunktzahl von 24
Sara Bender	2	2	1	2	7	2	2	2	2	8	2	2	1	2	7	22
Mark Michel	1	2	1	2	6	2	2	1	2	7	2	1	1	1	5	18
Jonathan Doland	2	2	2	2	8	2	2	2	2	8	2	2	2	2	8	24
Peter Olrich	1	1	2	2	6	2	1	2	2	7	1	2	1	2	6	19
Pedro González	2	2	2	2	8	2	2	2	2	8	2	2	2	2	8	24
…	…															
Mögliche Höchstpunktzahl	2	2	2	2	8	2	2	2	2	8	2	2	2	2	8	24

Sprechanlässe

Anregungen für Kurzdialoge

Stellen Sie Karten mit Anregungen für Kurzdialoge her, sodass die Schüler selbstständig gegenseitige Befragungen regelmäßig üben können. Versuchen Sie dabei, die Sprachbereiche abzudecken, die die Schüler untereinander und mit Freunden und Familie verwenden. Erfahrungsgemäß ist es einfacher, Schüler zum Englischsprechen zu bewegen, wenn sie sich auf Englisch über Dinge unterhalten können, die sie interessieren und über die sie sich im Alltag unterhalten.

Hier sind einige Ideen für solche Sprechanlässe:
1. What are you going to do tonight?
2. Are you going anywhere this weekend?
3. Do you have plans on Saturday? Would you like to do something with me?
4. Do you want to go to a movie with me on Saturday afternoon?
5. What did you do over the weekend?
6. Did you do anything fun last night?
7. Where did you go on Friday night? What did you do?

In Abbildung 2.4 (s. S. 40) sehen Sie, wie Sie eine Karte mit Anregungen für Kurzdialoge gestalten könnten. Alternativ können Sie natürlich – quasi als einfacheres Niveau – die englischen Fragenformulierungen aufschreiben.

Kurzdialoge prüfen und bewerten

Verteilen Sie die Karten mit den englischen Fragen bspw. jeden Montag an die Schüler, die sich zu zweit zusammentun. Erklären Sie ihnen, dass sie sich abwechselnd die Frage auf der Karte stellen. Jeder sollte in der Lage sein, die Frage auf Englisch zu stellen und zu beantworten. Ein Schüler beginnt und stellt seinem Partner die Frage. Der Partner sollte mit fünf Aussagen auf die Frage antworten können. Geben Sie den Schülern jeden Tag zu Beginn der Unterrichtsstunde etwas Zeit zum Üben, und erinnern Sie sie im Laufe der Woche daran, dass sie die Frage mit ihrem Partner und anderen Mitschülern trainieren sollten. Sagen Sie den Schülern, dass sie in der Lage sein müssen, die Frage am Freitag auf Englisch zu stellen und zu

Abb. 2.4 Karte mit Anregungen für Kurzdialoge

Karte mit Anregungen für Kurzdialoge

Sprechanlass:
Frage deinen Partner, was er heute Abend unternehmen möchte.

Name des befragten Schülers: _____

Name des Bewerters: _____

Punkt-zahl	Mein Partner sagte ...
5	... mindestens fünf Sätze zu dem Thema und benutzte dabei unterschiedliches beschreibendes Vokabular.
4 3	... drei oder vier Sätze zu dem Thema. Er benutzte einige beschreibende Wörter.
2 1	... ein oder zwei Sätze zu dem Thema. Er benutzte wenig oder keine beschreibenden Wörter.
/5	Gesamtpunktzahl

beantworten. Wenn Sie auf den Karten zunächst die englischen Fragen ausgeteilt haben, können Sie am Freitag eine neue Karte verteilen, auf der die Frage auf Deutsch steht, sodass die Schüler sie selbst ins Englische übertragen müssen. Hören Sie zu, wie sie sich die Frage auf der Karte gegenseitig stellen und sie beantworten. Nehmen Sie sich jede Woche eine Gruppe von Schülern zur Prüfung und Bewertung vor, während der Rest der Klasse mit anderen Aufgaben beschäftigt ist. Wenn Sie lieber alle Schüler zu allen Fragen hören wollen, nehmen Sie in den darauffolgenden Wochen ähnliche Fragen in Ihre Fragensammlung auf. Ich bitte die Schüler nur, ihre gegenseitigen Bewertungen auf die Anzahl der Sätze zu stützen, die sie hören, während mein eigenes Bewertungsraster zusätzliche sprachliche Bereiche berücksichtigt. Überlegen Sie sich im Vorfeld, ob Sie die Leistung der Schüler benoten oder als Teil einer längerfristigen Beobachtung ihrer Fortschritte bewerten wollen. Damit Sie die Lernerfolge der Schüler nachvollziehen und darüber Rückmeldung an die Schüler geben können, bietet sich die in den Abbildungen 2.5 und 2.6 verwendete Punkte-Skala an (s. S. 41 und 42).

Abb. 2.5 Bewertungsraster für Kurzdialoge

Download

Bewertungsraster für Kurzdialoge

	Gut 6,0 5,5	Elementar 5,0	Minimal 4,5 4,0	Punkte /24
Inhalt / Verständlichkeit	☐ Der Schüler gibt eine verständliche und detaillierte Antwort, die sein Verständnis der Frage belegt. ☐ Die Antwort umfasst fünf oder mehr Sätze.	☐ Der Schüler gibt eine einfache, aber verständliche Antwort, die sein Verständnis der Frage belegt. ☐ Die Antwort beantwortet die Frage, allerdings nicht so gut und so umfassend wie bei einem guten Schüler. ☐ Der Schüler ist evtl. nicht in der Lage, alle fünf Sätze einer komplexeren Antwort zu formulieren.	☐ Der Schüler gibt eine Antwort, sie ist jedoch nicht vollständig und geht nicht in Einzelheiten. ☐ Die Antwort umfasst drei Sätze oder weniger.	/6
Korrektheit in Ausdruck und Grammatik	☐ Der Schüler macht geringfügige oder keine grammatischen Fehler. ☐ Der Schüler korrigiert Konjugationsfehler selbstständig.	☐ Grammatikfehler treten deutlicher zu Tage, die Antwort ist jedoch verständlich. ☐ Der Schüler macht Fehler bei der Verbkonjugation und der Abstimmung von Adjektiv und Substantiv usw., die dem Sprachniveau angemessen sind.	☐ Der Schüler konjugiert Verben nicht immer richtig. Fehler in der Abstimmung von Adjektiv und Substantiv sowie andere Grammatikfehler sind ebenfalls problematisch. ☐ Die Anzahl der grammatischen Fehler führt dazu, dass der Zuhörer von der Bedeutung der Mitteilung abgelenkt wird.	/6
Flüssiger Sprachgebrauch	☐ Der Schüler gibt eine flüssige Antwort. Eventuelle Sprechpausen mindern die Qualität der Antwort nicht. ☐ Die Sätze sind komplexer, nicht kurz und abgehackt.	☐ Möglicherweise kommen manche Sätze flüssig, in anderen gibt es jedoch Ablenkungen durch Pausen und Zögern. ☐ Manche der Sätze beginnen, sich kurz und abgehackt anzuhören.	☐ Der Schüler spricht stockend und macht sehr lange Pausen, die es dem Zuhörer schwer machen zu verstehen, was der Schüler sagen will. ☐ Die Sätze sind meist kurz und abgehackt.	/6
Aussprache	☐ Der Schüler hat eine sehr korrekte Aussprache.	☐ Der Schüler spricht die meisten Wörter in seiner Antwort korrekt aus.	☐ Der Schüler spricht in seiner Antwort viele Wörter falsch aus.	/6

Abb. 2.6 Bewertung von Kurzdialogen mit Punktevergabe

Download

Bewertung von Kurzdialogen mit Punktevergabe

Klasse/Kurs: 10d

Name	Datum: 7. Oktober					Datum: 14. Oktober					Datum: 21. Oktober				
	Inhalt	Korrektheit	Flüssiger Sprachgebrauch	Aussprache	Gesamtpunktzahl	Inhalt	Korrektheit	Flüssiger Sprachgebrauch	Aussprache	Gesamtpunktzahl	Inhalt	Korrektheit	Flüssiger Sprachgebrauch	Aussprache	Gesamtpunktzahl
Sara Bender	6	5,5	6	5,5	23						6	6	6	6	24
Mark Michel	4,5	5	4,5	4,5	18,5						5	5	5	5	20
Jonathan Doland						6	6	6	6	24					
Peter Olrich						4	4	4,5	5	17,5					
Pedro González	5,5	6	5	4,5	21										
...	...														
Mögliche Höchstpunktzahl	6	6	6	6	24	6	6	6	6	24	6	6	6	6	24

Abb. 2.7 Bewertung von Kurzdialogen ohne Punktevergabe

Bewertung von Kurzdialogen ohne Punktevergabe

Klasse/Kurs: 10d

Name	Datum: 7. Oktober				Datum: 14. Oktober				Datum: 21. Oktober			
	Inhalt	Korrektheit	Flüssiger Sprachgebrauch	Aussprache	Inhalt	Korrektheit	Flüssiger Sprachgebrauch	Aussprache	Inhalt	Korrektheit	Flüssiger Sprachgebrauch	Aussprache
Sara Bender	G	G	G	G								
Mark Michel	M	E	M	M					E	E	E	E
Nicole Hofmann												
Jonas Keil					G	G	G	G				
Peter Olrich					M	M	M	E				
Angela Studt	G	G	E	M	G	E	G	G	G	G	E	E
Pedro González	...											
...												

G = gut, E = elementar, M = minimal

Rollenspiele schreiben und bewerten

Verteilen Sie Situationskarten an die Schüler, auf denen die Rolle beschrieben ist, in die sie schlüpfen sollen. In Abbildung 2.8 auf S. 45 sehen Sie ein Beispiel. Die Rollenspiele bieten sowohl mündliche als auch schriftliche Übungsmöglichkeiten. Bitten Sie die Schüler, die Angaben auf den Karten als Grundlage für einen Dialog zu benutzen. Sie können diese Dialoge in Partnerarbeit durchspielen oder vor Ihnen und der Klasse aufführen. Passen Sie den Einsatz der Situationskarten an das sprachliche Niveau der Schüler an, und bedenken Sie auch, wie viele Übungsmöglichkeiten sie mit diesem Material bereits hatten. Erinnern Sie die Schüler daran, dass sie die wichtigen mündlichen Fragen und andere wichtige Vokabeln aus der Lektion oder dem Themenbereich in ihre Dialoge einfließen lassen sollten. In der Tabelle auf S. 46 finden Sie ein Beispiel für einen Bewertungsbogen von Dialogen (Abb. 2.9).

Wie Sie die Schüler dazu bringen, die Zielsprache einzusetzen

Allgemeine Betrachtungen

Wenn Sie möchten, dass Ihre Schüler die Zielsprache anwenden, sollten Sie in erster Linie darauf achten, dass Sie sie selbst konsequent einsetzen. Leiten Sie den Gebrauch der Zielsprache allmählich über einen längeren Zeitraum hinweg ein, sodass die Schüler nicht von dem Druck, sich im Unterricht auf Englisch verständigen zu müssen, überfordert werden. Wenn Sie die Redewendungen für den Unterricht eingeführt haben, bitten Sie die Schüler, sie tatsächlich zu benutzen. Wenn neue englische Vokabeln zum Wortschatz hinzukommen, ermuntern Sie die Schüler, diese Wörter an Stelle der deutschen Entsprechungen zu verwenden. Falls sie etwas auf Deutsch sagen, das sie auf Englisch bereits gelernt haben, teilen Sie ihnen höflich mit, dass Sie sie nicht verstehen, und fragen Sie nach dem englischen Wort, der Redewendung oder Frage. Erklären Sie den Schülern, dass sie sich während der Arbeit an Gruppen- oder Partneraufgaben nur auf Englisch verständigen sollen und dass Sie den Gebrauch der englischen Sprache

Abb. 2.8 Vorlage Rollenspielkarten

Vorlage Rollenspielkarten

Anrufen und einen Anruf entgegennehmen	*Partner A*

Du möchtest mit einem Freund etwas unternehmen. Rufe ihn zu Hause an, um dich mit ihm zu verabreden.

☐ Begrüße den Bruder/die Schwester deines Freundes, der/die den Anruf entgegennimmt.

☐ Frage, ob dein Freund Carlos zu Hause ist.

☐ Frage, wann er nach Hause kommt.

☐ Frage, ob du eine Nachricht für ihn hinterlassen kannst.

☐ Hinterlasse die Bitte, dass er dich anruft, wenn er nach Hause kommt.

☐ Danke Carlos' Bruder/Schwester, und verabschiede dich.

Anrufen und einen Anruf entgegennehmen	*Partner B*

Der Freund deines Bruders ruft an, weil er sich mit deinem Bruder verabreden möchte. Dein Bruder ist jedoch nicht zu Hause.

☐ Gehe ans Telefon, wenn es klingelt.

☐ Sage dem Anrufer, dass dein Bruder nicht zu Hause ist.

☐ Sage dem Anrufer, dass du nicht weißt, wann er nach Hause kommt.

☐ Antworte: „Ja, natürlich."

☐ Verabschiede dich ebenfalls.

Abb. 2.9 Bewertungsbogen für Dialoge und Rollenspiele

Download

Bewertungsbogen für Dialoge und Rollenspiele

	10,0 / 9,5	9,0 / 8,5	8,0 / 7,5	7,0 / 6,5	Erreichte Punktzahl von 60	Kommentare
Wortschatz/ Erfüllung der Aufgabe	□ Alle Elemente der Präsentation sind enthalten. □ Dialog wird durch kreativen Wortschatz verbessert.	□ Alle Elemente der Präsentation sind enthalten. □ Dialog enthält den erforderlichen Wortschatz, der angemessen eingesetzt wird.	□ Dialog hält sich nur teilweise an das vorgegebene Thema und ist nicht vollständig. □ Im Dialog fehlen einige wichtige Begriffe, und/oder sie werden nicht richtig angewandt.	□ Die Schüler haben die Aufgabe nicht wie gefordert zu Ende gebracht. □ Sie sprechen Deutsch. □ Unangemessener und mangelnder Einsatz des Wortschatzes.	/10	
Verständlichkeit	□ Leicht zu verstehen. □ Keine Verwechslung von Vokabeln. □ Zuhörer wird nicht durch mangelnde Klarheit gezwungen, zu überlegen, was der Sprecher sagen will. □ Schüler reagieren angemessen auf die Fragen des anderen.	□ Dialog ist verständlich. □ Zuhörer wird selten durch mangelnde Klarheit gezwungen, zu überlegen, was die Sprecher sagen wollen. □ Schüler reagieren angemessen auf die Fragen des anderen, es kann jedoch zu Verzögerungen bei der Antwort kommen.	□ Dialog ist abgehackt, einige Teile scheinen losgelöst und sind schwer zu verfolgen. □ Es kommt vor, dass ein Schüler nicht richtig auf die Fragen des Partners antwortet.	□ Fragen und Antworten kaum verständlich, weil: – Begriffe durcheinandergebracht werden. – Zuhörer große Mühe hat, die Sprecher zu verstehen. – die Schüler nicht in der Lage sind, auf die Fragen des anderen zu reagieren.	/10	
Flüssiger Sprachgebrauch	□ Dialog ist gut eingeprägt, sodass der Redefluss nicht oder nur geringfügig durch Zögern unterbrochen wird.	□ Flüssigkeit des Dialogs wird bisweilen durch Zögern unterbrochen, mindert seine Verständlichkeit jedoch nicht. □ Die meisten Sätze sind vollständig, jedoch nicht so variantenreich.	□ Häufiges Zögern, das die Qualität des Dialogs mindert. □ Manche Sätze sind vollständig, andere sind kurz und unvollständig.	□ Abgehackte Sprache auf Grund von häufigen Sprechpausen und/oder unvollständige Gedanken. □ Die meisten Sätze sind zerstückelt und untereinander nicht verbunden.	/10	
Korrektheit	□ Wenige oder keine Grammatikfehler. □ Korrekte Grammatik erleichtert das Verständnis des Dialogs. □ Sätze sind nicht abgehackt.	□ Macht evtl. einige Grammatikfehler, die jedoch das Verständnis nicht behindern.	□ Grammatikfehler beginnen, die Verständlichkeit des Dialogs für den Zuhörer zu erschweren.	□ Hohe Fehlerdichte erschwert das Verständnis des Dialogs.	/10	
Aussprache	□ Klare Aussprache. Wenige oder keine Fehler.	□ Einige Fehler, aber immer noch verständlich.	□ Fehler stellen großes Hindernis für die Verständlichkeit des Dialogs dar.	□ Viele schlecht ausgesprochene Wörter.	/10	
Vorstellung	□ Dialog wird realistischer durch kreative Ergänzungen. □ Lebhafte Darbietung mit angemessener Modulation der Stimme. □ Sprecher ist gut zu hören.	□ Einsatzfreude. □ Im Laufe des Dialogs meist angemessene Modulation der Stimme. □ Sprecher ist gut zu hören.	□ Wenig Einsatzfreude. □ Manche Beispiele für Stimmmodulation, jedoch nicht richtig eingesetzt. □ Sprecher ist nicht gut zu hören.	□ Überhaupt keine Einsatzfreude. □ Präsentation wird monoton vorgetragen. □ Sprecher ist evtl. ziemlich schlecht zu verstehen.	/10	

während solcher Aktivitäten benoten. Darüber hinaus ist es hilfreich, ein System einzuführen, das den Einsatz der Zielsprache fördert. Auf den folgenden Seiten werden Ihnen einige Systeme vorgestellt. Sie funktionieren am besten, wenn Sie die Beteiligung der Schüler mit einer Punktwertung verbinden. Für welches dieser Systeme Sie sich entscheiden, hängt in erster Linie davon ab, ob Sie sich damit wohlfühlen und ob Sie es konsequent einsetzen können. Mein Favorit ist das „Capture the Flag"-Spiel. Dabei müssen die Schüler zwar Englisch sprechen, doch das Spielerische an diesem System sorgt für Spaß und Spannung. Beobachten Sie, wie die Schüler auf das System oder die Systeme reagieren, für die Sie sich entschieden haben. Manchmal ist eine Kombination aus mehreren Methoden hilfreich. Sie können auch mit dem Beginn eines neuen Beurteilungszeitraums von einem System zum anderen zu wechseln. Ich habe sehr gute Erfahrungen mit „Capture the Flag" gemacht, doch habe ich diese Methode auch mit einem System kombiniert, bei dem die mündliche Mitarbeit jedes einzelnen Schülers dokumentiert wird.

Punktetabelle für die ganze Klasse

Zeichnen Sie eine Reihe aus zehn oder mehr Punkten an die Tafel/das Whiteboard, oder befestigen Sie Magnete daran. Legen Sie mit den Schülern bestimmte Zeiten fest, zu denen ausschließlich Englisch gesprochen werden darf. Wenn Sie jemanden Deutsch sprechen hören, wischen Sie auf der Punktreihe einen Punkt weg oder entfernen einen Magneten. Immer wenn jemand Deutsch spricht, verliert die Klasse einen Punkt. Sie kann jedoch auch Punkte zurückgewinnen, wenn in der ganzen „Englischzeit" kein einziges deutsches Wort fällt. Legen Sie fest, wie viele Punkte sie auf diese Weise zurückholen können. Es gibt mehrere Möglichkeiten, den Punktestand zu dokumentieren. Sie können ihn wochenweise ablesen und in Ihre Bewertung der mündlichen Mitarbeit einfließen lassen. Die Klasse kann aber auch auf eine bestimmte Anzahl von Punkten hinarbeiten und einen Film- oder Spieletag oder auch einen Kuchen als Belohnung bekommen. Noch etwas spannender wird es, wenn Sie die Punkte mit einem Wettbewerb verbinden. Erstellen Sie dazu an der Tafel oder am Whiteboard drei Punktereihen. Teilen Sie die Klasse in zwei Gruppen, und halten Sie auf zwei der Listen fest, wie oft die jeweiligen Gruppen in der „Englischzeit"

Deutsch sprechen. Mit der dritten Punktreihe kontrollieren Sie sich selbst. Wenn die Schüler Sie dabei ertappen, dass Sie Deutsch sprechen, ohne zuvor um Erlaubnis gebeten zu haben, verlieren Sie Punkte, die dann den Schülern gutgeschrieben werden.

Verwenden Sie die Punkte für die Bewertung der mündlichen Mitarbeit oder als Teil eines Belohnungssystems. Ihre Schüler werden sehr aufmerksam verfolgen, ob Sie sich einen Ausrutscher leisten und Deutsch sprechen, wenn Sie es eigentlich nicht dürfen!

Punktetabelle für einzelne Schüler

Wenn die Punktetabelle für die ganze Klasse bei Ihnen nicht funktioniert, überlegen Sie, ob Sie ein Bewertungssystem für die einzelnen Schüler aufstellen können. Es macht etwas mehr Mühe, spiegelt aber statt der Gruppenleistung die Leistung der Einzelnen wider. Sie dokumentieren entweder, wie oft Sie die Schüler Englisch sprechen hören, oder Sie halten fest, wie oft Ihnen auffällt, dass sie Deutsch reden, wenn sie sich eigentlich auf Englisch verständigen sollten. Festzuhalten, wie oft die Schüler Englisch sprechen, kann etwas komplizierter sein. Wenn Sie sich für diese Alternative entscheiden, könnte ein Sitzplan mit den Namen der Schüler hilfreich sein, auf dem Sie jede Antwort auf Englisch mit einem Strich festhalten. Falls Sie lieber mit Punktabzügen arbeiten wollen, fangen Sie zu Beginn der Woche mit einer festgelegten Anzahl von Punkten an. Diese Punkte bleiben den Schülern vollständig erhalten, wenn sie nur Englisch sprechen. Immer wenn Sie sie Deutsch sprechen hören, ziehen Sie einen Punkt ab. Die Tabelle in Abbildung 2.10 (s. S. 49) zeigt, wie Sie den Punktestand nachhalten können: Bei einer „Verfehlung" streichen Sie einfach einen Punkt neben dem Namen des Schülers durch. Vielleicht führen Sie auch ein System ein, bei dem ein Punkt zurückgewonnen werden kann, wenn die Schüler eine ganze Unterrichtsstunde lang nicht Deutsch sprechen.

Das Flaggenspiel

Geben Sie den Schülern zu Beginn jeder Woche die Flagge eines Landes, in dem Englisch gesprochen wird. Diese Flagge soll gut sichtbar auf dem Tisch liegen. Das Ziel ist es, die Flagge bis zum Ende der Woche zu behalten – sie

Abb. 2.10 Übersicht über den Gebrauch der Zielsprache Englisch

Download

Übersicht über den Gebrauch der Zielsprache Englisch

Klasse/Kurs: 9a

Zeitraum: 25. Juli, 3. und 4. Stunde

Name	20	19	18	17	16	15	14	13	12	11	10	9	8	7	6	5	4	3	2	1
Anderson, Kim	20	19	18	17	16	15	14	13	12	11	10	9	8	7	6	5	4	3	2	1
Becker, Oskar	20	19	18	17	16	15	14	13	12	11	10	9	8	7	6	5	4	3	2	1
Brosig, Sara	20	19	18	17	16	15	14	13	12	11	10	9	8	7	6	5	4	3	2	1
Graup, Nicole	20	19	18	17	16	15	14	13	12	11	10	9	8	7	6	5	4	3	2	1
Hofmann, Tom	20	19	18	17	16	15	14	13	12	11	10	9	8	7	6	5	4	3	2	1
Klopp, Jule	20	19	18	17	16	15	14	13	12	11	10	9	8	7	6	5	4	3	2	1
Krause, Jana	20	19	18	17	16	15	14	13	12	11	10	9	8	7	6	5	4	3	2	1
Meier, Julie	20	19	18	17	16	15	14	13	12	11	10	9	8	7	6	5	4	3	2	1
Nies, Angela	20	19	18	17	16	15	14	13	12	11	10	9	8	7	6	5	4	3	2	1
Roth, Mandy	20	19	18	17	16	15	14	13	12	11	10	9	8	7	6	5	4	3	2	1
Rosenberg, Anni	20	19	18	17	16	15	14	13	12	11	10	9	8	7	6	5	4	3	2	1
Schmidt, Marie	20	19	18	17	16	15	14	13	12	11	10	9	8	7	6	5	4	3	2	1
Taller, Jim	20	19	18	17	16	15	14	13	12	11	10	9	8	7	6	5	4	3	2	1
Theis, Stephanie	20	19	18	17	16	15	14	13	12	11	10	9	8	7	6	5	4	3	2	1
Zimmer, Tim	20	19	18	17	16	15	14	13	12	11	10	9	8	7	6	5	4	3	2	1
…	20	19	18	17	16	15	14	13	12	11	10	9	8	7	6	5	4	3	2	1
	20	19	18	17	16	15	14	13	12	11	10	9	8	7	6	5	4	3	2	1
	20	19	18	17	16	15	14	13	12	11	10	9	8	7	6	5	4	3	2	1
	20	19	18	17	16	15	14	13	12	11	10	9	8	7	6	5	4	3	2	1
	20	19	18	17	16	15	14	13	12	11	10	9	8	7	6	5	4	3	2	1
	20	19	18	17	16	15	14	13	12	11	10	9	8	7	6	5	4	3	2	1
	20	19	18	17	16	15	14	13	12	11	10	9	8	7	6	5	4	3	2	1
	20	19	18	17	16	15	14	13	12	11	10	9	8	7	6	5	4	3	2	1
	20	19	18	17	16	15	14	13	12	11	10	9	8	7	6	5	4	3	2	1
	20	19	18	17	16	15	14	13	12	11	10	9	8	7	6	5	4	3	2	1

signalisiert, dass der Schüler sich in der „Englischzeit" an die Regel gehalten und nur Englisch gesprochen hat. Wenn er den Lehrer oder einen Mitschüler während dieser Zeit auf Deutsch anspricht, kann er seine Flagge verlieren. Kennzeichnen Sie die „Englischzeit" dadurch, dass Sie die Flagge eines englischsprachigen Landes aufhängen oder sichtbar auf Ihrem Tisch positionieren. Wenn Deutsch gesprochen werden darf, zeigen Sie die deutsche Flagge. Wenn ein Schüler mitbekommt, dass ein Mitschüler Deutsch spricht, sollte er auf Englisch sagen: „You spoke in German. Give me your flag." Machen Sie die Klasse darauf aufmerksam, dass der Verlust der Flagge auch droht, wenn ein Schüler während des Unterrichts gar nichts sagt.

Weitere Regeln: Um ihre Flagge zu behalten, müssen die Schüler im Verlauf einer Unterrichtsstunde mit mindestens drei Leuten Englisch sprechen. Allerdings sollten sehr einfache Bemerkungen, wie „Hi!", nicht zählen. Ein Schüler kann eine verlorene Flagge zurückgewinnen, wenn er einen Mitschüler während der „Englischzeit" beim Deutschsprechen ertappt. Es gibt auch die Möglichkeit, mehr als eine Flagge zu gewinnen. Schüler, die das geschafft haben, bekommen am Ende der Woche eine Belohnung, zusätzliche Punkte für mündliche Mitarbeit oder was Sie sich sonst ausdenken mögen. Weisen Sie die Klasse auch darauf hin, dass diejenigen, die am Ende der Woche mehr als eine Flagge haben, ihre überzähligen Flaggen nicht einfach an andere Mitschüler weiterreichen dürfen. Und natürlich ist es nicht erlaubt, eine Flagge vom Tisch oder aus der Tasche eines Mitschülers zu stehlen. Wenn die deutsche Flagge nicht an der Tafel zu sehen ist, dürfen die Schüler Sie nicht auf Deutsch ansprechen, ohne vorher um Erlaubnis zu bitten. Sollten sie diese Regel missachten, müssen sie Ihnen ihre Flagge aushändigen und haben keine Chance, sie vor der darauffolgenden Woche zurückzubekommen.

Wie man eine Flagge zurückgewinnen kann: Falls Sie den Schülern die Möglichkeit geben wollen, ihre Flagge zurückzugewinnen, ohne dafür einen Mitschüler beim Deutschsprechen zu ertappen, bieten Sie ihnen an, einen Schüler mit mehreren Flaggen zum Duell herauszufordern. Zu einem Zeitpunkt, der in den Unterrichtsablauf passt, sagt der Herausforderer zu seinem Mitschüler: „I challenge you to a flag duel!" Das mag ein wenig abwegig klingen, aber Schüler mögen solche Wettbewerbe wirklich gern.

Der angesprochene Schüler muss die Herausforderung annehmen. Die beiden stellen sich vor die Klasse. Der Herausforderer muss drei Fragen auf Englisch vorbereitet haben, die in vorangegangenen Stunden oder in der laufenden Unterrichtsstunde bereits behandelt wurden. Er kann bis zu drei Fragen stellen; wenn sein Gegenüber nicht alle Fragen beantworten kann, muss er eine Flagge abgeben, und das Duell ist vorbei. Als Gegner kommen nur Schüler in Frage, die mehr als eine Flagge besitzen. Jeder Schüler kann einen anderen zum Duell herausfordern, doch wenn er verliert (also wenn der herausgeforderte Mitschüler alle drei Fragen richtig auf Englisch beantwortet oder wenn er seine Fragen nicht richtig stellt), verliert er auch seine Flagge. Solche Duelle sind eine gute Gelegenheit, die Schüler die wichtigen Fragen üben zu lassen, die Sie ihnen gegeben haben. Außerdem bieten sie einen Anreiz, komplexere Fragen zu formulieren, um einen Gegner damit aus der Fassung zu bringen.

Tipps fürs Flaggenbasteln: Drucken Sie die Flaggen farbig auf dünner Pappe aus, und laminieren Sie sie. Auf diese Weise werden sie stabil genug, um Woche für Woche an die Schüler verteilt zu werden. Falls Sie gleichzeitig die Geografiekenntnisse Ihrer Schüler ein bisschen vertiefen möchten, schreiben Sie den Ländernamen und den Namen der Hauptstadt über die Flagge. Für sich selbst drucken Sie auch eine deutsche Flagge aus. Kleben Sie die beiden Ausdrucke auf Vorder- und Rückseite einer Bastelpappe, und laminieren Sie sie. Falls Sie eine magnetische Tafel/ein Whiteboard zur Verfügung haben, befestigen Sie Ihre Flagge gut sichtbar mit Magneten. Signalisieren Sie mit Ihren Flaggen, welche Sprache gerade angesagt ist.

idea

Aufwärmübungen 3

Name der Übung und kurze Erläuterung	Seite	Lerninhalte				Art der Kommunikation	
		Wo	Gr	In	La	mündlich	schriftlich
Conversation of the day Geben Sie ein Thema vor, und bitten Sie die Schüler, sich kurz darüber zu unterhalten.	55	•	•	•	•	•	
Current events Die Schüler halten eine kurze Präsentation über ein wichtiges internationales Ereignis.	56	•	•	•	•	•	
Daily news Bitten Sie die Schüler, über Dinge zu berichten, die sie gemacht haben, gerade machen oder machen werden.	56	•	•			•	
Overhead activities Geben Sie den Schülern eine Aufgabe, sobald sie ins Klassenzimmer kommen. Sie sollen ein beliebiges Thema mit Hilfe des OHP darstellen.	57	•	•	•	•		•
Phrase of the day Stellen Sie den Schülern jeden Tag einen wichtigen Satz vor.	58	•	•	•	•	•	•
Think quick! Stellen Sie den Schülern ein Beispiel für ein Grammatikthema vor, das Sie bereits behandelt haben oder gerade behandeln. Bieten Sie ihnen verschiedene Lösungen an, und lassen Sie sie diskutieren und entscheiden, welche richtig ist.	58		•				•

Wo = Wortschatz   Gr = Grammatik   In = Inhalt   La = Landeskunde

Conversation of the day

⇨ **Ziel** über ein Thema sprechen, das für den Unterricht oder im Alltag
der Schüler wichtig ist

✎ **Sie brauchen** Materialien variieren je nach Thema –
mögliche Optionen:
- Liste mit wichtigen Fragen
- Ausschnitt aus einem Dialog
- Karten mit Anregungen für Kurzdialoge
- Rollenspielkarten

Vorbereitungstipps und Durchführungshinweise

Lassen Sie die Schüler zu Beginn einer Unterrichtsstunde über ein Thema
sprechen, das Sie vorgeben. Hier sind einige Vorschläge:

➡ eine Wiederholung wichtiger Fragen zu der aktuellen oder einer
früheren Lektion

➡ ein Sprechanlass von einer Karte mit Anregungen für Kurzdialoge

➡ ein paar Fragen, die später in einem Dialog vorkommen, den die Schüler
lernen sollen

➡ Ausgangssituation für ein kleines Rollenspiel

Bitten Sie die Schüler, sich während der Zeit, die sie für die Übung zur Verfügung haben, ausschließlich auf Englisch zu unterhalten. Geben Sie ihnen
die Möglichkeit, die Dialoge zu üben, und bitten Sie dann ein paar Schüler,
auf die wichtigen Fragen zu antworten, mit denen sie sich beschäftigt haben, oder ihren Kurzdialog oder ihr Rollenspiel vorzustellen. Die Sprechfer-
tigkeiten der Schüler profitieren von solchen Möglichkeiten der Sprachpra-
xis, selbst wenn es jeden Tag nur ein paar Minuten sind.

Current events

⇨ **Ziel** über wichtige Ereignisse in Großbritannien, den USA oder
anderen englischsprachigen Ländern sprechen

✎ **Sie brauchen** Zeitungs-/Internetartikel

Vorbereitungstipps und Durchführungshinweise

Lassen Sie die Schüler Artikel über aktuelle Ereignisse in englischsprachigen
Ländern mitbringen und darüber berichten. Je nach Sprachniveau können
sie diese Berichte auf Deutsch oder Englisch vortragen. Beziehen Sie die
anderen Schüler mit ein, indem Sie sie Fragen zu dem Artikel stellen lassen.
Oder Sie stellen den Schülern Verständnisfragen. Legen Sie einen Tag in der
Woche fest, an dem regelmäßig über Aktuelles gesprochen wird.

Daily news

⇨ **Ziel** über Ereignisse sprechen, die bereits eingetreten sind oder
eintreten werden

✎ **Sie brauchen** Übersicht über Redewendungen in der Zeitform
der Vergangenheit und der Zukunft

Vorbereitungstipps und Durchführungshinweise

Suchen Sie einen oder mehrere Tage aus, an denen die Schüler berichten,
was sie gemacht haben oder machen werden. Auf diese Weise lassen sich
die Zeitformen der Vergangenheit und der Zukunft wunderbar üben, bevor
und nachdem sie offiziell im Unterricht behandelt wurden. Geben Sie den
Schülern eine Übersicht mit Redewendungen, die sie bei ihrem Bericht
wahrscheinlich brauchen werden, sodass sie Beispiele für die Bildung der
Zeiten vorliegen haben. Geben Sie ihnen darüber hinaus Beispiele für
häufig verwendete unregelmäßige Verben. Der Freitag ist ein guter Tag,
um die Schüler über Pläne für das Wochenende berichten zu lassen. Mon-
tags können sie dann erzählen, was sie gemacht haben. Zunächst lassen
Sie die Schüler ihrem Partner über drei Dinge berichten, die sie gemacht

haben. Dann bitten Sie ein paar Freiwillige, der Klasse von ihrem Wochenende zu erzählen.

Einsatzmöglichkeiten und Variationen

Diese Variante eignet sich, sobald die Schüler Antworten in der 1. Person Singular sicher beherrschen. In diesem Stadium fangen Sie an, andere Formen einzuführen. Zunächst stellen die Schüler sich gegenseitig Fragen, dann berichten sie der Klasse, was ihr Partner vorhat oder was er gemacht hat, oder sie erzählen von etwas, das sie beide gemacht haben usw.

Overhead activities

⇨ **Ziel** ein beliebiges Thema wiederholen und üben

✎ **Sie brauchen** Aufwärmübung, die auf einen Bildschirm projiziert oder auf eine OHP-Folie geschrieben/kopiert wird

Vorbereitungstipps und Durchführungshinweise

Mit dieser Aktivität können die Schüler schriftliche Themen wiederholen. Geben Sie Ihnen diese Aufwärmübung, die nicht länger als fünf Minuten in Anspruch nehmen sollte, zu Beginn einer Unterrichtsstunde. Während es bei Flashcards darum geht, Gegenstände zu erkennen oder Fragen zu beantworten, fördern Übungen mit dem Overhead-Projektor sowohl die mündlichen als auch die schriftlichen Fertigkeiten in einer Fremdsprache. Sie eignen sich für schnelle Aufgaben, wie das Beschriften von Bildern oder die Übersetzung von Wörtern ins Englische. Darüber hinaus können die Schüler auch Verbformen in Lückensätze einsetzen, eine Tabelle mit Verben vervollständigen, einen Satz übersetzen, Fragen stellen oder beantworten, eine Szene beschreiben oder fehlende Zeilen in einem Dialog ergänzen. Denken Sie daran, komplexere Aufgaben weniger umfangreich zu gestalten, wenn Sie den Fünf-Minuten-Rahmen einhalten wollen. Solche Übungen sind hilfreich, weil sie den Schülern etwas zu tun geben, womit sie sofort anfangen können, sobald sie die Klasse betreten. Sie bieten zusätzliche Übungen zu einem Thema während des Unterrichts und geben Ihnen Zeit, die Anwesenheit zu kontrollieren oder die Hausaufgaben nachzusehen.

Phrase of the day

⇨ **Ziel** den Wortschatz der Schüler um gebräuchliche Redewendungen erweitern

✎ **Sie brauchen** eine Liste mit wichtigen Redewendungen für den Unterricht

Vorbereitungstipps und Durchführungshinweise

Suchen Sie sich eine Redewendung von der Liste aus, und schreiben Sie sie als „Phrase of the day" an eine dafür reservierte Stelle der Tafel, oder heften Sie einen Zettel an das Schwarze Brett. Lesen Sie den Satz vor, damit die Schüler die Aussprache kennenlernen, und betten Sie ihn in einen Kontext ein. Erläutern Sie eventuelle Abweichungen zwischen wörtlicher und tatsächlicher Bedeutung. Um den Schülern einen Anreiz zu geben, sich diese neue Redewendung einzuprägen, können Sie bspw. ein Punktevergabesystem einführen, bei dem jeder Schüler, der die neue Redewendung verwendet, einen Punkt erhält.

Think quick!

⇨ **Ziel** über eine Frage zu einem grammatischen Thema nachdenken und sie beantworten

✎ **Sie brauchen** passende Fragen oder Übungen, mit dem OHP oder ans Whiteboard projiziert

Vorbereitungstipps und Durchführungshinweise

Wählen Sie ein aktuelles Grammatikthema, oder suchen Sie sich eines aus, das Sie bereits mit den Schülern behandelt haben. Geben Sie den Schülern Multiple-Choice-Fragen, Lückensätze oder offene Fragen, und lassen Sie sie zu zweit nach einer Antwort suchen. Am Ende der Diskussion sollten die Partner eine gemeinsame Antwort präsentieren können. Außerdem sollten beide in der Lage sein, zu begründen, warum sie sich für eine bestimmte Lösung entschieden haben.

Übungsaufgaben 4
in Einzelarbeit

Name der Übung und kurze Erläuterung	Seite	Lerninhalte				Art der Kommunikation	
		Wo	Gr	In	La	mündlich	schriftlich
Actions Die Schüler stehen auf und machen zu Anweisungen, die Sie ihnen geben, die passenden Bewegungen. So zeigen sie, dass sie Sie verstanden haben.	61	•	•				
Human clocks Die Schüler üben Zeitangaben, indem sie mit ihren Armen als Uhrzeiger die Zeiten darstellen, die Sie ihnen vorgeben.	62	•					
Interactive objects Die Schüler zeigen Bilder zu Wörtern, die sie gerade lernen, und dokumentieren so, dass sie die Wörter verstehen.	62	•	•	•	•	•	•
Journal writing Die Schüler führen ein Tagebuch auf Englisch. Machen Sie daraus Schreibaufgaben im Unterricht oder für zu Hause.	64	•	•	•	•	•	•
Mad Libs Die Schüler erhalten ein Blatt, auf dem verschiedene Wortarten aufgelistet sind. Anhand dieser Angaben ergänzen sie einen Text und machen eine witzige Geschichte daraus. Die Schüler suchen ein Wort, das auf die Beschreibung passt und setzen es in die entsprechende Lücke im Text.	64	•	•	•	•	•	•
Songs Die Schüler singen Lieder, die einen bestimmten Inhalt, ein landeskundliches oder grammatisches Thema oder ein Wortfeld aufgreifen.	66	•	•	•	•	•	•

Wo = Wortschatz   Gr = Grammatik   In = Inhalt   La= Landeskunde

Actions

> ⇨ **Ziel** Wortschatzfestigung durch Bewegungen unterstützen
> ✎ **Sie brauchen** nichts

Vorbereitungstipps und Durchführungshinweise

Versuchen Sie so oft wie möglich, die Einführung von neuen Vokabeln durch entsprechende Bewegungen und Handlungen zu unterstützen. Setzen Sie die Methode des *Total Physical Response* ein, um die Schüler hinter ihren Tischen hervorzuholen und sie dazu zu bringen, die passenden Bewegungen zu einem Wort zu machen, sobald sie es hören. Konkrete Verben und Nomen eignen sich besonders für Bewegungen und Handlungen.

Hier einige Beispiele für *Total Physical Response*:

➡ *Run:* Bitten Sie die Schüler, auf der Stelle zu laufen.

➡ *Ran:* Lassen Sie die Schüler auf der Stelle laufen und dabei mit dem Daumen nach hinten zeigen. Damit signalisieren sie, dass die Handlung in der Vergangenheit passiert ist.

➡ *I am hungry:* Die Schüler reiben sich den Bauch und machen ein hungriges Gesicht.

➡ *How gross!:* Die Schüler machen ein angeekeltes Gesicht.

➡ *Tricycle:* Die Schüler tun so, als würden sie Dreirad fahren.

➡ *Couch:* Die Schüler tun so, als würden sie sich auf einer Couch entspannen und dabei mit einer imaginären Fernbedienung durch die Fernsehkanäle zappen.

Natürlich können Sie die Schüler auch auffordern, selbst kreativ zu werden und passende Bewegungen für neue Vokabeln vorzuschlagen.

Human clocks

⇨ **Ziel** die Uhrzeit darstellen

✎ **Sie brauchen** nichts

Vorbereitungstipps und Durchführungshinweise

Die Schüler verwandeln sich in Uhren und zeigen mit den Armen die Uhrzeit an. Bitten Sie sie, aufzustehen und sich neben ihre Tische zu stellen. Die Arme werden zu Zeigern und stellen die Uhrzeiten nach, die Sie vorgeben. Da einige Uhrzeiten schwierig darzustellen sind (z.B. 3:20 Uhr), sollten Sie sich ggf. auf volle, halbe und Viertelstunden beschränken.

Interactive objects

⇨ **Ziel** Wortschatzbildung visuell unterstützen

✎ **Sie brauchen** Bilder von Gegenständen, deren Bezeichnungen die Schüler lernen sollen

Vorbereitungstipps und Durchführungshinweise

Suchen Sie Bilder zu einem Wortfeld, das Sie mit den Schülern durchnehmen, und kopieren Sie sie auf dünne Pappe. Wenn Sie sich z.B. mit dem Wortfeld „Kleidung" beschäftigen, kopieren Sie die unterschiedlichen Kleidungsstücke, für die die Schüler die passenden englischen Bezeichnungen lernen sollen. Schneiden Sie sie entweder selbst aus, und stellen Sie für jeden Schüler einen Umschlag mit der Bildersammlung zusammen, oder lassen Sie die Schüler sie ausschneiden, bevor Sie mit der Übung beginnen. Nennen Sie das englische Wort für ein Kleidungsstück, und bitten Sie die Schüler, das entsprechende Bild hochzuhalten. Sie können die Rolle des „Ansagers" auch einem Schüler übertragen.

Einsatzmöglichkeiten und Variationen

Möglichkeit 1

Partnerarbeit

✎ **Sie brauchen:** Image-Flashcards mit Bildern von Gegenständen, Vokabelliste

Lassen Sie die Schüler neue Vokabeln zu zweit üben. Achten Sie darauf, dass beide eine Vokabelliste vorliegen haben, auf der sie im Zweifelsfall nachsehen können, wenn ihnen z.B. ein Wort nicht einfällt. Einer der Schüler nennt Wörter von der Liste, während der andere die Flashcard mit dem entsprechenden Gegenstand hochhält. Schwieriger wird es, wenn der eine Partner eine Karte mit einem Gegenstand zeigt und der andere das entsprechende Wort auf Englisch nennen soll.
Die Partner wechseln zwischendurch die Rollen.

Möglichkeit 2

Zu dritt

✎ **Sie brauchen:** Image-Flashcards mit Bildern von Gegenständen, Vokabelliste

Die Schüler bilden 3er-Gruppen. Die Image-Flashcards werden auf dem Tisch ausgebreitet, sodass man sie gut sehen kann. Einer der Schüler ist der „Ansager". Er bekommt die Vokabelliste und ruft einen Gegenstand aus, während die anderen beiden gegeneinander antreten und so schnell wie möglich das entsprechende Bild hochhalten müssen. Die drei spielen mehrere Runden, bevor sie die Rollen tauschen und ein anderer die Aufgabe des Ausrufens übernimmt.

Möglichkeit 3

Schreibübung

✎ **Sie brauchen:** Image-Flashcards mit Bildern von Gegenständen, Papier/Heft

Die Schüler suchen sich sechs bis acht Flashcards aus und schreiben Sätze oder Fragen auf, in denen die dazugehörigen Begriffe vorkommen. Diese lassen sich bei einer mündlichen oder schriftlichen Frage-Antwort-Übung mit einem Partner einsetzen. Als Alternative können Sie die Schüler auch bitten, die Wörter in einen Dialog, einen kurzen Text oder eine kleine Geschichte einzubauen.

Journal writing

⇨ **Ziel** Gedanken und Ideen schriftlich ausdrücken
✎ **Sie brauchen** Papier/Heft

Vorbereitungstipps und Durchführungshinweise

Tagebuch zu schreiben, ist eine sehr gute Methode, um den gelernten Wortschatz anzuwenden und damit zu festigen. Für die Schüler gilt in der Fremdsprache dasselbe wie in ihrer Muttersprache: Je mehr sie schreiben, desto sicherer werden sie. Mit konstruktiven Rückmeldungen und Tipps können Sie sie dabei unterstützen. Suchen Sie sich nicht nur Themen aus, die Ihre Lektionen ergänzen und unterstützen, sondern auch solche, die Ihre Schüler interessieren. Die Tagebücher müssen für Sie keinen großen Korrekturaufwand bedeuten. Überlegen Sie sich, welche Tagebücher Sie einfach nur lesen und in welchen Sie Grammatik- und Wortfehler anstreichen. Legen Sie genau fest, wie oft die Schüler Einträge in ihr Tagebuch machen sollen und ob/wie Sie die Ergebnisse benoten.

Mad Libs

⇨ **Ziel** Wortarten wiederholen und Wörter finden, die in verschiedene Kategorien von Wortarten passen
✎ **Sie brauchen** Mad-Libs-Text und -Arbeitsblätter

Vorbereitungstipps und Durchführungshinweise

Mit Mad Libs sind Lückentexte, in denen die (inhaltlich) wichtigsten Wörter fehlen. Stattdessen steht unter der Lücke eine Angabe zu dem einzusetzenden Wort, z.B. „verb (simple past)" oder „adjective". Durch die eingesetzten Wörter trainieren die Schüler verschiedene Wortarten und kreieren gleichzeitig lustige Geschichten.
Sie können entweder fertige Mad-Libs-Lückentexte kaufen (im Internet finden Sie zahlreiche englische Publikationen) oder auch selbst welche schreiben. Wenn Sie die Lückentexte selbst verfassen wollen, gehen Sie

am besten folgendermaßen vor: Suchen oder schreiben Sie einen Text, der zu Ihren Lernzielen passt. Er sollte hinterher nach Möglichkeit lustig oder ein bisschen verrückt klingen. Dann überlegen Sie, auf welche Wortarten Sie sich konzentrieren wollen.

Als Nächstes entfernen Sie 15 bis 20 Wörter aus dem Text und machen einen Lückentext daraus. Ersetzen Sie die Wörter durch Linien, und schreiben Sie unter die Linien fortlaufende Zahlen. Auf einem gesonderten Arbeitsblatt zeichnen Sie die entsprechende Anzahl an nummerierten Linien untereinander auf und schreiben unter jede Linie die Wortart dazu, die hier gefordert ist.

Dieses Arbeitsblatt verteilen Sie nun an die Schüler und lassen jeden Einzelnen zu jeder Zahl/Linie ein Wort schreiben, das den Vorgaben entspricht, z.B. ein „Verb in der 3. Person Singular Präsens", ein „Nomen, das einen Politiker beschreibt", eine „große Zahl", einen „Ort" usw.

Teilen Sie anschließend den Lückentext aus. Die Schüler setzen die Wörter, die sie auf dem Arbeitsblatt notiert haben, in die entsprechenden Lücken. Lassen Sie sie dann die Texte vorlesen – sie klingen mit Sicherheit seltsam und sorgen für viel Spaß!

Einsatzmöglichkeiten und Variationen

Von Mad Libs gibt es zahlreiche Abwandlungen und Varianten. Diese Lückentexte eignen sich vor allem für die Wiederholung der Wortarten, es können aber auch andere Bereiche mit Ihnen trainiert werden (bestimmte Themenfelder, Zeiten etc.). Lassen Sie die Schüler zusammenarbeiten und sich ihre Texte gegenseitig vorlesen. Dann entscheiden sie, welcher Text lustiger ist. Sie könnten sie auch bitten, Verständnisfragen zu ihren Mad Libs zu beantworten oder eigene Texte oder eine Fortsetzung Ihres Textes zu schreiben.

Partnerarbeit

✎ **Sie brauchen:** Mad-Libs-Text und -Arbeitsblätter

Suchen Sie sich einen Text zu einem landeskundlichen Thema oder einer historischen Persönlichkeit, oder schreiben Sie selbst einen solchen Lückentext. Versuchen Sie es mit einem berühmten Gedicht oder einem Ausschnitt aus einer Lektüre, die Ihre Schüler lesen. Wählen Sie die Wörter, die Sie entfernen wollen, so aus, dass der Text eine neue Wendung bekommen kann. Wenn die Schüler den Lückentext ausgefüllt und auf diese Weise eine irrwitzige Geschichte daraus gemacht haben, überlegen Sie gemeinsam, wie man den Text verändern müsste, damit er der Wahrheit entspricht.

Weitere Themenbeispiele

➡ Satzstellung: Nomen, Adjektiv
➡ Kongruenz Nomen – Adjektiv (Geschlecht, Zahl)
➡ Kongruenz Subjekt – Verb
➡ Wortschatz, den Sie wiederholen wollen
➡ landeskundliche Themen, wie Feste, Künstler, historische Persönlichkeiten usw.
➡ sachbezogenes Vokabular (ein Text über eine Unterrichtsstunde in Physik oder Chemie mit entsprechendem Vokabular)
➡ ...

Songs

> ⇨ **Ziel** Wortschatz und Grammatik wiederholen und lernen
> ✎ **Sie brauchen** englische Lieder, Abspielmöglichkeit

Vorbereitungstipps und Durchführungshinweise

Wann immer es möglich ist, sollten Sie Grammatik und Vokabular mit Hilfe von Liedern vermitteln. Lieder gehören zu den wirkungsvollsten Unterrichtsmethoden, weil man sie nicht so leicht wieder vergisst, sobald man sie einmal gelernt hat. Denken Sie nur an all die Liedtexte, die Sie in Ihrem Kopf abgespeichert haben, und daran, wie oft Sie einfach mitsingen können, wenn ein Lied im Radio gespielt wird. Wenn Sie Geld für gute Lieder in einer Fremdsprache ausgeben, können Sie sich sicher sein, dass es eine lohnende Investition ist. Bringen Sie den Schülern ein Lied bei, und holen Sie Ihre Requisitenkiste hervor (siehe S. 13). Verteilen Sie bspw. Bongos, Rasseln und andere Instrumente, und sehen Sie sich an, wie Ihre Klasse aufdreht!

Hörübung mit Liedern

✎ **Sie brauchen:** Song und Abspielmöglichkeit, Arbeitsblatt mit Übungen

Machen Sie Lieder von beliebten Sängern zu Hörübungen. Forschen Sie zunächst im Internet nach dem Text (Achten Sie immer darauf, dass die Liedtexte richtig geschrieben sind, denn oftmals enthalten sie Fehler!). Versuchen Sie, ein Lied mit Vokabeln oder grammatischen Strukturen zu finden, die die Schüler erkennen können. Idealerweise finden Sie etwas, das ein aktuelles oder kürzlich bearbeitetes Lernthema aufgreift. Speichern Sie den Liedtext als Microsoft® Word-Dokument, kopieren Sie ihn in ein weiteres Dokument, und verwandeln Sie die Kopie in einen Lückentext, indem Sie einzelne Wörter entfernen und durch Linien ersetzen. Die Schüler hören sich das Lied an und füllen die Lücken auf dem Arbeitsblatt aus. Je nach Kenntnisstand der Schüler können Sie ihnen eine Liste der fehlenden Wörter unter den Lückentext schreiben. Nachdem Sie das Lied einige Male vorgespielt haben, gehen Sie mit den Schülern die Antworten durch. Überlegen Sie, ob Sie weitere Aktivitäten anschließen wollen. Sie könnten z.B. das Lied mitsingen, den Text ganz oder teilweise übersetzen oder nach bestimmten grammatischen Strukturen darin suchen.

idea

Partneraktivitäten 5

Name der Übung und kurze Erläuterung	Seite	Lerninhalte				Art der Kommunikation	
		Wo	Gr	In	La	mündlich	schriftlich
Back-to-back Alle Schüler erhalten eine Liste mit Fragen. Jedem Schüler wird außerdem eine Karteikarte mit einer Antwort auf den Rücken geklebt. Alle gehen durch den Raum, suchen die Antworten auf die Fragen und notieren sie neben den Fragen.	74	•	•	•	•	•	•
Blindfold course Ein Schüler führt einen Partner, dem die Augen verbunden wurden, durch die Schule und gibt dabei Anweisungen auf Englisch. Die Partner sind abwechselnd an der Reihe.	75	•	•			•	
Dice games Zwei Würfel in unterschiedlichen Farben stehen für Subjekte bzw. Verben. Ordnen Sie den Zahlen 1 bis 6 jeweils sechs Themen und sechs Verben zu. Die Schüler würfeln und konjugieren das Verb. Sie können auch einen dritten Würfel einsetzen, um Sätze zu bilden. Das Spiel eröffnet verschiedene Möglichkeiten der Wiederholung.	76		•			•	
Eyewitness reports Ein Schüler interviewt einen anderen, der ihm ein Ereignis schildern soll.	79	•	•	•	•	•	•
Find the errors first! Die Schüler arbeiten zu zweit, entweder zusammen oder gegeneinander. Die Aufgabe lautet: Findet die Fehler!	80	•	•	•	•	•	•
Get around it Bei dieser Übung geht es um Umschreibungen. Ein Schüler beschreibt einem Partner einen Begriff, ohne jedoch das Wort selbst zu nennen. Sein Gegenüber muss das Wort erraten.	83		•	•	•	•	•

Wo = Wortschatz   Gr = Grammatik   In = Inhalt   La = Landeskunde

Name der Übung und kurze Erläuterung	Seite	Wo	Gr	In	La	mündlich	schriftlich
Happily ever after? Die Schüler schreiben zu zweit eine Fortsetzung eines bekannten Märchens oder Gedichts oder denken sich einen neuen Schluss aus. Sie schreiben auf Englisch.	84	•	•		•	•	•
Hear/Say activities Geben Sie den Schülern ein Blatt mit zwei Spalten. In der einen stehen Wörter, die sie sagen, in der anderen sind die, die sie hören. Die Schüler wechseln sich beim Hören ab. Sie suchen in der „Hören"-Spalte das Wort, das sie gehört haben, gehen dann zur „Sagen"-Spalte und sagen das Wort, das dort steht. In dieser Reihenfolge geht es weiter bis zum Ende der beiden Spalten.	85	•		•	•	•	•
Imaginary room Die Schüler stellen eine Liste mit Dingen zusammen, die sich in ihrem Fantasiezimmer befinden (oder an einem anderen eingrenzbaren Ort). Jeder versucht, die Einrichtung seines Partners zu erraten.	88	•	•	•	•	•	•
Information gap activities Diese Übung gibt es in zahlreichen Variationen, die Grundidee ist jedoch immer, dass ein Schüler von einem anderen die Informationen erfragt, die er braucht, um eine Übung oder Aufgabe zu erfüllen.	89	•	•	•	•	•	•
Or Den Schülern liegt eine Liste mit Alternativen vor: Hund oder Katze, Eiscreme oder Kuchen usw. Sie erklären einem Partner, warum sie das eine lieber mögen als das andere.	93	•	•	•	•	•	•

Wo = Wortschatz   Gr = Grammatik   In = Inhalt   La = Landeskunde

Name der Übung und kurze Erläuterung	Seite	Lerninhalte				Art der Kommunikation	
		Wo	Gr	In	La	mündlich	schriftlich
Order it! Geben Sie den Schülern acht bis zwölf Papierstreifen. Auf jedem steht ein Satz, und die Schüler müssen die Sätze in eine logische Reihenfolge bringen.	94	•	•	•	•	•	•
Partner interview and challenge Die Schüler stellen sich gegenseitig Fragen, die Sie ihnen geben, und notieren die Antworten. Dann setzten sie sich Rücken an Rücken. Sie stellen den Paaren dieselben Fragen, die sie sich gegenseitig gestellt haben, doch nun müssen die Schüler sich in Erinnerung rufen, was ihr Partner geantwortet hatte. Diese Antwort schreiben sie auf.	97	•	•			•	•
Roll for it! Die Schüler arbeiten jeweils zu zweit gegeneinander. Sie beantworten Fragen, die Sie ihnen stellen, auf ihren Mini-Tafeln. Der erste, der die richtige Antwort gibt, würfelt und erhält die Punktzahl, die der Würfel zeigt. Am Ende gewinnt derjenige, der die meisten Punkte hat.	99	•	•	•	•		•
Sentence scramble Die Schüler bekommen Wörter in einem Umschlag. Aus diesen Wörtern müssen sie möglichst sinnvolle Sätze bilden.	100	•	•	•	•		•
Silly sentences Geben Sie den Schülern ein Blatt mit zehn bis zwölf Sätzen. Einige sind schlüssig, andere verrückt. Die Schüler müssen die Sätze in eine dieser Kategorien einordnen.	102	•	•			•	•

Wo = Wortschatz   Gr = Grammatik   In = Inhalt   La = Landeskunde

Name der Übung und kurze Erläuterung	Seite	Lerninhalte				Art der Kommunikation	
		Wo	Gr	In	La	mündlich	schriftlich
Simple pair activities Die Schüler testen sich gegenseitig mit Hilfe von Bildern, Gesten oder Wörterlisten.	**104**	•	•	•	•	•	•
That's odd! Die Schüler bekommen ein Blatt mit vier Wortkombinationen. Sie müssen herausfinden, welches Wort nicht in die Gruppe passt, und begründen ihre Entscheidung auf Englisch.	**107**	•	•	•	•	•	•
Where is it? Geben Sie jedem Schülerpaar eine Zeichnung von einem Haus mit vielen Zimmern oder eine andere Zeichnung mit vielen Unterteilungen. Die Schüler stellen ein Buch oder einen Ordner als Sichtschutz auf und verstecken einen Gegenstand irgendwo in der Zeichnung. Durch Fragen müssen sie herausfinden, wo der jeweilige Partner seinen Gegenstand versteckt hat.	**108**	•	•	•	•	•	•

Wo = Wortschatz   Gr = Grammatik   In = Inhalt   La= Landeskunde

Back-to-back

> ⇨ **Ziel** die richtige Antwort auf eine Frage finden
> ✎ **Sie brauchen** Rücken-an-Rücken-Arbeitsblatt, Klebeband

Vorbereitungstipps und Durchführungshinweise

Mit dieser Übung können die Schüler Wortschatz, Grammatik, Inhalt und Landeskunde trainieren oder auch wichtige Informationen für ein Quiz wiederholen. Nach Abschluss der Übung haben die Schüler eine Übersicht über die wichtigsten Informationen, die sie sich zu Hause noch einmal ansehen sollten.

Einsatzmöglichkeiten und Variationen

Antworten finden

✎ **Sie brauchen:** Rücken-an-Rücken-Arbeitsblatt, Klebestreifen, Karteikarten mit Antworten

Bereiten Sie ein Arbeitsblatt mit Fragen vor, die die Schüler beantworten sollen. Schreiben Sie die Antworten auf Karteikarten, und kleben Sie jedem Schüler eine Karte auf den Rücken. Die Schüler gehen nun durch den Raum, lesen sich die Karten durch und suchen die Antworten auf die Fragen auf dem zuvor ausgeteilten Arbeitsblatt. Die Fragen sollten auf Informationen abzielen, die die Schüler nicht ohne die Karten finden können. Darüber hinaus müssen sie wissen, dass es auf jede Frage nur eine Antwort gibt. Es ist also nicht möglich, sich einfach Antworten auszudenken. Falls Sie Fragen stellen, die Leute betreffen, verwenden Sie am besten Namen von Schülern aus der Klasse.

Mögliche Fragen:
➡ Wo ist die Bank?
➡ Warum war Sara gestern nicht in der Schule?
➡ Wie viele Süßigkeiten hat Steffen am Freitag gekauft?
➡ Wer spielt gerade Basketball in der Turnhalle?

Möglichkeit 1

Wortschatzquiz vorbereiten

✎ **Sie brauchen:** Rücken-an-Rücken-Arbeitsblatt, Klebestreifen

Hier ist ein Beispiel, wie Sie die Aktivität bei einem Wortschatzquiz einsetzen können: Bereiten Sie ein Blatt mit Bildern vor, zu denen die Schüler die englischen Begriffe nennen sollen. Kleben Sie jedem Schüler solch ein Blatt auf den Rücken. Anschließend gehen sie durch den Raum und tragen auf den Rücken ihrer Mitschüler die gesuchten Begriffe ein. Sobald jemand ein vollständig ausgefülltes Blatt auf dem Rücken hat, muss er die Eintragungen überprüfen und nachsehen, ob alles richtig geschrieben ist. Versprechen Sie demjenigen einen Preis, der als Erster ein korrekt ausgefülltes Blatt abliefert.

Weitere Themenbeispiele

➡ jegliche Vokabeln oder Redewendungen
➡ wichtige Fragen aus dem Themenbereich „Ferien"
➡ Antworten in der 1. Person Singular, *past tense*
➡ ...

Blindfold course

⇨ **Ziel** Wortschatz „Richtungsanweisungen" trainieren
✎ **Sie brauchen** genügend Augenbinden für die halbe Klasse

Vorbereitungstipps und Durchführungshinweise

Bei dieser Übung trainieren die Schüler nicht nur Richtungsanweisungen und Begriffe für Örtlichkeiten innerhalb der Schule, sie eignet sich auch als vertrauensbildende Aktivität. Neue Schüler können auf diese Weise außerdem lernen, sich im Schulgebäude zurechtzufinden.

Teilen Sie die ganze Klasse in Paare auf. Geben Sie jeweils einem der beiden Schüler einen Plan vom Schulgebäude, auf dem der Weg eingezeichnet ist, auf dem er seinen Partner durch die Schule führen soll. Variieren Sie die Wege etwas, damit die Schülerpaare nicht alle in dieselbe Richtung losmarschieren. Alternativ können sich die Schüler auch selbst einen Weg

ausdenken. Gerade in diesem Fall sollte aber unbedingt eine Zeitbegren-
zung festgelegt werden.

Der „Blindenführer" verbindet seinem Partner die Augen, weist ihm auf
Englisch den Weg und achtet darauf, dass er nicht in Gefahr gerät. Die gemeinsame Reise durch das Schulgebäude beginnt an der Tür des Klassenzimmers. Unterwegs darf nur Englisch gesprochen werden. Wird ein Paar
dabei ertappt, dass es diese Regel missachtet, werden beide disqualifiziert
und bekommen keine Punkte für diese Übung. Der „blinde" Partner bewertet zum Schluss, wie gut die Anweisungen seines Begleiters waren, dann
werden die Rollen gewechselt. Der neue „Blindenführer" sollte nicht
denselben Weg gehen wie sein Vorgänger.

Dice games

> ⇨ **Ziel** Verben konjugieren und vollständige Sätze bilden
> ✎ **Sie brauchen** Arbeitsblatt „Dice game" (s. Vorlage auf S. 78),
> für jedes Schülerpaar 3 Würfel in unterschiedlichen Farben

Vorbereitungstipps und Durchführungshinweise

Sie brauchen für jedes Schülerpaar jeweils drei Würfel in unterschiedlichen
Farben und ein Arbeitsblatt mit einer Tabelle, die in drei Spalten unterteilt
ist. Jede Spalte steht für eine andere Kategorie: Personalpronomen/Sub-
jekt, Verb in der Infinitivform und Nomen. Jede Kategorie enthält sechs
Wörter oder Wortgruppen. Über die Spalten schreiben Sie die Farbe des
dazugehörigen Würfels (s. Abb. 5.1 auf S. 78).

Die Schülerpaare werfen alle drei Würfel, ordnen den gewürfelten Zahlen
die Eintragungen in den Spalten zu und bilden aus den entsprechenden
Wörtern bzw. Wortgruppen einen Satz, entweder mündlich oder schriftlich.
Etwas schwieriger wird es, wenn Sie Nomen und Verben mischen, die in
keinem sinnvollen Zusammenhang stehen. Die Schüler müssen entscheiden,
ob ein Satz einen Sinn ergibt oder nicht. Ergibt er keinen Sinn, darf er
auch nicht auf dem Arbeitsblatt notiert werden. Auf diese Weise können
Sie feststellen, ob die Schüler die Bedeutung der Sätze verstehen, die
sie bilden.

Einsatzmöglichkeiten und Variationen

Tabelle mit konjugierten Verben

✎ **Sie brauchen:** Arbeitsblatt „Dice game" (s. Vorlage auf S. 78),
    für jedes Schülerpaar 3 Würfel in unterschiedlichen Farben
Diese Variante können Sie vor allem dann einsetzen, wenn Sie gerade mit
Verbkonjugationen angefangen haben. Setzen Sie Pronomen als Subjekte
in die erste Spalte, konjugierte Verben in die zweite und ein Objekt in die
dritte. Prüfen Sie, ob die Schüler das konjugierte Verb dem passenden
Subjekt zuordnen können. Erklären Sie ihnen, dass sie nur dann einen Satz
bilden können, wenn eine Kongruenz zwischen Subjekt und Verb besteht.
Als weitere Kongruenzübung können Sie eine Form von *to be* in die zweite
und ein Adjektiv in die dritte Spalte setzen.

Schriftliche Zusatzübung

✎ **Sie brauchen:** ausgefülltes Arbeitsblatt „Dice game", Papier/Heft
Als schriftliche Zusatzübung schreiben die Schüler im Anschluss an das
Würfelspiel eine kleine Geschichte, in der die meisten oder alle Sätze
vorkommen, die sie zuvor gebildet haben.

Weitere Themenbeispiele

➡ Bildung sinnvoller Sätze
➡ Kongruenz Subjekt – Verb in allen Zeitformen
➡ Kongruenz Nomen – Adjektiv
➡ Subjekte und Prädikate
➡ ...

Abb. 5.1 „Dice game"-Vorlage

Download

Dice game

Pick up the red, green and white dice. Roll them to make a sentence. Conjugate the verb. Write down the sentences that you made by rolling the dice, but only if they make sense!

Red dice	Green dice	White dice
1. I	1. to eat	1. the white shoes
2. you	2. to buy	2. the gigantic cookie
3. she	3. to wear	3. the green frog
4. we	4. to look for	4. the pink house
5. you all	5. to drink	5. the lemonade
6. they	6. to dance	6. the new book

1. _____
2. _____
3. _____
4. _____
5. _____
6. _____
7. _____
8. _____
9. _____
10. _____

Eyewitness report

⇨ **Ziel** mit Hilfe eines Interviews Informationen zu einem Vorfall sammeln; Wortschatz und bestimmte grammatische Strukturen trainieren

✎ **Sie brauchen** Protokollvordruck (s. Vorlage auf S. 81)

Vorbereitungstipps und Durchführungshinweise

Bei dieser Aktivität befragen sich die Schüler gegenseitig, um Einzelheiten zu einem Vorfall oder einem Ereignis herauszufinden. Dabei wechseln sie sich als Fragensteller und Befragter ab. Geben Sie den Schülern einen Vorfall/ein Ereignis vor, zu dem sie dann das Protokoll ausfüllen (siehe Abb. 5.2 auf S. 81). Bei weniger fortgeschrittenen Klassen erleichtern Sie den Schülern die Antworten auf die Fragen ihres Partners, indem Sie ihnen nähere Angaben zum Geschehen an die Hand geben. Schüler mit fortgeschrittenen Sprachkenntnissen bekommen lediglich einen Hinweis auf die Art des Vorfalls. Ermuntern Sie die Schüler in jedem Fall, ihre Berichte mit fantasievollen, unwahrscheinlichen oder unerwarteten Details zu schmücken und sie dadurch etwas unterhaltsamer zu machen.

Um Zeit zu sparen, können Sie auch die Schüler Ideen für mögliche Vorfälle/Ereignisse sammeln lassen. Geben Sie ihnen dazu ein paar Beispiele an die Hand, wie sie unten stehen, um sie zu kreativem Denken anzuregen. Dann könnten Sie eine Idee aussuchen, mit der die ganze Klasse arbeitet, oder ein paar Möglichkeiten zur Auswahl anbieten.

Beispielvorfall: UFO gesichtet

Lassen Sie die Schüler ein Interview führen, bei dem der Augenzeuge ein UFO gesichtet hat. Die folgenden Angaben sollten im Protokoll enthalten sein: Uhrzeit, Datum, Ort, Beschreibung des Raumschiffs, Beschreibung der Aliens. Die Schüler könnten beschreiben, ob die Aliens Haare haben, die Anzahl der Augen, Ohren, Arme und Beine, welche Farbe sie haben, welche Charakterzüge sich aus ihrem Verhalten oder ihren Handlungen ableiten lassen, ob sie versucht haben zu kommunizieren und welche Sprache sie gesprochen haben. Der Interviewer sollte außerdem die Kontaktinformationen des Interviewpartners aufnehmen, also den Namen, die Adresse, E-Mail-Adresse und Telefonnummern (Festnetz und Handy). Die Schüler können sich Fantasieadressen und -telefonnummern ausdenken, wenn sie die echten nicht nennen wollen. Bitten Sie die Interviewer, das Ereignis in einem kurzen Text zusammenzufassen und eine Skizze von den Aliens und ihrem Raumschiff anzufertigen.

Hier sind ein paar weitere Ideen für Berichte:

➡ Hollywoodstar im Eagle River, Wisconsin, gesichtet

➡ Tornadojäger sichtet Tornado in Texas

➡ Krankenhausbericht über die stationäre Aufnahme von jemandem, der bei einem Erdbeben von umherfliegenden Tellern am Kopf getroffen wurde

➡ Bericht eines Hurrikan-Überlebenden

➡ Bericht über Autounfall mit Truthahn

➡ Diebstahlbericht: Familienhund Prinzessin, ein Pudel, wurde gestohlen

Find the errors first!

⟡ **Ziel** Grammatikregeln anwenden, um Fehler in einem Text zu finden

✎ **Sie brauchen** ein oder 2 Listen mit fehlerhaften Sätzen

Vorbereitungstipps und Durchführungshinweise

Dieses Spiel ist vielfältig einsetzbar, weil es sich auf grammatische, historische und landeskundliche Themen ebenso anwenden lässt wie auf Wortschatzübungen. Geben Sie den Schülern eine Liste mit Sätzen, in denen eine festgelegte Anzahl von Fehlern steckt. Wer kann als Erster die meisten Fehler entdecken und korrigieren? Sie können es den Schülern dadurch leichter machen, dass Sie am Ende eines jeden Satzes angeben, wie viele Fehler darin enthalten sind. Die Schüler können paarweise gegeneinander antreten, Sie können aber auch einen Wettkampf der Paare daraus machen, wenn beide dieselbe Liste bekommen und sie gemeinsam versuchen, als erstes Paar die Fehler zu finden und zu berichtigen.

Abb. 5.2 „Incident report record"-Vorlage

Download

Incident report record

Date of incident: _____ Time of incident: _____

Place of incident: _____

Description of suspect

Approximate age of suspect: _____ Eye colour: _____ Hair colour: _____

Appoximate height: _____

Approximate weight: _____

Distinguishing features: _____

Clothing he/she was wearing: _____

Description of any vehicles involved

_____

Description of incident (be as detailed as possible)

_____

_____

_____

_____

_____

Reporter's contact information

Name of person reporting incident: _____

Address: _____

Phone number: _____ Cell phone number: _____

Best time to contact: _____

Einsatzmöglichkeiten und Variationen

Eine Klasse, zwei Gruppen

Variante

✎ **Sie brauchen:** OHP-Folie mit Sätzen, in denen Fehler enthalten sind, Mini-Tafeln, Folienstifte/Whiteboard-Marker

Bereiten Sie eine Folie mit Sätzen vor, in denen Fehlern enthalten sind, und verteilen Sie Mini-Tafeln an die Schüler. Teilen Sie die Klasse in zwei Gruppen ein. Zeigen Sie den ersten fehlerhaften Satz, und erklären Sie den Schülern, dass sie den Satz abschreiben und dabei alle Fehler berichtigen sollen. Jeder in der Gruppe muss versuchen, den Satz fehlerlos auf seine Tafel zu schreiben. Dann vergleicht jede Gruppe untereinander, was auf den Tafeln steht, und einigt sich auf eine Version. Der Gruppensprecher bringt Ihnen eine Schreibtafel mit der Antwort, sodass Sie das Ergebnis überprüfen und mit dem der anderen Gruppe vergleichen können.

Variieren Sie das Spiel dadurch, dass Sie den Gruppen in jeder Runde unterschiedliche Sätze geben, die ähnliche Fehler aufweisen.

Weitere Themenbeispiele

➡ Rechtschreibung
➡ Zeichensetzung
➡ Kongruenz Subjekt – Verb in allen Modi und Zeitformen
➡ Fehler in historischen oder landeskundlichen Informationen (auf Englisch)
➡ ...

Get around it

⇨ **Ziel** ein Wort umschreiben und den Partner raten lassen, was gemeint ist

✎ **Sie brauchen** Liste von Wörtern, die die Schüler umschreiben sollen

Vorbereitungstipps und Durchführungshinweise

Diese Aktivität lässt sich zum Wortschatztraining einsetzen und funktioniert auch mit landeskundlichen und sachbezogenen Informationen. Die Schüler arbeiten zu zweit oder in kleinen Gruppen zusammen und erraten ein Wort, das umschrieben, aber nicht genannt werden darf. Auf diese Weise wird die sehr nützliche Fertigkeit gefördert, einen Begriff mit eigenen Worten zu be- und umschreiben. Bei der Arbeit zu zweit bekommt einer der Schüler eine Liste mit Wörtern, die er für seinen Partner erklärt; bei der Arbeit in 4er-Gruppen bekommt ein Schülerpaar eine Liste und umschreibt die Begriffe für ein weiteres Paar. Diese drei Satzanfänge könnten nützlich sein:

1. It is a place where ...

2. It is a thing you use to ...

3. It is a person who ...

Einsatzmöglichkeiten und Variationen

Umschreibungen können auf einfachem oder fortgeschrittenerem Sprachniveau formuliert werden. Unabhängig vom Lernstand sind diese Aktivitäten nützlich, weil die Schüler sich mit dieser Technik behelfen können, wenn ihnen einmal ein Wort fehlt. Weniger fortgeschrittenen Schülern sollten Sie die Möglichkeit geben, die Umschreibung für ihren Begriff aufzuschreiben, bevor sie ihn ihrem Partner mündlich erläutern.

Hier sind einige einfache Beispiele für Umschreibungen, mit denen Sie Sprachanfängern helfen können:

➥ *Book:* The students read it in the library.

➥ *Teacher:* She is the person that teaches the students.

➥ *Hamburger:* People eat this. It has meat and bread. Sometimes it has cheese, tomatoes, lettuce and onions.

➡ *Door:* It opens and closes. People enter rooms through it.
➡ *Kitchen:* It is the place where people eat breakfast and cook food.

Weitere Themenbeispiele

➡ Speisen und Lebensmittel
➡ Sachen für die Schule
➡ Zimmer in einem Haus
➡ Verben
➡ …

Happily ever after?

⇨ **Ziel** eine Fortsetzung oder einen neuen Schluss für ein bekanntes Märchen schreiben
✎ **Sie brauchen** Märchen auf Englisch

Vorbereitungstipps und Durchführungshinweise

Bei dieser Übung sollen die Schüler eine Fortsetzung oder einen neuen Schluss für ein Märchen mit einem Happy End schreiben. Als Vorbereitung suchen Sie sich ein Märchen aus und bringen den Schülern alle Vokabeln bei, die darin eine wichtige Rolle spielen, die sie aber noch nicht kennen. Dann lesen Sie ihnen die Geschichte auf Englisch vor. Möglicherweise lassen Sie die Schüler einen Lückentext ergänzen, in dem wichtige Vokabeln und grammatische Strukturen wiederholt werden. Wählen Sie Sätze aus dem Märchen aus, und lassen Sie die Wörter weg, die geübt werden sollen. Wenn die Schüler mit dem nötigen Wortschatz ausgestattet sind, bitten Sie sie, sich ein anderes Ende oder eine Fortsetzung für das Märchen auszudenken. Statt des Märchens können Sie auch ein englisches Gedicht nehmen, das die Schüler abändern oder um einen Vers erweitern.

Auswahl an Märchen und Gedichten

➡ Cinderella

➡ Snow White

➡ Little Red Riding Hood

➡ Goldilocks and the Three Bears

➡ The Three Little Pigs

➡ Jack and Jill

➡ Little Miss Muffet

➡ Humpty Dumpty

➡ ...

Hear/Say activities

⇨ **Ziel** zuhören und das deutsche Gegenstück zu einem englischen Wort finden; eine Frage hören und ihr eine Antwort zuordnen

✎ **Sie brauchen** Arbeitsblätter für Hear/Say activities (s. Vorlage auf S. 87)

Vorbereitungstipps und Durchführungshinweise

Verteilen Sie an jedes Schülerpaar die beiden Tabellen A und B (s. Abb. 5.3 auf S. 87). Der Schüler, der neben seinem ersten Wort ein Sternchen hat, beginnt und liest dieses Wort vor. In den Tabellen ist über der linken Spalte ein Ohr zu sehen, über der rechten ein Mund. Der andere Partner hört sich das Wort an, das vorgelesen wurde, übersetzt es ins Deutsche, sucht das passende Bild dazu in der „Ohr"-Spalte und sagt das Wort, das rechts daneben in seiner „Mund"-Spalte steht. Wenn die Schüler es richtig machen, hört derjenige, der angefangen hat, zum Schluss das Wort zu dem Bild, das neben dem mit dem Sternchen versehenen Wort steht, mit dem die Übung begonnen hat.

Einsatzmöglichkeiten und Variationen

Diese Übung eignet sich nicht nur für die Wortschatzarbeit, sondern auch für Grammatikthemen, Landeskunde oder geschichtliche Themen. Sie könnten sogar eine Multiplikationstafel für den Mathematikunterricht oder ein Periodensystem für den Chemieunterricht daraus machen. Die oben beschriebene Durchführung geht von Muttersprache und Fremdsprache aus, doch Synonyme, Gegensätze, Romanfiguren und ihre charakteristischen Eigenarten, Wörter und ihre englischsprachige Definition und verschiedene andere Zuordnungsübungen eignen sich ebenfalls für eine Hear/Say activity. Die Schüler können die Übung entweder so durchführen, wie Sie sie vorbereiten, oder sich selbst eine Wiederholungsübung ausdenken. In diesem Fall geben Sie ihnen eine leere Tabelle, die sie selbst ausfüllen. Diese mit eigenen Ideen ausgefüllten Tabellen können dann an andere Schülerpaare weitergegeben werden.

Weitere Themenbeispiele

➥ Fragen und Antworten
➥ Zahlen, Alphabet, Uhrzeiten, Farben, Orte in der Stadt
➥ Länder und Hauptstädte
➥ Berufe und Orte, an denen Leute arbeiten, die diese Berufe ausüben
➥ Künstler und ihre Gemälde oder ihr Stil
➥ verschiedene Formen konjugierter Verben und ihre deutsche Bedeutung
➥ Wiederholung von Fakten zu unterschiedlichen Themen, entweder in Form von Frage und Antwort (Who wrote „The Tempest"?) oder als Ergänzungsübung (The author of „The Tempest" is ...)
➥ Feiertage und Kalenderdaten
➥ berühmte Leute und das, wofür sie berühmt sind
➥ ...

Abb. 5.3 Arbeitsblatt für eine Hear/Say activity

Hear/Say activity

Partner A		Partner B	
	*ruler		pen
	books		student
	eraser		black board
	calculator		notebook
	teacher		chair
	pencil		scissors

Imaginary room

> ⇨ **Ziel** Ja/Nein-Fragen formulieren
> ✎ **Sie brauchen** Papier

Vorbereitungstipps und Durchführungshinweise

Diese Methode lässt sich auf verschiedene grammatische Strukturen, unterschiedliche Inhalte und landeskundliche Informationen anwenden, aber auch auf alle Vokabeln, die sich für eine Raumbeschreibung eignen. Teilen Sie die Gruppe in Paare ein, und bitten Sie jeden Schüler, sich eine Liste mit zehn Dingen auszudenken, die er in seinem „Fantasiezimmer" haben möchte. Eine andere Möglichkeit ist es, die Dinge zeichnen und mit den entsprechenden Begriffen versehen zu lassen. Statt eines Zimmers können Sie auch andere Räume, Behältnisse oder Orte, wie Schließfach, Park, Koffer, Rucksack, Auto, berühmtes Kunstmuseum oder Konzerthalle, nehmen. Weisen Sie die Schüler an, ihre Listen vor ihrem Partner geheim zu halten. Wenn sie ihre Listen zusammengestellt haben, setzen sie sich einander gegenüber und stellen sich gegenseitig Fragen nach den Dingen, die sich im Fantasiezimmer des Partners befinden. Dabei sollten sie sich auf Fragen beschränken, die mit Ja oder Nein beantwortet werden können.
Zum Beispiel:

➡ Do you have a bed in your room?
➡ Are there any shoes?

Beginnen Sie die Aktivität damit, dass Sie den Schülern den Raum nennen, den sie in Gedanken einrichten sollen. Sie können sie aber auch einen Raum wählen lassen. Wenn Sie sie selbst einen Raum aussuchen lassen, muss der Partner herausfinden, um welchen Raum es sich handelt. Bei dieser zweiten Option ist etwas mehr Fantasie gefragt. Auch hier sollten sie sich auf Ja/Nein-Fragen beschränken:

➡ Do you eat in the room?
➡ Is it in a house?
➡ Is it the kitchen?
➡ Can you watch a movie there?
➡ Do you like the place?

Einsatzmöglichkeiten und Variationen

Ein Adjektiv hinzufügen

✎ **Sie brauchen:** Papier/Heft

Lassen Sie die Schüler zu jedem Gegenstand in ihren Fantasiezimmer ein Adjektiv hinzufügen. Die Schüler, die die richtige Kombination aus Adjektiv und Nomen erfragen, bekommen die doppelte Punktzahl.

Die Verbform verändern

✎ **Sie brauchen:** Papier/Heft

Variieren Sie das Verb oder die Zeitform des Verbs, indem Sie die Schüler eine Liste der Dinge anfertigen lassen, die sie in den Raum stellen werden, gestellt haben, stellen würden, nicht stellen würden, stellen wollen usw. Die Fragen müssen entsprechend angepasst werden.

Weitere Themenbeispiele

➡ Sachen, die du in den Einkaufswagen legen würdest, wenn deine Mutter dich nicht daran hindern würde

➡ berühmte Briten/Amerikaner/Australier, die du zu einer Party einladen würdest, wenn du könntest

➡ Sachen, die du mitnimmst, wenn du in deine eigene Studentenbude ziehst

➡ Angewohnheiten deiner Schwester/deines Bruders, die du nicht vermissen wirst, wenn sie auszieht

➡ Kunstwerke (und den Namen der Künstler), die du in einem Kunstmuseum ausstellen würdest, wenn du könntest

➡ Sachen, die du ins Auto packst, wenn du in den Sommerferien mit deiner Familie zelten fährst

➡ Sachen, die du einpacken würdest, wenn du im Juli nach Italien fahren würdest

➡ Sachen, die eine Mutter unter dem Bett ihres 3-jährigen Sohnes vermutet

➡ …

Information gap activities

⇨ **Ziel** Fragen stellen, um fehlende Informationen zu bekommen

✎ **Sie brauchen** unterschiedliche Materialien, je nach Art der Aktivität

Vorbereitungstipps und Durchführungshinweise

Bei der Information gap-Methode handelt es sich um eine Übung, bei der fehlende Informationen erfragt werden müssen. Ein Schüler kennt die Antworten, und der andere muss ihm Fragen stellen und die Informationslücken füllen. Diese Aktivität eignet sich für die Bereiche Wortschatz, Grammatik, Landeskunde und Geschichte sowie für die meisten Schulfächer.

Einsatzmöglichkeiten und Variationen

A/B-Aktivitäten

✎ **Sie brauchen:** 2 verschiedene Tabellen mit Fragen und passenden Antworten

Ein Beispiel für eine A/B-Aktivität ist eine Übung, bei der Schüler eine Tabelle mit unvollständigen Informationen bekommen. Normalerweise ist ein Schüler Partner A, der andere Partner B. A und B müssen sich gegenseitig Fragen auf Englisch stellen, um die fehlenden Informationen ergänzen und in ihre Tabelle eintragen zu können. Die Tabelle, die A vorliegen hat, sollte die Informationen enthalten, die B fehlen. Außerdem muss genügend Platz sein, um die erfragten Auskünfte aufschreiben zu können. B bekommt dieselbe Tabelle, allerdings mit den entgegengesetzten Informationen zu A. Sind die Informationen in der Tabelle eingetragen, ist die Übung beendet. Sie lässt sich erweitern, indem die Schüler z.B. die erfragten Sachverhalte schriftlich zusammenfassen, ein Bild malen, falls es sich um eine Personenbeschreibung handelte, oder einen Brief schreiben, in dem sie schildern, was sie herausgefunden haben. Außerdem könnten sie der Klasse berichten, welche Informationen sie zusammengetragen haben.

Möglichkeit 1

Natürlich gibt es zahlreiche Möglichkeiten in Bezug auf die zu erfragenden Inhalte. Hier sind einige Beispiele:

➡ Wetter

➡ Charakterzüge

➡ Hobbys und Sport

➡ Künstler und ihr Stil

➡ Schriftsteller und ihre Werke

➡ berühmte Musiker und die Länder, aus denen sie stammen, oder ihr Musikstil

➡ Fakten aus Mathematik oder Naturwissenschaften

➡ Fragen bilden, antworten

➡ Verben in der Vergangenheitsform

➡ ...

Wer oder was bin ich?

Möglichkeit 2

✎ **Sie brauchen:** Zettel mit Bildern von Personen, Tieren, Orten oder Gegenständen oder den entsprechenden Namen/Bezeichnungen, Klebeband

Jeder Schüler bekommt einen Zettel mit einem Bild (oder eben dem entsprechenden Namen oder der Bezeichnung) auf den Rücken geklebt. Alle gehen durch den Raum und stellen den Mitschülern, die das Bild oder Wort auf ihrem Rücken sehen können, Fragen. Auf diese Weise sammeln die Schüler Informationen, mit deren Hilfe sie herausfinden, wen oder was sie darstellen. Zunächst begrüßen sie einander, dann beginnen sie, Fragen zu ihrer Identität zu stellen. Sie dürfen jedoch niemandem zwei Fragen nacheinander stellen, sondern müssen zum nächsten Schüler gehen.
Je nach Thema und Kenntnisstand können Sie Beispielfragen formulieren. Zum Schluss sagen die Schüler Ihnen, wer oder was sie ihrer Ansicht nach sind, und dafür gibt es Punkte oder einen Preis.

„Wer oder was bin ich?"

Variante

✎ **Sie brauchen:** Zettel mit Bildern von Personen, Tieren, Orten oder Gegenständen oder entsprechenden Hinweisen, Klebeband

Verwenden Sie diese Variante für den Wortschatz einer bestimmten Lektion oder als groß angelegte Wiederholung. Kleben Sie jedem Schüler zwei bis vier Wörter oder Bilder auf den Rücken, die Hinweise auf ihre Identität geben. Sie müssen umhergehen und sich gegenseitig Fragen stellen, bis jeder Schüler herausbekommt, welche Hinweise er auf dem Rücken kleben hat und seine Identität erraten kann.

Um Vorbereitungszeit zu sparen, können Sie einer kleinen Gruppe von Schülern die Aufgabe geben, unmittelbar vor Beginn der Übung vier Wörter zu notieren, die eine bestimmte Person, einen Ort usw. beschreiben. Achten Sie darauf, dass der Rest der Klasse nicht sehen kann, was diese Schüler aufschreiben. Sie können ihnen entweder Personen oder Orte nennen und ihnen so konkrete Vorgaben machen oder ihnen freie Hand lassen und sie selbst entscheiden lassen. Wenn sie die Hinweise aufgeschrieben haben, übertragen Sie sie auf die Zettel. Bitten Sie die Schüler aus der Gruppe, die sich die Hinweise ausgedacht hat, ihre Zettel jeweils einem Mitschüler auf den Rücken zu kleben, damit niemand die Hinweise vor Beginn der Übung sehen kann. Der Rest der Aktivität verläuft wie bei der ursprünglichen Version von „Wer oder was bin ich?"

Selbstportrait

✎ **Sie brauchen:** Bild eines Menschen, Papier, Klebeband

Kleben Sie jedem Schüler ein Bild auf den Rücken. Mögliche Quellen für Bilder sind Zeitschriften, ClipArts-Sammlungen oder Zeichnungen. Bitten Sie alle Schüler, Bilder mitzubringen, dann wächst Ihr Vorrat schneller. Erklären Sie ihnen, dass sie möglichst viele Informationen über das Bild auf ihrem Rücken einholen und dann ein Bild von der Person malen sollen, deren Konterfei sie mit sich herumtragen. Wenn sie mit ihrem „Selbstportrait" fertig sind, können sie es mit dem Bild auf ihrem Rücken vergleichen. Hier sind ein paar Erweiterungsmöglichkeiten für diese Aktivität:

➡ Die Schüler bilden Paare und beschreiben einander ihre Selbstportraits mit den eingeholten Informationen.

➡ Bitten Sie die Schüler, sich der Klasse als derjenige zu präsentieren, dessen Bild sie auf dem Rücken hatten.

➡ Die Schüler fügen ihrem selbstgemalten Bild eine kurze Personenbeschreibung hinzu, in der sie etwas über ihre Hobbys, ihre Interessen, ihren Beruf und andere Einzelheiten schreiben.

Or

> ⇨ **Ziel** Meinungen ausdrücken und begründen
> ✎ **Sie brauchen** Liste mit Entweder/oder-Aussagen

Vorbereitungstipps und Durchführungshinweise

Diese Aktivität eignet sich für die Wiederholung von Wortschatz, Grammatik, Landeskunde oder sonstigem Inhalt. Bereiten Sie eine Liste mit 10 bis 30 Einträgen vor, die jeweils zwei Dinge oder Ideen gegenüberstellen. Das können so konkrete Sachen wie „dog or cat", „watch or play baseball" oder „dance or sing" sein. Verteilen Sie die Liste an die Schüler, und bitten Sie sie, die Wörter einzukringeln, die Sie lieber mögen. Lassen Sie sie anschließend zu zweit oder in kleinen Gruppen arbeiten: Die Schüler erklären einander auf Englisch, welche der genannten Alternativen auf der Liste sie bevorzugen, und versuchen, ihre Wahl, so gut es geht, zu begründen. Wie ausführlich diese Erläuterung ist, hängt stark von ihrem Kenntnisstand ab. Bei Englischanfängern können ein paar Schlüsselwörter und wichtige Redewendungen hilfreich sein, um eine Debatte über Vorlieben und Abneigungen in Gang zu bringen.

Einsatzmöglichkeiten und Variationen

Für Fortgeschrittene

✎ **Sie brauchen:** Liste mit Entweder/oder-Aussagen

Auch fortgeschrittene Schüler können von dieser Übung profitieren. Stellen Sie eine Liste von Gegenüberstellungen auf, die komplexere Diskussionen auslösen können. Dabei bieten sich Fragen an, die an die Lektüre der Schüler anknüpft (Who would you rather be, Prospero or Caliban?), an geschichtliche Informationen (Who was a better leader, Abraham Lincoln or Theodore Roosevelt?) und an politische Themen (Who makes wiser choices, Democrats or Republicans?). Bitten Sie die Schüler, sich selbst solche Gegenüberstellungen auszudenken, die Sie der Klasse bei anderer Gelegenheit vorlegen können. Erweitern Sie die Aktivität, indem Sie sie als Ausgangspunkt für ein Recherche-Projekt verwenden, bei dem die Schüler sich näher mit den gegenübergestellten Dingen beschäftigen und weitere Informationen dazu beschaffen. Daraus kann sich eine Präsentation, eine Debatte oder ein Referat in englischer Sprache ergeben.

Weitere Themenbeispiele

➡ Wiederholung des Vokabulars aus verschiedenen Lektionen
➡ Wortschatzwiederholung des Wortfeldes „Tiere"
➡ Verkehrsmittel
➡ Charakterzüge (Which is more important, being honest or being generous?)
➡ Kunstdebatte (Who was more influential, Picasso or Dali?)
➡ beliebte Festtage (Thanksgiving or 3 Kings Day?)
➡ Grammatikfehler finden
➡ ...

Order it!

> ➪ **Ziel** die richtige Reihenfolge von Sätzen festlegen
> ✎ **Sie brauchen** einen kleinen englischen Text, den Sie in einzelne Sätze zerlegen

Vorbereitungstipps und Durchführungshinweise

Diese Methode eignet sich als Wortschatzübung sowie für grammatische, sachbezogene und landeskundliche Themen. Bereiten Sie sie vor, indem Sie einen Text mit einem bestimmten Wortschatz- oder Grammatikschwerpunkt heraussuchen oder selbst formulieren. Fertigen Sie ein Original mit dem vollständigen Text an, kopieren Sie ihn, und fügen Sie ihn in ein neues Dokument ein. Bringen Sie die einzelnen Sätze in eine neue Reihenfolge (nach jedem Satz sollte ein Zeilenumbruch erfolgen), drucken Sie dieses Dokument aus, und machen Sie Kopien in ausreichender Zahl. Verteilen Sie die Blätter an die Schüler oder Schülerpaare, und bitten Sie sie zunächst, die Sätze auseinanderzuschneiden. Anschließend müssen sie sie wieder zu einem sinnvollen Text zusammensetzen. Gehen Sie dabei durch den Raum, und überprüfen Sie die Arbeit der Schüler. Sie können auch eine Kopie des Originaltextes verteilen, mit dem die Schüler ihren Text vergleichen können.

Wenn Sie die Übung erweitern wollen, lassen Sie den neu entstandenen Text noch einmal abschreiben. Sie können die Aufgabe auch ein bisschen schwieriger gestalten, indem Sie einen der Sätze des Originaltextes weglassen und die Schüler herausfinden lassen, welcher der Sätze fehlt. Hier sind weitere Vorschläge, wie sich die Aktivität erweitern lässt:

Die Schüler ...

➥ wandeln das Subjekt des Satzes ab und passen die Verbkonjugation entsprechend an.

➥ schreiben den Text statt im Präsens in der Vergangenheitsform.

➥ fügen jedem Nomen ein Adjektiv hinzu.

➥ verwandeln das Original in einen lustigen oder unsinnigen Text, indem sie verschiedene Details verändern.

➥ übersetzen den Text ins Deutsche.

➥ fügen Sätze hinzu.

➥ denken sich einen neuen Schluss für den Text aus.

Einsatzmöglichkeiten und Variationen

Sachtexte

✎ **Sie brauchen:** Sachtext, satzweise in Streifen geschnitten

Bei dieser Variante liegt der Schwerpunkt auf dem Leseverstehen. Sie arbeiten mit einem englischsprachigen Sachtext zu einem landeskundlichen oder einem anderen Thema. Wenn die Schüler die Sätze in die richtige Reihenfolge gebracht haben, könnten Sie eine der folgenden Aufgaben anschließen:

Die Schüler ...

➥ beantworten Verständnisfragen zum Text.

➥ formulieren eigene Fragen zum Text.

➥ verändern ein paar Sätze und fügen weitere hinzu, um dem Text eine andere Richtung zu geben.

➥ beantworten mündliche Fragen, die Sie an die Klasse richten.

Lieder

✎ **Sie brauchen:** ein Lied, zeilen- oder strophenweise in Streifen geschnitten

Die folgende Methode eignet sich als begleitende Übung für alle Hörverständnisaktivitäten mit Liedern. Geben Sie den Schülern Papierstreifen, auf denen die Zeilen eines Liedes stehen. Spielen Sie ihnen das Lied vor, und lassen Sie sie die Papierstreifen in die richtige Reihenfolge bringen. Die folgenden Erweiterungsmöglichkeiten bieten sich an:

Die Schüler ...

➥ übersetzen eine Strophe.

➥ ändern den Liedtext ab und gestalten ihn um.

➥ schreiben einen völlig neuen Liedtext zu derselben Melodie.

➥ verfassen eine Strophe, die ihrer Meinung nach als nächste kommen sollte.

➥ malen Bilder zum Lied.

➥ denken sich eine Tanzchoreografie zu dem Lied aus.

Dialoge

✎ **Sie brauchen:** einen Dialog, satzweise in Streifen geschnitten

Wenn es einen wichtigen Dialog gibt, den Ihre Schüler beherrschen sollten, präsentieren Sie ihn in Form von Papierstreifen. Auf jedem Papierstreifen steht ein Satz aus dem Dialog. Bitten Sie die Schüler, die Sätze in die richtige Reihenfolge zu bringen, eventuell selbst ein paar Sätze hinzuzufügen und sich den Dialog dann einzuprägen, damit sie ihn vor der Klasse vortragen können.

Weitere Themenbeispiele

➥ ein Ausschnitt aus *Cinderella* auf Englisch (die Schüler können die deutsche und die englische Version miteinander vergleichen)

➥ die Abfolge von Ereignissen, die sich an Thanksgiving in Omas Haus zugetragen haben

➥ ein Sachtext über die irische Geschichte

➥ Anleitung, wie man Crêpes zubereitet

➥ Anleitung, wie man einen Sofatisch zusammenbaut

➥ ein Dialog zwischen einem Verkäufer und einem Kunden
➥ beliebige Zeitformen
➥ ...

Partner interview and challenge

⇨ **Ziel** Fragen bilden, einen Mitschüler interviewen, das Interview schriftlich festhalten, Informationen über den Interviewpartner an die Klasse weitergeben

✎ **Sie brauchen** Liste mit Interviewfragen, Mini-Tafeln, Folienstifte/ Whiteboard-Marker

Vorbereitungstipps und Durchführungshinweise

Diese Übung lässt sich am besten mit dem Wortschatz und den grammatischen Themen gestalten, die unmittelbar auf die Schüler, ihre Interessen und ihre Familien zugeschnitten sind. Sie eignet sich vor allem für die Zeit nach Abschluss einer Lektion oder für den Beginn des Schuljahres, weil Sie auf diese Weise etwas über Ihre Schüler erfahren.

Schritt 1: Zunächst sammelt die klasse Ideen für Fragen auf Englisch, die sich die Schüler später gegenseitig stellen können. Lassen Sie die Schüler sich zu kleinen Gruppen zusammenfinden, und geben Sie Ihnen als Anregungen ein paar Beispiele an die Hand (siehe unten stehende Liste). Dann bitten Sie sie, im Laufe von fünf Minuten möglichst viele Fragen aufzuschreiben. Danach kommt die ganze Klasse zusammen und stellt einen endgültigen Fragenkatalog auf. Wenn Sie die Möglichkeit haben, geben Sie die Vorschläge der Schüler gleich in den Computer ein. Das hat den Vorteil, dass Sie sie ausdrucken und für die nächste Stunde kopieren können. Falls Sie mit einem OHP oder Whiteboard arbeiten, werfen Sie die Fragen für alle sichtbar an die Wand oder die Leinwand.
Alternativ können Sie natürlich auch selbst einen Fragenkatalog auf einem Arbeitsblatt vorbereiten.

Schritt 2: In der darauffolgenden Stunde verteilen Sie die Liste mit den Interviewfragen an die Schüler. Jeder sucht sich einen Interviewpartner, den er noch nicht besonders gut kennt. Beide dürfen nur englisch sprechen. Der Interviewer hält die Antworten fest, und dann tauschen beide die Rollen. Als zusätzliche Übung könnten die Schüler das Ergebnis des Interviews schriftlich wiedergeben oder ihren Partner in einer mündlichen Präsentation der Klasse vorstellen.

Schritt 3: Nach Abschluss von Schritt 2 der Übung suchen sich die Schüler einen Platz, wo sie Rücken an Rücken sitzen können. Jeder von ihnen sollte eine Mini-Tafel und einen Folienstift/Whiteboard-Marker haben. Stellen Sie den Schülern nun Fragen aus dem Fragenkatalog zu ihrem Partner. Jeder Schüler muss die gefragte Information über seinen Partner auf seine Mini-Tafel schreiben. Die Antworten sollten so vollständig wie möglich und auf Englisch geschrieben sein. Um festzustellen, ob die Antworten richtig sind, zeigen sich die Schüler gegenseitig das, was sie auf ihren Tafeln stehen haben. Die Partner geben an, ob die Antwort richtig ist oder nicht. Erinnern Sie die Schüler daran, dass sie nicht schummeln dürfen! Für jede korrekte Antwort gibt es einen Punkt. Die Schüler können zwei getrennte Strichlisten anlegen, eine für ihre eigenen Punkte und eine für die Punkte, die ihr Partner sich verdient hat. Am Ende der Fragerunde gewinnt je Paar der Schüler mit den meisten Punkten. Außerdem kann innerhalb der ganzen Klasse verglichen werden, welches Paar gemeinsam die meisten Punkte gesammelt hat.

Weitere Themenbeispiele

➥ Familienmitglieder und Haustiere
➥ die Wortfelder „Sport" und „Hobbys"
➥ beschreibende Adjektive
➥ die Verben *to be, to live, to have, to do, to make, to like* usw.
➥ Bildung von Fragen und Antworten
➥ Verbkonjugation in *present tense*, 1. und 2. Person Singular
➥ Verbkonjugation in *simple past*, 1. und 2. Person Singular
➥ ...

Roll for it!

⇨ **Ziel** Informationen zu einem beliebigen Thema trainieren und
wiederholen

✎ **Sie brauchen** Mini-Tafeln, Folienstifte/Whiteboard-Marker, Würfel

Vorbereitungstipps und Durchführungshinweise

Diese Partneraktivität lässt sich gut in den Bereichen Wortschatz, Grammatik, Landeskunde und sachbezogene Themen einsetzen. Die Schüler bilden Paare. Jedes Pärchen benötigt einen Würfel und zwei Mini-Tafeln. Wenn Sie den Schülern eine Frage stellen, notieren sie die Antwort auf ihrer Schreibtafel. Der Partner, der als Erster damit fertig ist (und eine korrekte Antwort gegeben hat), darf würfeln. Die Augenzahl entspricht der Anzahl der Punkte, die der Schüler für diese Runde bekommt.

Noch spannender wird es, wenn Sie zwischendurch Sonderrunden einschieben. Das kann z.B. bedeuten, dass sich der Schüler, der würfelt, die doppelte Punktzahl gutschreiben darf. Sie können auch eine Runde einschieben, in der der langsamere Schüler würfeln muss und die 3-fache Punktzahl verliert – je nachdem, wie Sie die Sonderrunde definieren.

Am Ende gewinnt der Partner das Duell, der die meisten Punkte gesammelt hat. Zusätzlich können Sie aber auch vergleichen, welches Paar innerhalb der ganzen Klasse zusammen die höchste Punktzahl erreicht hat.

Einsatzmöglichkeiten und Variationen

Sie können den Schülern nicht nur Fragen stellen, sondern sie auch bitten, ein Wort zu buchstabieren, ein Wort oder eine Szene zu zeichnen, ein Wort, eine Redewendung oder einen Satz zu übersetzen oder auch eine Frage zu einer Antwort, die Sie nennen, zu stellen.

Weitere Themenbeispiele

➡ verschiedene Berufsbezeichnungen wiederholen
➡ Informationen über die Länder und ihre Hauptstädte wiederholen, in denen englisch gesprochen wird

➡ Fachbegriffe aus dem Bereich Literatur
➡ Bildung der Futurform
➡ Bilder zu Vokabeln malen
➡ ...

Sentence scramble

⇨ **Ziel** aus Wörtern Sätze bilden

✎ **Sie brauchen** Zettel mit verschiedenen Wörtern, aus denen Sätze gebildet werden sollen, Papier, Scheren, ggf. Tonpapier und Umschläge

Vorbereitungstipps und Durchführungshinweise

Bei dem „Wörtersalat" gibt es auch für die Hände etwas zu tun; zugleich ist diese Übung bestens für eine Wiederholung der Satzbildung geeignet. Geben Sie jedem Schülerpaar ein Blatt mit den Wörtern, aus denen Sätze gebildet werden sollen. Zunächst schneiden sie die einzelnen Wörter aus und legen dann Sätze daraus, die sie auf ein Blatt Papier abschreiben. Belohnen Sie das Paar, das die schlüssigsten Sätze bildet, mit einem kleinen Preis. Als Alternative können Sie auch unsinnige Sätze zulassen, solange sie grammatisch korrekt sind. Falls Sie noch Zeit haben, bitten Sie die Schüler, aus ihren Sätzen einen kleinen Text zu bilden.

Falls Sie die Wortplättchen mehr als einmal benutzen wollen, drucken Sie sie auf Tonpapier, schneiden Sie sie selbst aus, und geben Sie den Schülern Briefumschläge, in denen sie sie aufbewahren können.

Einsatzmöglichkeiten und Variationen

Landeskunde und sachbezogene Themen

✎ **Sie brauchen:** einen Zettel mit verschiedenen landeskundlichen und sachbezogenen Wörtern, aus denen Sätze gebildet werden, Scheren

Die Sentence Scramble-Methode bietet sich zwar vorrangig für die Wortschatz- und Grammatikarbeit an, doch Sie können in den Sätzen auch landeskundliche und sachbezogene Informationen verpacken, die die Schüler zusammensetzen müssen. Hier sind ein paar Beispielsätze:

Möglichkeit 1

➡ Canberra is the capital of Australia.

➡ The coastline of Great Britain is 17,820 kilometres long.

➡ New England is a region of the north-eastern United States, comprising the states of Maine, Connecticut, Rhode Island, Massachusetts, New Hampshire and Vermont.

Stationenlauf mit Schreibübung

✎ **Sie brauchen:** einen englischen Text, jeden Satz des Textes auf einem separaten Blatt Papier, für jede Station einen Briefumschlag und eine Schere

Suchen oder verfassen Sie einen kurzen Text, der zu den Lernzielen der Lektion passt, die Sie gerade behandeln. Er sollte so viele Sätze enthalten, wie Sie Stationen aufbauen wollen. Behalten Sie die Originalversion des Textes, und kopieren Sie dann jeden Satz auf eine neue Seite. Nehmen Sie sich die Sätze einzeln vor, und ordnen Sie die Wörter willkürlich auf der Seite an. Verwenden Sie einen großen Schriftgrad, dann sind sie einfacher auszuschneiden. Drucken Sie die Seiten mit den „zerwürfelten" Sätzen aus, und legen Sie sie zusammen mit einem Umschlag und einer Schere an die Stationen. An ihrer ersten Station brauchen die Schüler etwas länger, weil sie die Wörter zunächst ausschneiden müssen. Die Wortschnipsel werden in dem Umschlag, der an der Station liegt, aufbewahrt. Die Schüler nehmen sie heraus, legen den Satz, schreiben ihn auf und legen die Wörter anschließend wieder in den Umschlag. Geben Sie allen Schülerpaaren oder -gruppen die Möglichkeit, alle Stationen abzuarbeiten. Wenn sie sämtliche Stationen durchlaufen haben, setzen sich die Partner zusammen und bringen die Sätze in die ursprüngliche Reihenfolge. Verteilen Sie Kopien des Originaltextes, zusammen mit einigen Verständnisfragen, und lassen Sie die Schüler nachsehen, ob sie alle Sätze richtig gebildet und in die korrekte Reihenfolge gebracht haben. Dann lesen sie sich den Text noch einmal durch und beantworten schriftlich die Fragen. Gehen Sie die Antworten gemeinsam durch.

Falls die Schüler nicht zu zweit, sondern allein gearbeitet haben, machen Sie eine Leseverständnisaufgabe daraus und sammeln die Antworten ein.

Konjugationsübung

✎ **Sie brauchen:** für jede Station ein Blatt mit verschiedenen Subjekten und konjugierten Verben, Papier, Umschläge, Scheren

Bei dieser Übung geht es um die Kongruenz von Subjekt und Verb. Bieten Sie unterschiedliche Subjekte und viele konjugierte Verbformen an, entweder von einem einzigen oder von verschiedenen Verben. Die Schüler schneiden die Verben und die Subjektpronomen aus und ordnen sie einander zu. Die so gebildeten Kombinationen schreiben sie auf. Die Übung kann als Stationenlauf oder als Partnerarbeit am Tisch durchgeführt werden.

Weitere Themenbeispiele

➡ Sätze, bei denen Nomen und Adjektive einander zugeordnet werden müssen
➡ Sätze mit landeskundlichen und/oder sachbezogenen Informationen
➡ Fragekonstruktionen
➡ *if-clauses* mit *conditional I* und *II*
➡ ...

Silly sentences

⇨ **Ziel** die Bedeutung von Sätzen verstehen und entscheiden, ob sie schlüssig sind oder nicht
✎ **Sie brauchen** Arbeitsblatt mit schlüssigen und unsinnigen Sätzen

Vorbereitungstipps und Durchführungshinweise

Bei dieser Übung können Sie den Schwerpunkt auf Wortschatz, Grammatik, Landeskunde oder sachbezogene Themen legen. Stellen Sie als Vorbereitung ein Arbeitsblatt mit schlüssigen und unsinnigen Sätzen zu einem Thema zusammen, das wiederholt werden soll. Verteilen Sie die Arbeitsblätter. Die Schüler überlegen zu zweit und kennzeichnen die Sätze auf dem Arbeitsblatt als „sinnvoll" oder „unsinnig". Schüler, die gerne praktisch arbeiten, lassen Sie die Sätze ausschneiden und in zwei Gruppen sortieren.

Hier einige Beispielsätze:

➡ I always wear a banana on my head on Tuesdays.

➡ My friends fly to school in a jet.

➡ If I could be anything, I would be an astronaut.

➡ I brush my teeth while I am sleeping.

➡ The students walk to school when the weather is nice.

➡ Charles Dickens was a president of the United States.

Einsatzmöglichkeiten und Variationen

Schreibübung

✎ **Sie brauchen:** Arbeitsblatt mit schlüssigen und unsinnigen Sätzen, Papier/Heft

Erweitern Sie die Übung, indem Sie die Schüler bitten, sich selbst sinnvolle und sinnlose Sätze auszudenken. Dabei stützen sie sich auf die Informationen oder die Vokabelliste der aktuellen Lektion. Sie können allein oder zu zweit arbeiten. Wenn Sie genügend Zeit haben, lassen Sie die Schüler oder Schülergruppen ihre Sätze untereinander austauschen und in die Kategorien „sinnvoll" und „sinnlos" sortieren. Ihre Lieblingssätze können sie der Klasse vorlesen. Um es noch ein bisschen schwieriger zu machen, stellen Sie die Aufgabe, aus Ihren Sätzen oder den Sätzen der Schüler eine kurzen Text oder eine Geschichte zu basteln.

Weitere Themenbeispiele

➡ was man für die Körperpflege braucht

➡ Stundenplan und Ordinalzahlen

➡ ein Tag im Leben der Queen

➡ Vorkommnisse im amerikanischen Unabhängigkeitskrieg

➡ William Shakespeare: Fakten und Charakter

➡ ...

Simple pair activities

⇨ **Ziel** themengebundenes Partnerquiz zu Wiederholungszwecken

✎ **Sie brauchen** Vokabelliste, je nach Anwendung und Variationen unterschiedliche Materialien

Vorbereitungstipps und Durchführungshinweise

Nachdem Sie neue Vokabeln oder ein neues Grammatikthema eingeführt haben, geben Sie den Schülern ein paar Minuten Zeit, sich gegenseitig Fragen dazu zu stellen. Damit erreichen Sie verschiedene Ziele: Die Schüler können miteinander interagieren und das Gelernte in einem anderen Kontext anwenden. Auf diese Weise stellen sie auch fest, bei welchen Wörtern oder grammatischen Finessen sie noch Schwächen haben. Nach praktischen Übungen, wie einem Quiz, passiert es häufig, dass Schüler Fragen zu Dingen stellen, die noch unklar sind, vor allem, wenn Sie nicht an Ihrem Lehrerpult sitzen bleiben, sondern während der Übung durch den Raum gehen. Im Rahmen dieser einfachen Partnerübung trainieren die Schüler ihren passiven und aktiven Wortschatz. Bei mündlichen Übungen müssen Sie bisweilen bei Problemen mit der Aussprache aushelfen. Allerdings empfiehlt es sich, zunächst zu fragen, ob ein Schüler Hilfe braucht. Das ist besser, als ungefragt Hilfe zu geben – und bisher ist mir noch kein Schüler begegnet, der abgelehnt hätte. Sie können sich jedoch auch merken, welche Wörter den Schülern besonders schwerfallen, und im Anschluss an das Partnerquiz ein rasches Aussprachetraining einschieben.

Einsatzmöglichkeiten und Variationen

Diese Übung ist weit weniger komplex als die ähnliche Aktivität im Rahmen des „Think! Pair! Share!"-Konzepts. Sie lässt sich auf jedes Thema anwenden, zu dem die Schüler eine Vokabelliste oder Notizen vorliegen haben. Die Übungszeit kann sehr kurz sein, die Schüler können aber auch länger trainieren.

Vokabelquiz

✎ **Sie brauchen:** eine Vokabelliste

Ein Schüler liest ein Wort auf Englisch vor, während sein Partner die deutsche Bedeutung nennt. Dann tauschen sie die Rollen, und zwischendurch wechseln sie auch die Abfragerichtung: Ein Wort wird erst auf Deutsch genannt und dann vom Partner ins Englische übertragen. Einer der beiden prüft anhand der Vokabelliste, ob Übersetzung und Aussprache richtig sind, und korrigiert mögliche Fehler des Partners höflich.

Vokabelquiz mit Gesten

✎ **Sie brauchen:** eine Vokabelliste, zu den Vokabeln passende Gesten, ggf. Bilder an den Wänden von Gegenständen auf der Vokabelliste

Falls die Schüler während der Einführung der neuen Vokabeln Gesten gelernt oder auf Bilder im Klassenzimmer gezeigt haben, lassen Sie sie auch diese mit einem Partner üben. Ein Schüler gibt das Wort auf Englisch vor, der andere macht die passende Geste oder zeigt auf das entsprechende Bild, dann tauschen beide die Rollen. Machen Sie die Aufgabe dadurch schwieriger, dass einer der Schüler auf ein Bild zeigt oder eine Geste macht, während der andere mit dem passenden englischen Wort antwortet.

Bilder erkennen

✎ **Sie brauchen:** eine Vokabelliste, Vokabelbilder

Zeichnen Sie Bilder mit Gegenständen oder kleinen Szenen zu den Vokabeln, die Sie gerade durchnehmen, oder lassen Sie die Schüler solche Bilder malen. Lassen Sie einen Partner des Schülerpaares das Wort auf Englisch sagen, während der andere auf das richtige Bild zeigt. Etwas schwieriger wird es, wenn die Schüler das Wort oder die Redewendung sagen sollen, die zu dem Bild passt. Dieser Ansatz ist vor allem dann ideal, wenn Sie in Ihrem Unterricht die TPR (*Total Physical Response*)-Methode einsetzen. Bitten Sie die Schüler, die Bilder dadurch mündlich zu beschreiben, dass sie sich einen Satz zu dem Wort oder der im Bild dargestellten Situation ausdenken.

Wichtige Fragen üben

✎ **Sie brauchen:** Liste mit wichtigen Fragen

Bitten Sie die Schülerpaare, sich gegenseitig beim Üben oder Wiederholen der wichtigen Fragen zu helfen. Das funktioniert am besten, wenn die Schüler eine Liste mit diesen Fragen vorliegen haben, auf die sie Bezug nehmen können. Einer der Schüler beginnt als Fragensteller, der Partner antwortet. Lassen Sie sie die Rollen tauschen. Bauen Sie eine kleine Komplikation ein, indem Sie dem Fragensteller keine Frage stellen, sondern ihn eine Antwort geben lassen, während sein Partner die passende Frage dazu ergänzen muss.

Aussprache- und Rechtschreibübung

✎ **Sie brauchen:** eine Vokabelliste, Papier/Heft

Lassen Sie die Schüler Aussprache und Rechtschreibung der Vokabeln üben, indem einer der Partner das Wort auf Englisch sagt und der andere es aufschreibt. Dann überprüfen sie gemeinsam, ob das Wort richtig geschrieben ist, und tauschen die Rollen.

Schreibtraining

✎ **Sie brauchen:** eine Vokabelliste/Bilder, Papier/Heft

Wandeln Sie diese Übung zu einem Schreibtraining um: Einer der Schüler nennt das Wort auf Deutsch, macht die entsprechende Geste oder zeigt auf ein Bild, während der andere das passende englische Wort notiert. Auch hier sollten natürlich die Rollen getauscht werden.

Rollenspiele

✎ **Sie brauchen:** Vokabelliste, Liste mit wichtigen Fragen, Rollenspielkarten

Wenn die Schüler den Wortschatz und die wesentliche Grammatik gemeinsam geübt haben, geben Sie ihnen Rollenspielkarten, die das Thema vertiefen, an dem Sie gerade arbeiten. Lassen Sie die Schüler einen Dialog aufschreiben oder eine spontane Unterhaltung vorspielen.

Weitere Themenbeispiele

➡ Wortschatz für Halloween

➡ Wetter, Jahreszeiten, Farben, Wochentage usw.

➡ unregelmäßige Verben (ein Schüler nennt den Infinitiv, der andere muss das Verb konjugieren)

➡ Was hast du letztes Wochenende gemacht?

➡ ein Telefonat führen

➡ ...

That's odd!

> ➪ **Ziel** Wörter erkennen, die nicht in eine Reihe gehören, und erklären, warum sie nicht passen
>
> ✎ **Sie brauchen** ein Arbeitsblatt mit Wortreihen, von denen ein Wort nicht hineingehört

Vorbereitungstipps und Durchführungshinweise

Mit dieser Methode können Sie Wortschatz, Grammatik, sachbezogene und landeskundliche Themen aufgreifen. Zur Vokabelwiederholung eignet sie sich besonders, weil die Schüler über die Verbindung zwischen einzelnen Wörtern und sprachlichen Strukturen nachdenken müssen. Bereiten Sie ein Arbeitsblatt mit verschiedenen Wortreihen vor, bei denen ein Wort aus einem bestimmten Grund nicht passt. Die Schüler sollen den „Ausreißer" erkennen und ein oder zwei Gründe aufschreiben, warum das Wort aus dem Rahmen fällt. Sie können den Schwierigkeitsgrad variieren, indem Sie Wörter anführen, die sich nur durch ein geringfügiges Detail voneinander unterscheiden, oder Reihen bilden, die mehr als einen möglichen „unpassenden" Kandidaten aufweisen.

Hier einige Beispiele für solche „That's odd!"-Wortreihen:

➡ *plant/tree/house/flower*
   („House" passt nicht, weil es nichts Lebendiges ist.)

➥ *dog/cat/horse/bird*
  („Bird" passt nicht, weil es das einzige Tier ist, das fliegen kann.
  Außerdem: Ein Vogel ist kein Säugetier und hat nur zwei Beine.)
➥ *blender/refrigerator/whisk/mixer*
  („Refrigerator" passt nicht, weil man damit nichts rühren kann;
  „whisk" passt nicht, weil er nicht elektisch betrieben wird.)
➥ *ate/run/skied/skated*
  („Run" passt nicht, weil es nicht in der Vergangenheitsform steht;
  „ate" passt nicht, weil es keine sportliche Betätigung ist.)
➥ ...

Einsatzmöglichkeiten und Variationen

Schreibübung
✎ **Sie brauchen:** Papier
Lassen Sie die Schüler eigene Wortreihen erfinden, in denen ein Wort nicht
passt. Sammeln Sie die Ergebnisse ein, und verwenden Sie sie später für
eine Wiederholungsübung.

Where is it?

⇨ **Ziel** unter Einsatz von Wortschatz und Grammatik die Position eines
Gegenstandes herausfinden
✎ **Sie brauchen** Lageplan oder Zeichnung von einem bestimmten Ort,
Figuren, Tiere oder einen Gegenstand zum Verstecken (als Bild,
als tatsächlicher Gegenstand oder auch imaginär)

Vorbereitungstipps und Durchführungshinweise

Dies ist ein Ratespiel, mit dem sich vor allem der Wortschatz wiederholen
lässt. Die Wortfelder Schule, Haus, Stadt, Park, Hotel, Zoo, Restaurant bieten sich an. Sie können aber jeden Ort wählen, der viele Räume hat oder
vielfältige Unterteilungen aufweist. Die präpositionalen Bestimmungen
des Ortes werden hier ebenso wiederholt wie das Verb *to be*. Sie selbst
oder die Schüler zeichnen vor Beginn der Übung ein Gebäude oder einen
Plan von einem Ort, wie Park oder Zoo. Falls Sie einen besonders begabten

oder künstlerisch interessierten Schüler haben, können Sie ihn vielleicht dazu bewegen, einen solchen Plan für Sie zu zeichnen. Zusätzlich zu dem Plan verteilen Sie aus Papier ausgeschnittene Figuren oder Tiere oder einen Gegenstand zum Verstecken. Wenn wir davon ausgehen, dass der Plan ein Haus zeigt, lassen Sie die Schüler raten, in welchem Raum der Hund der Familie sich befindet oder sogar wo genau in diesem Raum er ist. Das Ziel des Spiels ist es, als Erster herauszufinden, wo der Partner die Figur, das Tier oder den Gegenstand versteckt hat. In jeder neuen Runde wird der Gegenstand an einem anderen Ort verborgen. Als Zusatzaufgabe lassen Sie die Schüler raten, was die Figur, das Tier oder der Gegenstand an dem geheimen Ort gerade macht. Wenn Sie eine Schreibaufgabe einbeziehen wollen, lassen Sie die Schüler nicht nur die Fragen aufschreiben, mit denen sie das Versteck einzugrenzen versuchen, sondern auch den Fundort. Auf diese Weise werden das Verb *to be* und die präpositionalen Bestimmungen des Ortes trainiert.

Einsatzmöglichkeiten und Variationen

Geografie-Wiederholung

Möglichkeit 1

✎ **Sie brauchen:** Weltkarte, einen Gegenstand zum Verstecken (als Bild, als tatsächlicher Gegenstand oder auch imaginär)

Geben Sie den Schülern eine (politische) Weltkarte. Erläutern Sie, dass sie den Gegenstand in der Hauptstadt eines englischsprachigen Landes verstecken sollen. Machen Sie die ganze Sache dadurch noch ein bisschen schwieriger, dass der Schüler, der das Versteck gefunden hat, seinen Belohnungspunkt erst bekommt, wenn er eine Frage zu der Hauptstadt beantworten kann. Dabei kann es z.B. um eine typische Wetterlage in der Stadt oder um etwas Landeskundliches gehen. Die Bandbreite möglicher Fragen ist riesig.

Stadtplan-Navigation

Möglichkeit 2

✎ **Sie brauchen:** einen Stadtplan von einer Stadt, in der Englisch gesprochen wird, einen Gegenstand zum Verstecken (als Bild, als tatsächlicher Gegenstand oder auch imaginär)

Mit Hilfe des Stadtplans fahnden die Schüler nach dem Gegenstand, der in der Stadt an einer der bekannten Sehenswürdigkeiten versteckt ist. Wenn sie ihn gefunden haben, beantworten sie eine Frage ihres Partners. Erweitern Sie die Aktivität, indem Sie die Schüler mündlich oder schriftlich anhand des Straßenplans beschreiben lassen, wie man von einem Ort zum anderen kommt. Natürlich kann auch ein Schüler seinem Partner Richtungsanweisungen geben, wie er – mit dem Finger auf dem Stadtplan – zu dem versteckten Gegenstand kommt.

Gruppenaktivitäten 6

Name der Übung und kurze Erläuterung	Seite	Lerninhalte				Art der Kommunikation	
		Wo	Gr	In	La	mündlich	schriftlich
Ball toss Die Schüler werfen einander einen Ball zu und stellen Fragen.	117	•	•	•	•	•	
Chain reaction Schreiben Sie so viele Bewegungsfolgen auf, wie Sie Schüler in der Klasse haben. Die Schüler müssen zuhören und beobachten, was die anderen Schüler machen, denn ihre Bewegungsfolge ist mit der der anderen Schüler verknüpft. Wenn jemand z.B. einen Schüler springen sieht, ruft er: „Tor!"	120	•	•			•	
Chain stories Jeder Schüler schreibt den ersten Satz einer Geschichte auf einen Zettel. Den reicht er an seinen Nachbarn, der den nächsten Satz hinzufügt usw.	121	•	•	•	•		•
Chart swap Schüler (oder Lehrer) schreiben eine Aussage oder eine Frage, auf die sie gerne eine Antwort hätten, in eine Tabelle, in der schon andere Lehrer-/Schülerfragen stehen. Die Tabelle wandert durch die Klasse, von einem Schüler zum anderen, und kommt dann wieder zum Besitzer. Anschließend folgt eine Diskussion.	122	•	•	•	•	•	•
Firing line Eine Wiederholungsübung, bei der die Schüler sich in Reihen gegenüberstehen. Sie rotieren und bekommen verschiedene Fragen gestellt.	125	•	•	•	•	•	
Got your back Die Schüler kleben sich eine Liste mit Wiederholungsfragen auf den Rücken. Sie gehen durch den Raum, helfen anderen mit Antworten aus und sammeln Antworten auf ihre eigenen Fragen.	126	•	•	•	•	•	•

Wo = Wortschatz   Gr = Grammatik   In = Inhalt   La= Landeskunde

Name der Übung und kurze Erläuterung	Seite	Lerninhalte				Art der Kommunikation	
		Wo	Gr	In	La	mündlich	schriftlich
Human sentences Jeder Schüler bekommt ein Wort auf einer Karteikarte. Die Schüler sollen sich einig werden, in welcher Reihenfolge sie sich aufstellen müssen, um einen schlüssigen Satz zu bilden.	127	•	•	•	•		
Index card match Die Schüler gehen durch den Raum und stellen Fragen, um das Gegenstück zu einer Frage oder einem Thema zu finden, die sie auf einer Karteikarte stehen haben.	129	•	•	•	•	•	
Inside-outside circles Die Schüler bilden zwei Kreise, einen Innen- und einen Außenkreis. Beide Kreise stehen einander gegenüber. Diese Methode erleichtert das Fragenstellen und Diskutieren. Die Schüler rotieren und sprechen mit verschiedenen Mitschülern.	130	•	•	•	•	•	
Learning stations Die Schüler nehmen Informationen auf oder wiederholen sie, während sie durch den Raum bewegen.	132	•	•	•	•		
Lifeboat Fragen stellen und beantworten, während man sich durch den Raum bewegt und Beziehungen knüpft.	133	•	•	•	•	•	
Line up Die Schüler bekommen Karteikarten und müssen sich auf Englisch oder mit Hilfe von Gesten ihren Platz in der Reihe suchen.	135	•	•	•			

Wo = Wortschatz   Gr = Grammatik   In = Inhalt   La= Landeskunde

Name der Übung und kurze Erläuterung	Seite	Wo	Gr	In	La	mündlich	schriftlich
Move it! Bilden Sie einen Stuhlkreis. Ein Schüler steht in der Mitte und stellt eine Behauptung auf. Wenn sie auf Schüler im Kreis zutrifft, müssen sie ihren Platz räumen und sich einen neuen Platz suchen. Wer keinen freien Stuhl findet, steht in der Mitte und stellt die nächste Behauptung auf.	136	•	•	•	•	•	
Off the top of my head ... Bitten Sie die Schüler, die ersten vier Wörter aufzuschreiben, die ihnen einfallen. Es müssen mindestens ein Nomen, ein Verb und ein Adjektiv dabei sein. Dann gehen die Schüler im Raum umher und notieren sich die Wörter, die sechs andere Schüler sich ausgedacht haben. Zum Schluss schreiben sie einen Text, in dem alle gesammelten Wörter vorkommen.	137	•	•	•	•	•	•
Predictions Sie geben den Schülern eine Reihe von Fragen an die Hand, und die Schüler sagen voraus, wie die einzelnen Gruppenmitglieder die Frage beantworten werden. Dann diskutieren sie die Ergebnisse.	138	•	•	•	•	•	•
Question chain Setzen Sie sich gemeinsam mit Ihren Schülern in einen Kreis. Stellen Sie Ihrem Nachbarn eine Frage. Der Schüler antwortet und stellt ebenfalls eine Frage an seinen Nachbarn. Mit einem Ball können Sie die Reihenfolge durchbrechen und die Übung lebhafter gestalten.	140	•	•	•	•	•	•
Rhythm Rhythmische Vokabelwiederholung. Die Schüler müssen einen Rhythmus beibehalten und ein Wort sagen, das in das behandelte Wortfeld passt, ohne einen Schlag auszulassen.	141	•		•	•	•	

Wo = Wortschatz   Gr = Grammatik   In = Inhalt   La= Landeskunde

Name der Übung und kurze Erläuterung	Seite	Lerninhalte				Art der Kommunikation	
		Wo	Gr	In	La	mündlich	schriftlich
Snowball fight! Die Schüler schreiben fünf Fragen auf ein Blatt Papier. Prüfen Sie, dass sie sie richtig geschrieben haben. Sie stellen fünf Mitschülern diese Fragen. Dann dürfen sie das Papier zu einem Schneeball zusammenknüllen und sich eine kurze *Schneeballschlacht* liefern. Danach heben sie einen Schneeball auf, falten ihn auseinander und beantworten die Fragen schriftlich. Prüfen Sie die Antworten auf mögliche Fehler.	143	•	•	•	•	•	•
Student investigation Die Schüler stellen eine Liste mit Fragen über ihre Mitschüler zusammen, auf die sie gerne Antworten hätten. Jeder bekommt einen Mitschüler, über den er Nachforschungen anstellen soll. Er sucht sich Informanten, die ihm seine Fragen beantworten können.	144	•	•			•	•
Take a stand Die Schüler machen ihren Standpunkt zu einer kontroversen Frage deutlich, indem sie sich auf die eine oder andere Seite einer Linie stellen.	146	•	•	•	•	•	
Teacher on the spot Jeder Schüler denkt sich eine Frage über Sie aus, die er gerne beantwortet hätte. Lassen Sie die Schüler raten, was Sie wohl antworten werden. Beantworten Sie die Fragen am darauffolgenden Tag.	148	•	•			•	•
Time's up! Sie stellen eine Start-Frage und werfen einem Schüler eine Eieruhr zu. Der Schüler beantwortet die Frage, wirft die Uhr dem nächsten zu und stellt ihm eine Frage. Der Schüler, der die Eieruhr in der Hand hält, wenn sie losklingelt, büßt einen Punkt für sein Team ein.	151	•	•	•	•	•	

Wo = Wortschatz   Gr = Grammatik   In = Inhalt   La = Landeskunde

Name der Übung und kurze Erläuterung	Seite	Lerninhalte				Art der Kommunikation	
		Wo	Gr	In	La	mündlich	schriftlich
Touch Red Mit dieser Gruppenaktivität lassen sich die Farben üben. Die Schüler stehen von ihren Tischen auf. Geben Sie ihnen eine Anweisung, z.B. „Touch red!" Sie müssen etwas Rotes finden und es berühren. Nehmen Sie für die nächste Anweisung eine andere Farbe.	152	•					
Two truths and a lie Lassen Sie die Schüler zwei wahre und eine falsche Aussage über sich selbst aufschreiben. Dann versuchen sie, die Aussagen der Mitschüler als wahr oder falsch einzuschätzen. Das trainiert die Sprechfertigkeiten und fördert das Kennenlernen untereinander.	153	•	•		•	•	•
Walk-around activities Die Schüler gehen durch die Klasse, stellen ihren Mitschülern Fragen und notieren die Antworten. Im Anschluss diskutieren sie über die Informationen, die sie gesammelt haben.	154	•	•	•	•	•	•
What is it? Schüler und Lehrer sitzen im Kreis, vor ihnen liegen verschiedene (Bilder von) Gegenstände(n), deren Bezeichnungen Sie einführen wollen. Der Schüler neben Ihnen fragt: „What is it?" Sie nennen das Wort für diesen Gegenstand. Dann fragt der Schüler: „Is it for me?" Sie antworten: „Yes, it's for you." Je mehr Gegenstände, desto spannender die Übung.	158	•	•	•	•	•	•
Zoo animals Weisen Sie jedem Schüler ein Tier zu. Die Schüler gehen mit geschlossenen Augen durch den Raum und machen dabei die typischen Geräusche „ihres" Tieres, bis sie alle ihre Artgenossen gefunden haben.	160	•				•	

Wo = Wortschatz   Gr = Grammatik   In = Inhalt   La= Landeskunde

Ball toss

Vorbereitungstipps und Durchführungshinweise

Diese Übung eignet sich für alle Lernbereiche: Wortschatz, Grammatik, Landeskunde und Inhalt. Einer nach dem anderen werfen die Schüler einander einen Ball zu und stellen dabei Fragen auf Englisch. Geben Sie zu Beginn einen Fragetyp als Beispiel vor, den die Schüler auf Englisch beantworten sollen (What do you like to do? What did you do last Friday? What do you want to do this weekend?). Der erste Schüler stellt seine Frage, nennt den Namen eines Mitschülers und wirft ihm den Ball zu. Der Fänger beantwortet die Frage und richtet eine neue Frage an den nächsten Mitschüler. So geht es weiter, bis alle die Gelegenheit hatten, etwas zu sagen, oder bis Sie das Gefühl haben, dass die Schüler das Interesse verlieren.

Einsatzmöglichkeiten und Variationen

Möglichkeit 1

Bewegungen und Wörter

✎ **Sie brauchen:** einen weichen Ball, den die Schüler einander zuwerfen
Der erste Schüler nennt ein Wort, und der nächste muss eine Bewegung machen, die die Bedeutung des Wortes verdeutlicht. Umgekehrt kann der erste Schüler auch eine Bewegung machen, und der Fänger muss das passende Wort dazu nennen.

Möglichkeit 2

Übersetzungen

✎ **Sie brauchen:** einen weichen Ball, den die Schüler einander zuwerfen
Der erste Schüler nennt ein Wort auf Deutsch, und der nächste antwortet mit der passenden englischen Übersetzung. Auch dies funktioniert natürlich ebenso umgekehrt.

Wo findet man das?

✎ **Sie brauchen:** einen weichen Ball, den die Schüler einander zuwerfen, Tafel oder Papier/Heft

Die Schüler werfen einander den Ball zu. Wer ihn fängt, muss auf Englisch einen Gegenstand nennen, der in einem Raum oder an einem Ort zu finden ist, den Sie vorher festlegen, und fragen, wo dieser Gegenstand genau zu finden ist. Der nächste Mitschüler beantwortet die Frage und nennt dann einen neuen Gegenstand usw. Wenn es ein Haus ist, könnten bspw. die Begriffe „lamp", „cookies", „towel", „toys" usw. vorkommen. Entweder stehen ein paar Schüler an der Tafel und notieren die Wörter, oder Sie lassen alle auf Papier aufschreiben, was sie hören. In diesem Fall gewinnen Sie einen Einblick in mögliche Rechtschreibprobleme der Schüler. Danach können Sie diese Wörterliste als Grundlage für eine Schreib- oder Malaktivität verwenden.

Einen weiteren Ball ins Spiel bringen

✎ **Sie brauchen:** 2 oder mehr weiche Bälle

Machen Sie die ganze Sache dadurch ein bisschen schwieriger, dass Sie ein oder zwei zusätzliche Bälle ins Spiel bringen. Können Ihre Schüler da noch mithalten?

In kleineren Gruppen spielen

✎ **Sie brauchen:** 4 oder 5 weiche Bälle

Bei dieser Variante führen Sie die Übung nicht mit der ganzen Klasse durch, sondern teilen die Schüler in 6er- oder 8er-Gruppen ein, die sich jeweils in einem kleinen Kreis aufstellen. Die Gruppen spielen nach einer der bereits beschriebenen Varianten. Mit der folgenden Regel können Sie dem Ganzen einen deutlichen Wettbewerbscharakter geben: Wer nicht innerhalb von zehn Sekunden mit einer Antwort aufwarten kann, scheidet aus und kann erst in der nächsten Runde wieder mitspielen.

Wettbewerb für die ganze Klasse

✎ **Sie brauchen:** einen weichen Ball, den die Schüler einander zuwerfen

Machen Sie aus einer der bereits beschriebenen Varianten einen Wettbewerb für die ganze Klasse. Die Schüler wetten gegen Sie, wie viele richtige Antworten innerhalb einer bestimmten Zeit zusammenkommen.

Variante für angehende Millionäre

✎ **Sie brauchen:** einen weichen Ball, den die Schüler einander zuwerfen, und ein Spielzeugtelefon/ausrangiertes Handy

Gewähren Sie den Schülern einen Telefonjoker: Wenn sie die Antwort auf eine Frage nicht wissen, können sie mit dem Telefon einen Freund „anrufen" und ihn um Hilfe bitten.

Weitere Themenbeispiele

➡ stellt Ja/Nein-Fragen

➡ stellt Informationsfragen, und benutzt die typischen Fragewörter

➡ nennt so viele englischsprachige Länder wie möglich (Probieren Sie diese Alternative im Rahmen eines Klassenwettbewerbs aus.)

➡ der erste Schüler nennt ein Wort, der nächste antwortet mit einem Antonym oder Synonym

➡ nennt so viele Sportarten wie möglich

➡ der erste Schüler nennt ein Nomen, das mit A beginnt, der zweite Schüler eines, das mit B beginnt usw., bis das Alphabet abgearbeitet ist

➡ Wenn die Schüler sich mit berühmten Persönlichkeiten und ihren Leistungen beschäftigt haben: Einer nennt den Namen einer Person, während der nächste in höchstens drei Sätzen zusammenfassen muss, worin die besonderen Leistungen der Person bestehen.

➡ Nach einer Landeskundeeinheit über ein englischsprachiges Land: Geben Sie den Schülern eine Liste mit Fragen, die sie ihren Mitschülern beim Ballspielen stellen können, z.B. „Name the currency of the country", „Who is the president?", „What is the climate like in May?", „What is one typical food of the country?", „What is the capital?". Wenn der mündliche Teil der Übung vorüber ist, bitten Sie die Schüler, einzeln oder zu zweit die Antworten aufzuschreiben und sie als Informationsmaterial zu benutzen. Besprechen Sie die Antworten noch einmal mit der ganzen Klasse.

Chain reaction

⇨ **Ziel** die Schüler warten auf Stichwörter auf Englisch und
reagieren darauf

✎ **Sie brauchen** Zettel mit Anweisungen

Vorbereitungstipps und Durchführungshinweise

Mit diesem Spiel trainieren Sie verschiedene Befehlsformen und aktuelle
Vokabeln. Sie können damit aber auch den Wortschatz aus früheren Lektionen wiederholen. Jeder Schüler bekommt einen Zettel mit einer Anweisung,
z.B. „Write your name on the whiteboard." Ein Schüler beginnt, das zu tun,
was der Zettel ihm aufträgt. Die anderen sehen ihm dabei zu und werfen
einen Blick auf ihren eigenen Zettel. Wenn jemand die Anweisung „After
someone writes their name on the whiteboard, get up and dance!" erhält,
dann ist er als Nächster an der Reihe und beginnt, durch den Raum zu
tanzen. Auf einem anderen Zettel heißt es: „After you see someone dance,
stand up, yell 'Oh no!', and sit back down." So geht es weiter, bis alle Schüler ihre Anweisung befolgt haben. Achten Sie darauf, dass Sie genügend
Zettel für alle haben. Wenn der letzte Schüler an der Reihe war, endet die
Kettenreaktion. Am besten haben Sie eine Übersicht mit allen Anweisungen in der richtigen Reihenfolge parat, weil es bei dieser Übung schon mal
zu Verwirrungen kommen kann. Wenn Sie die Zettel auch mit anderen Klassen durchführen möchten, sammeln Sie sie zum Schluss wieder ein (in dem
Fall können Sie sie auch laminieren, um sie mehrfach wiederverwendbar zu
machen).

Einsatzmöglichkeiten und Variationen

Schreibübung

✎ **Sie brauchen:** Papier

Nachdem sie die Aktivität kennengelernt haben, können die Schüler selbst
eine Abfolge von Anweisungen für ihre Mitschüler formulieren, entweder
allein, zu zweit oder in kleinen Gruppen. Ein bisschen einfacher wird es,
wenn Sie ihnen die Aufgabe stellen, Anweisungen aufzuschreiben, die die
ganze Klasse gemeinsam ausführt.

Weitere Themenbeispiele

➡ formelle und informelle Befehlsfolgen
➡ Aktionsverben
➡ Wortfeld „Klassenzimmer"
➡ ...

Chain stories

⇨ **Ziel** aus einzelnen Sätzen Gruppengeschichten bilden
✎ **Sie brauchen** Papier

Vorbereitungstipps und Durchführungshinweise

Bei einer Kettengeschichte bilden die Schüler kleine Gruppen. Ein Schüler schreibt einen Satz und beginnt damit eine Geschichte. Er reicht sein Blatt weiter an den nächsten, der sich den Satz durchliest und dann einen Satz anfügt und die Geschichte damit weiterführt. Entweder legen Sie fest, wie lange jeder überlegen und schreiben darf, bevor er das Blatt weiterreichen muss, oder Sie lassen die Gruppe selbst bestimmen, wie viel Zeit sie braucht. Den Schlusspunkt setzen Sie, indem Sie die Schüler auffordern, ihre Arbeit zu beenden. Dann lösen sich die Gruppen auf, und jede Gruppe liest ihre Geschichte den anderen vor (jeder Schüler liest ein paar Sätze). Geben Sie den Schülern nach jeder Geschichte ein paar Verständnisfragen zur Kontrolle.

Einsatzmöglichkeiten und Variationen

Mit diesem Spiel können Sie ein Thema aufgreifen, das Sie gerade im Unterricht durchnehmen oder eine Zeitform oder eine grammatische Struktur üben. Sie können es aber auch einfach als lustige Wortschatzwiederholung einsetzen. Eine Variante ist der Gruppentest: Lassen Sie die Gruppen gemeinsam ein Arbeitsblatt zur Wiederholung bearbeiten. Jeder Schüler nimmt sich einen Abschnitt vor und reicht das Blatt dann weiter. Zum Schluss sollte die Gruppe die Ergebnisse diskutieren, auf ihre Richtigkeit überprüfen und sie dann der Klasse präsentieren.

Weitere Themenbeispiele

➡ Freizeitaktivitäten der Schüler
➡ Schilderung eines Festes, das schiefgelaufen ist
➡ Diskussion darüber, was ein typischer Schüler am Wochenende macht/ gemacht hat
➡ die Geschichte von Cinderella ins Jahr 2007 übertragen
➡ ...

Chart swap

> ⇨ **Ziel** Antworten auf Fragen vorschlagen und überprüfen, ob sie richtig sind oder nicht
> ✎ **Sie brauchen** Tabelle für die „Chart-swap activity" (s. Vorlage in Abb. 6.1 auf S. 123)

Vorbereitungstipps und Durchführungshinweise

Setzen Sie diese Aktivität für Einführung, Training oder Wiederholung von Wortschatz, Grammatik, Landeskunde oder sachbezogenen Themen ein. Sie funktioniert mit jeder Art von Frage, Aussage oder Wort, die sich in eine Tabelle einfügen lässt. Der Tabellentausch eignet sich zur Vorab-Beurteilung, zum Training oder als Wiederholung.

In der ersten Spalte der Tabelle tragen Sie acht Fragen, Aussagen oder Wörter ein, auf die Sie eine Reaktion haben möchten. Dann kopieren Sie die Tabelle und verteilen sie an die Schüler. Diese schreiben zunächst ihren Namen auf das Blatt. Dann schreiben sie ihre Antwort auf eine der Fragen in die Spalte mit der Überschrift „Proposed answers" und reichen die Tabelle an den nächsten Schüler weiter. In der zweiten Runde sieht sich der Schüler erst die Antwort an, die sein Vorgänger zu der vorhergehenden Frage eingetragen hat, und überlegt sich, ob er dieser Antwort zustimmt oder nicht. Seine Entscheidung macht er dadurch deutlich, dass er in der mit „Do you agree?" überschriebenen Spalte entweder „yes" oder „no" notiert. Dann beantwortet er selbst eine neue Frage und reicht die Tabelle an den dritten Schüler weiter. Dieser sieht sich die beiden vorangegangenen Antworten an, gibt bei „Do you agree?" für beide Antworten „yes"

Abb. 6.1 Tabelle für eine „Chart-swap activity"

Chart swap

Name: _____

Questions	Proposed answers	Do you agree?	Correct answers
1.			
2.			
3.			
4.			
5.			
6.			
7.			
8.			

oder „no" an und beantwortet eine weitere Frage. So geht es weiter, bis alle acht Fragen beantwortet und alle Antworten bewertet worden sind. Die Schüler müssen nicht zu jeder Antwort auf dem Blatt eine Bewertung abgeben, es reicht, wenn sie sich die drei vorangegangenen Antworten ansehen und ein Urteil dazu abgeben. Geben Sie den Schülern die Möglichkeit, ihre Antworten kurz mit einem oder mehreren Partnern durchzusprechen. Wenn sie unterschiedlicher Meinung sind, sollten sie versuchen, eine Einigung zu erzielen. Besprechen Sie die Antworten zum Schluss mit der ganzen Klasse, und lassen Sie Zeit für mögliche Fragen, die bei der Bearbeitung aufgekommen sind. Während Sie sie beantworten, hören die Schüler zu und tragen die richtige Antwort in der Spalte „Correct answer" ein. Wenn Sie die Aktivität als Wiederholungsübung eingesetzt haben, können die Schüler sie mit nach Hause nehmen und die Informationen noch einmal durchgehen.

Einsatzmöglichkeiten und Variationen

Diese Übung ist eine gute Möglichkeit, Themen aus dem Unterricht aufzugreifen und zu wiederholen. Die Schüler haben Gelegenheit, herumzugehen und sich nicht nur Gedanken über ihre eigenen Antworten, sondern auch über die ihrer Mitschüler zu machen. Eine noch stärkere Einbindung der Schüler erreichen Sie, wenn Sie sie auch die Fragen formulieren lassen. Geben Sie ihnen eine leere Tabelle, die Sie für sich selbst auf eine OHP-Folie kopieren. Notieren Sie die Fragen der Schüler auf der Folie, sodass die Klasse sie von der Projektion abschreiben kann.

Weitere Themenbeispiele

➡ Formulieren Sie Fragen zum Thanksgiving-Fest in den USA, mit deren Hilfe die Schüler sich auf einen Test zu diesem Thema vorbereiten können.

➡ Geben Sie die Bezeichnung für einen Gegenstand vor, und lassen Sie die Schüler den Gegenstand oder seinen Gebrauch beschreiben.

➡ Lassen Sie fortgeschrittenere Schüler eine kurze Beschreibung einer literarischen Figur aufschreiben oder eine Frage zu ihrer Lektüre beantworten.

➡ ...

Firing line

> ⇨ **Ziel** auf Fragen antworten und dabei beliebige Themen wiederholen
> ✎ **Sie brauchen** Fragen und Antworten auf Karteikarten

Vorbereitungstipps und Durchführungshinweise

Diese Aktivität bietet sich für die Wiederholung von Wortschatz, Grammatik, Landeskunde und Inhalt an. Sie müssen dafür das Klassenzimmer ein bisschen umräumen, doch die Einsatzmöglichkeiten sind vielfältig. Stellen Sie die Stühle so auf, dass die Schüler einander in zwei Reihen gegenübersitzen. Sie können die Klasse in zwei Gruppen, Gruppe X und Gruppe Y, einteilen. Geben Sie den X-Schülern eine Frage, eine Situationskarte, eine Rolle oder eine andere Aufgabe auf einem Zettel. Die X-Schüler leiten die Befragung oder die Wiederholung, während die Y-Schüler die Antworten geben. Statten Sie jedes Mitglied der X-Gruppe mit zwei oder drei Fragen mitsamt den Antworten aus. Auf diese Weise können sie die Y-Schüler gegebenenfalls korrigieren. Das Ganze funktioniert nach dem Rotationsprinzip: Wenn Sie das vereinbarte Signal geben, rücken alle Schüler einen Platz nach links. Jeder Y-Schüler bekommt nun neue Fragen gestellt. Um zu verhindern, dass die X-Schüler immer wieder dieselben Fragen stellen müssen, reichen sie ihre Fragen-und-Antwort-Karten nach rechts weiter, bevor sie selbst nach links aufrücken. Sobald sie ihre erste Karte wieder in der Hand halten, ist ein Rollenwechsel angesagt: Die X-Schüler werden nun die Y-Schüler und müssen Fragen beantworten, statt sie zu stellen. Wenn Sie nicht viel Zeit haben, könnten Sie die Aufgabe, sich Fragen und Antworten im Vorfeld auszudenken und aufzuschreiben, an Schülerpaare delegieren. Kontrollieren Sie jedoch vor Beginn der Übung das, was sie notiert haben.

Einsatzmöglichkeiten und Variationen

Wenn die Klasse größer ist und die Aufgaben an jeder Station mehr Zeit in Anspruch nehmen (wie z.B. bei Rollenspielen), könnten Sie sich auf drei bis fünf unterschiedliche Situationskarten oder Dialoge beschränken. Dadurch bekommen Sie kleinere Gruppen von einzelnen Tisch- oder Sitzreihen oder mehr als eine Möglichkeit, zu üben.

Weitere Themenbeispiele

➼ ein Bewerbungsgespräch simulieren

➼ eine Pro/Kontra-Diskussion über ein bestimmtes Thema führen

➼ Fragen zu einem Buch diskutieren

➼ Wiederholung von Vokabular für einen Test

➼ Training mit wichtigen mündlichen Fragen vor einem Test oder einer Abschlussprüfung

➼ Training mit Rollenspielen oder andere kurze Dialogsituationen

➼ ein Interview eines Schülers ergänzen, das er mit mehreren Gesprächspartnern durchgeführt hat

➼ einen Aufsatz „rundum lesen": Jedes Schülerpaar hat ein Exemplar seiner Arbeit. Die Schülerpaare tauschen ihre Aufsätze aus und geben dem Partner Rückmeldungen, entweder ohne vorgegebene Form oder auf einem Vordruck, den Sie gestalten und verteilen.

➼ ...

Got your back

⇨ **Ziel** auf Fragen zu beliebigen Themen antworten
✎ **Sie brauchen** Arbeitsblatt mit Fragen zur Wiederholung, Klebeband

Vorbereitungstipps und Durchführungshinweise

Setzen Sie diese interaktive Wiederholungsübung zur Vertiefung von Wortschatz, Grammatik, Landeskunde oder sachbezogenen Informationen ein. Stellen Sie ein Blatt mit Fragen zu wichtigen Informationen aus einer Lektion zusammen, das sich die Schüler auf den Rücken kleben. Dann gehen sie durch den Raum. Die Schüler beantworten die Fragen auf den Rücken ihrer Mitschüler, dürfen pro Rücken aber nur eine Antwort geben und müssen dann weiterziehen. Gleichzeitig sammeln sie auf dem Blatt auf ihrem eigenen Rücken Antworten ihrer Mitschüler. Wenn alle Fragen beantwortet sind, nehmen sich die Schüler die Blätter vom Rücken und setzen sich. Sie vergleichen die gesammelten Informationen, korrigieren Fehler und diskutieren strittige Informationen. Variieren Sie die Art der Übung, indem Sie die Schüler eine Vokabel, die Übersetzung eines Satzes oder die Frage zu einer vorgegebenen Antwort suchen lassen.

Weitere Themenbeispiele

➡ Räume in einem Haus und die Gegenstände darin beschriften

➡ Bilder von Gegenständen mit den entsprechenden Vokabeln beschriften

➡ Fragen zu beliebten Winteraktivitäten beantworten

➡ Gegenstände auflisten, die man an bestimmten Orten oder in bestimmten Behältnissen findet: im Tornister eines Zweitklässlers, im Medizinschränkchen einer Familie, im Spülbecken in der Küche, im Kühlschrank nach dem Weihnachtsschmaus, in der Garage, in einem Koffer, der für eine Reise nach Island gepackt ist, usw.). Stellen Sie eine Liste mit unterschiedlichen Orten oder Behältnissen zusammen, oder beschränken Sie sich auf einen und kleben jedem Schüler den gleichen Raum/Ort auf den Rücken.

➡ Verben in allen Zeitformen konjugieren

➡ ...

Human sentences

⇨ **Ziel Sätze** aus einzelnen Wörtern bilden

✎ **Sie brauchen** Sets mit DIN-A6-Karteikarten (auf jeder Karte steht ein Wort, das mit den anderen Karten/Wörtern dieses Sets zusammen einen Satz bildet)

Vorbereitungstipps und Durchführungshinweise

Mit dieser Übung festigen Sie das Verständnis von Satzstrukturen. Notieren Sie sich zunächst eine Reihe von Sätzen, die thematisch zu dem passen, was Sie gerade durchnehmen oder wiederholen. Dann schreiben Sie jedes Wort auf eine eigene Karteikarte. Stecken Sie die Karten für die einzelnen Sätze in Briefumschläge, oder stecken Sie sie mit einer Büroklammer zu einem Set zusammen, damit sie nicht durcheinandergeraten. Besonders hilfreich ist es, wenn Sie Karteikarten in unterschiedlichen Farben verwenden, weil Sie sie auf diese Weise leichter sortieren können und es sofort auffällt, wenn eine Karte in den falschen Stapel geraten ist. Als zusätzliche Herausforderung können Sie ein einzelnes Wort einschmuggeln, das nicht in den Satz passt. Die Schüler müssen herausfinden, um welches Wort es sich handelt. Falls Sie nicht genug Zeit haben, die Sätze vorzubereiten, bitten Sie die Schüler, Sätze mit den Vokabeln und Verben aufzuschreiben, die Sie vorgeben. Kontrollieren Sie ihre Arbeit, und lassen Sie sie dann die einzelnen Wörter auf die Karteikarten schreiben. Geben Sie jeder Gruppe ein Karten-Set (es sollten mindestens so viele Wörter wie Schüler in der Gruppe sein; maximal doppelt so viele). Bitten Sie sie, den Satz zu bilden und ihn Ihnen und der Klasse zu zeigen. Dazu stellen sich die Schüler in der richtigen Reihenfolge nebeneinander auf, und die Klasse soll beurteilen, ob der Satz korrekt gebildet ist. Machen Sie einen Wettbewerb daraus: Welche Gruppe kann ihren Satz als erste zusammenbringen? Zum Schluss schreiben die Schüler alle Sätze auf.

Einsatzmöglichkeiten und Variationen

Diese Aktivität eignet sich vor allem für die Wiederholung von Wortschatz und Grammatik, landeskundliche und sachbezogene Inhalte lassen sich jedoch ebenfalls einflechten. Die Stärke der Übung liegt darin, dass sie die Schüler zwingt, aufzustehen und sich über die richtige Wortstellung in Sätzen und die Bedeutung von Wörtern Gedanken zu machen, um eine logische Folge hinzubekommen. Erweitern Sie die Aktivität, und lassen Sie die Schüler eine Geschichte oder einen Brief schreiben, in dem sie eine bestimmte Anzahl an Wörtern aus der Übung unterbringen müssen.

Weitere Themenbeispiele

➡ Uhrzeiten
➡ *if-clauses*
➡ Passiv-Konstruktionen
➡ ...

Index card match

⇨ **Ziel** durch Interaktion mit anderen die richtige Antwort auf eine
Frage finden

✎ **Sie brauchen** Frage-und-Antwort-Karten in Klassenstärke

Vorbereitungstipps und Durchführungshinweise

Fertigen Sie zunächst die Frage-und-Antwort-Karten an. Dazu schreiben Sie
die Frage auf eine Karte und die Antwort auf eine andere. Sie brauchen für
jeden Schüler in der Klasse eine Frage- oder Antwortkarte. Verteilen Sie die
Karten, und erklären Sie den Schülern, dass sie sich mit ihren Mitschülern
unterhalten müssen, um die Antwort auf ihre Frage (oder die passende Frage zu ihrer Antwort) zu finden. Diejenigen mit einer Frage auf ihrer Karte
gehen durch den Raum und stellen ihre Frage. Diejenigen mit einer Antwortkarte sagen, was auf ihrer Karte steht, und beide müssen überlegen,
ob Frage und Antwort zusammenpassen. Wenn das nicht der Fall ist, müssen sie weitersuchen. Haben sich eine Frage und eine Antwort gefunden,
setzen sich diese Schüler zusammen hin. Entweder warten sie ab, bis alle
anderen ebenfalls ihr Gegenstück gefunden haben, oder sie bekommen in
der Zwischenzeit eine zusätzliche gemeinsame Aufgabe. Wenn alle Karten
richtig zugeordnet sind, lesen die Paare ihre Frage vor, während sich der
Rest der Klasse eine passende Antwort ausdenkt. Auf diese Weise können
Sie die wichtigen Fragen zu einer Lektion wiederholen. Sammeln Sie die
Karten zum Schluss wieder ein.

Einsatzmöglichkeiten und Variationen

Setzen Sie diese Methode in den Bereichen Wortschatz, Grammatik, Landeskunde und Inhalt ein. Wandeln Sie sie ab, indem Sie Schriftsteller und
ihre Bücher, berühmte Briten oder Amerikaner und ihre Errungenschaften,
Subjekte und Prädikate, Gegenstände und ihr Gebrauch usw. zuordnen
lassen. Darüber hinaus ist diese Übung gut geeignet, um die Schüler für
eine nachfolgende Aktivität paarweise zu „sortieren". Geben Sie ihnen im
Anschluss eine schriftliche Aufgabe, die die vorangegangene, mündliche
aufgreift, oder gehen Sie zu einem anderen Thema über.

Weitere Themenbeispiele

➡ Gegensätze
➡ Synonyme
➡ Gegenstände und eine Beschreibung ihres Gebrauchs
➡ Gegenstände und was man braucht, um sie herzustellen
➡ Komponisten und ihre Musikstücke
➡ Speisen und die Länder, mit denen sie in Verbindung gebracht werden
➡ Präsidenten und ihre Länder
➡ Musikgenres und ihre Ursprungsländer
➡ ...

Inside-outside circles

⇨ **Ziel** auf Fragen zu beliebigen Themen antworten
✎ **Sie brauchen** unterschiedliche Materialien, abhängig davon, wie Sie die Übung einsetzen

Vorbereitungstipps und Durchführungshinweise

Ein wichtiges Element dieser Aktivität ist die Interaktion der Schüler. Lassen Sie sie einen Innen- und einen Außenkreis bilden. Die Schüler im äußeren Kreis blicken nach innen, die im inneren Kreis gucken nach außen, sodass sie einander gegenüberstehen (oder -sitzen). Erklären Sie den Schülern, welche Art des Austausches Sie für sie vorgesehen haben. Wenn Sie ein vereinbartes Signal geben, rücken die Schüler im Innenkreis im Uhrzeigersinn einen Platz weiter, sodass sie ein neues Gegenüber haben.

Einsatzmöglichkeiten und Variationen

Die Schüler können sich von Wortschatz bis zu sachbezogenen Inhalten über jedes beliebige Thema unterhalten. Hier ein paar Beispiele: ein Vokabelquiz mit Flashcards oder Vokabelliste, Gesten und ihre entsprechenden Vokabeln oder Redewendungen, Einüben wichtiger Fragen, Durchspielen kurzer Dialoge, ein Quiz zu wesentlichen Informationen oder grammatischen Strukturen. Lenken Sie die Wiederholung mit Hilfe von Flashcards,

Situationskarten oder anderen Stichwortkarten, und vergewissern Sie sich, dass die Aufgabenstellung klar ist. Für eine kurze Vokabelwiederholung geben Sie den Schülern im Innenkreis jeweils eine oder mehrere Flashcards aus Ihrem Fundus, zu denen die Schüler im Außenkreis die passenden Vokabeln finden müssen.

Je nachdem, wie viele Schüler Sie in Ihrer Klasse haben, müssen Sie mehr als ein „Kugellager" bilden.

Auf **Stichwortkarten** geben Sie den Schülern eine Situation oder den Rahmen für einen Dialog, ein Wort oder eine Frage. Dabei sollte die Frage auf der einen, die Antwort auf der anderen Seite stehen. Wenn Sie Pappe oder Karteikarten verwenden, werden die Karten stabiler, und Sie können sie mehr als einmal verwenden. Sie können jedoch auch normales Papier benutzen. Wenn Sie nicht genügend Zeit für die Vorbereitung haben und Ihre Schüler zusätzlich fordern wollen, lassen Sie sie die Stichwortkarten selbst schreiben. Mit der entsprechenden Anleitung Ihrerseits wird eine sinnvolle Übung daraus.

Die Stichwortkarte behalten

✎ **Sie brauchen:** Stichwortkarten

Geben Sie jedem Schüler im inneren Kreis eine Stichwortkarte. Die Schüler behalten die Karte und stellen die Frage, führen den Dialog oder spielen die Situation mit jedem Schüler des Außenkreises durch, der durch die Rotationsregel vor ihnen zum Stehen (oder Sitzen) kommt. Wenn der Kreis sich einmal ganz gedreht hat, reicht der „Karteninhaber" im inneren Kreis die Karte an sein Gegenüber im äußeren Kreis, und die beiden wechseln die Plätze. Der Fragesteller aus der vorangegangenen Runde gehört nun zum Außenkreis, zieht an den Schülern im Innenkreis vorbei und beantwortet ihre Fragen.

Die Stichwortkarte weitergeben

✎ **Sie brauchen:** Stichwortkarten

Eine Alternative zur ersten Einsatzmöglichkeit könnte so aussehen: Die Schüler im Innenkreis reichen ihre Stichwortkarten gegen den Uhrzeigersinn weiter, während sich der Außenkreis im Uhrzeigersinn weiterbewegt. Wenn die Schüler im Außenkreis wieder bei ihrer ursprünglichen Frage angelangt sind, ist die Übung beendet.

Möglichkeit 1

Möglichkeit 2

Weitere Themenbeispiele

➡ die Schüler begrüßen und fragen einander, wie es ihnen geht.

➡ die Schüler fragen sich gegenseitig, was sie am Wochenende gemacht haben

➡ das passende Land zu typischen Speisen erfragen

➡ ein angegebenes Wort umschreiben

➡ Wortschatz aus dem Wortfeld „Familie" wiederholen

➡ ein Schüler nennt den Namen einer Figur aus der Literatur und der Gegenübersitzende sagt, aus welchem Buch sie stammt, welche ihre wichtigsten Charakterzüge/ihre schlimmsten Fehler sind usw.

➡ ein Schüler nennt den Namen einer historischen Figur und der Gegenübersitzende sagt, worin ihre besondere Leistung bestand

➡ Ländern Flaggen oder Hauptstädte zuordnen

➡ ein kurzer Dialog über ihre Pläne nach Schulschluss

➡ ...

Learning stations

⇨ **Ziel** die Schüler wiederholen und üben Vokabeln und bewegen sich dabei durch den Raum

✎ **Sie brauchen** im Raum aufgebaute Stationen mit unterschiedlichen Aufgabenstellungen, Arbeitsblatt oder Notizpapier

Vorbereitungstipps und Durchführungshinweise

Als Vorbereitung auf diese Übung bauen Sie Stationen im Klassenzimmer auf, an denen die Schüler unterschiedliche Aufgaben zu erledigen haben. Entweder bereiten Sie ein Arbeitsblatt vor, auf dem sie ihre Antworten notieren, oder Sie lassen sie auf einfachem Notizpapier schreiben. Planen Sie Zeit für eine Besprechung der Antworten ein.

Einsatzmöglichkeiten und Variationen

Mit dieser Aktivität lassen sich Wortschatz, Grammatik, Landeskunde, Geschichte oder jeder andere Inhalt üben. Die Schüler müssen durch den

Raum gehen, daher ist sie interaktiver als andere Übungen. Legen Sie entweder fest, wie lange sie an jeder Station arbeiten können, bis Sie sie durch ein Signal zum Weitergehen auffordern, oder lassen Sie sie die Geschwindigkeit selbst bestimmen.

Aufgabenbeispiele für die Stationen

➡ Answer the five questions at Station A on your review sheet. Use the pictures at the station to guide the answers.

➡ Write five questions about the pictures at Station B.

➡ Identify the ten pictures at Station C.

➡ Identify the artists on the five paintings at Station D.

➡ Write a dialogue with six lines to introduce one fried to another at Station E.

➡ Look at the clocks at Station F and write down the times.

➡ Identify the famous explorer at Station G.

➡ Measure the items at Station H and record your findings.

➡ …

Lifeboat

⇨ **Ziel** Fragen zu beliebigen Themen beantworten

✎ **Sie brauchen** Fragen auf einer OHP-Folie oder an der Tafel/am Whiteboard, eine große Rolle Packpapier (in 30x40 cm-große Stücke geschnitten für die Hälfte der Klasse), „Der weiße Hai" oder eine andere passende Erkennungsmelodie samt Abspielmöglichkeit

Vorbereitungstipps und Durchführungshinweise

Setzen Sie diese Methode ein, um die Schüler dazu zu bringen, auf Englisch zu interagieren und miteinander zu sprechen. Bereiten Sie einen Fragenkatalog an der Tafel oder auf einer OHP-Folie/am Whiteboard vor, und schneiden Sie Packpapierstücke mit einer Kantenlänge von 30x40 cm zu. Sie benötigen halb so viele Packpapierstücke, wie Schüler in Ihrer Klasse sind. Verteilen Sie die Papierstücke auf dem Boden des Klassenzimmers. Zu Beginn der Übung spielen Sie den Titelsong von „Der Weiße Hai". Die Schüler

„schwimmen" durch den Raum, bis die Musik stoppt. Dann müssen sich alle einen Platz im Rettungsboot suchen, dargestellt durch die Bastelpapierstücke. Wenn sich alle in Sicherheit gebracht haben (kein Fuß darf mehr den Boden berühren; zur Not stehen die Schüler auf einem Bein), gilt es, eine Antwort auf eine Frage zu finden oder über ein Thema zu diskutieren, das Sie an die Tafel geschrieben bzw. an die Wand projiziert haben. Sobald die Musik wieder einsetzt, schwimmen alle weiter. Nach und nach entfernen Sie Rettungsboote, sodass sich immer mehr Schüler auf immer weniger Raum zusammenpferchen und sich aneinanderklammern müssen, um nicht dem Hai zum Opfer zu fallen.

Einsatzmöglichkeiten und Variationen

Die „Lifeboat"-Aktivität eignet sich für jeden Lernstoff. Passen Sie die Fragen an den Kenntnisstand der Schüler und an das Thema an, das Sie gerade im Unterricht behandeln oder das Sie wiederholen möchten. Wenn Sie möchten, können Sie den Namen der Übung von „Lifeboat" auch in „In the trees" abwandeln. Dann flattern die Schüler wie Vögel herum oder hangeln sich wie Affen von einem Baum zum anderen.

Weitere Fragenbeispiele

➥ What do you like to do?
➥ Who is your favourite musician?
➥ If you were president, what would you change?
➥ What did you do last weekend?
➥ Who was your favourite character in "Macbeth" and why?
➥ Name an English-speaking country and its capital.
➥ Name an indigenous civilization in Australia and
   one characteristic of it.
➥ Give a synonym or antonym for the word "small".
➥ State three forms of transportation.
➥ ...

Line up

> ⇨ **Ziel** Elemente einer Folge richtig anordnen
> ✎ **Sie brauchen** Karteikarten mit Elementen von Folgen

Vorbereitungstipps und Durchführungshinweise

Mit dieser Methode können Sie Dinge, die in einer bestimmten Reihenfolge auftreten, einführen, trainieren oder wiederholen. Geben Sie den Schülern Karteikarten mit den Monatsnamen, den Wochentagen, mit Daten, Zahlen usw., und bitten Sie sie, sich in der richtigen Reihenfolge aufzustellen. Wenn Sie es etwas komplizierter machen wollen, sagen Sie den Schülern, dass sie nicht miteinander sprechen oder sich nur mit Hilfe von Gesten verständigen dürfen.

Einsatzmöglichkeiten und Variationen

Der Vorteil dieser Aktivität ist, dass Sie die Schüler dazu bringen, aufzustehen und herumzulaufen. Der Nachteil ist, dass sie sich auf die Dinge beschränkt, die in einer bestimmten Reihenfolge stehen. Wenn Sie den Rahmen etwas erweitern wollen, bringen Sie z.B. historische Daten ins Spiel oder lassen die Schüler die Schritte für die Zubereitung einer Speise oder andere Arbeitsanleitungen sortieren. Eine andere Möglichkeit ist es, die wichtigsten Ereignisse einer Kurzgeschichte oder eines Buches in chronologischer oder umgekehrter Reihenfolge anzuordnen.

Weitere Themenbeispiele

➡ Wochentage
➡ Daten
➡ Monate
➡ Backanleitung für einen Kuchen
➡ tägliche Abläufe, z.B. aufstehen, ins Bad gehen, sich anziehen usw.
➡ Anleitung zum Geschirrspülen
➡ Zeitstrahl mit historischen Ereignissen
➡ Reihenfolge der US-amerikanischen Präsidenten
➡ ...

Move it!

⇨ **Ziel** Aussagen auf Englisch machen und darauf reagieren
✎ **Sie brauchen** nichts

Vorbereitungstipps und Durchführungshinweise

Stellen Sie Stühle in einem oder mehreren Kreisen auf, und bitten Sie die
Schüler, sich zu setzen. Stellen Sie sich in die Kreismitte, und machen Sie
vor, wie die Übung ablaufen soll. Sagen Sie z.B.:

➡ My name is ...
➡ Move if you ... (like icecream, love soccer, want to go to Ireland etc.)

Wenn eine Aussage auf einen der Schüler zutrifft, steht er auf und sucht
sich einen neuen Platz, der mindestens drei Plätze entfernt ist. Derjenige,
der in der Mitte steht, muss sich ebenfalls einen neuen Stuhl sichern. Wer
übrig bleibt, steht in der nächsten Runde in der Mitte und stellt die nächste Aussage in den Raum. Fördern Sie das Hörverständnis der Schüler, und
fordern Sie sie auf, entweder etwas herauszuhören, das sie bisher über ihre
Mitschüler nicht wussten, oder auf Gemeinsamkeiten mit anderen zu achten, die ihnen bisher ebenfalls unbekannt waren. Da sie keine Vorbereitung
erfordert, ist diese Methode gut für eine Klasse mit bewegungsfreudigen
Schülern geeignet, die zwischendurch ein paar Minuten aufstehen und etwas anderes machen müssen, um sich später wieder besser konzentrieren
zu können.

Einsatzmöglichkeiten und Variationen

Bestimmte sprachliche Bereiche, wie Vorlieben und Abneigungen, Pläne für
die Zukunft etc., eignen sich besonders für diese Aktivität.
Bitten Sie den Schüler in der Mitte, eine Richtig/Falsch-Aussage zu treffen.
Er könnte z.B. sagen: „George Washington was the eighth president" oder
„Move if you think Paris is the capital of France". Legen Sie zwischen den
einzelnen Runden immer eine kurze Pause ein, falls jemand Fragen zu den
Aussagen hat. Führen Sie die Aktivität so lange fort, bis die Schüler das
Interesse verlieren oder bis es Zeit ist, mit dem Unterricht fortzufahren.

Weitere Themenbeispiele

➡ Dinge in einem Haus, Orte in einer Stadt, Sachen, die man für eine
Reise braucht usw. Die Begriffe sollten in eine Aussage eingebettet
sein, z.B. „Once I broke the toaster", „I never go to the library",
„I always take a frog when I go on a trip."
➡ Aussagen mit „I like" und „I don't like"
➡ Aussagen mit Reflexivverben über tägliche Abläufe, z.B. „I always brush
my teeth, I never wash my toes ...". Ermuntern Sie die Schüler, unsin-
nige und verrückte Sachen einzuflechten, um herauszufinden, ob die
Schüler die Aussagen tatsächlich verstehen.
➡ Richtig/Falsch-Aussagen zu landeskundlichen oder sachbezogenen
Themen
➡ Lieblingsbücher oder -figuren
➡ Musiker und ihre Lieder
➡ berühmte Schriftsteller und ihre Bücher
➡ ...

Off the top of my head ...

⇨ **Ziel** Wortschatz wiederholen und eine kurze Geschichte schreiben
✎ **Sie brauchen** Papier

Vorbereitungstipps und Durchführungshinweise

Diese Aktivität, für die Sie keine Vorbereitungszeit einplanen müssen,
eignet sich als Wortschatzübung. Wenn Sie die Anleitung entsprechend
abwandeln, lässt sie sich jedoch auch im Zusammenhang mit Grammatik,
Landeskunde und Inhalt einsetzen. Als Wortschatzübung bietet sie die
Möglichkeit der Wiederholung, zugleich bekommen Sie als Lehrer Hinweise,
welche Wörter sich die Schüler gut gemerkt haben.
Bitten Sie die Schüler, die ersten vier englischen Wörter aufzuschreiben,
die ihnen spontan in den Sinn kommen. Es muss sich dabei um ein Nomen,
ein Adjektiv, ein Verb und ein Adverb handeln. Weisen Sie sie an, 24 weitere
Wörter bei ihren Mitschülern einzusammeln, allerdings darf kein Wort

mehrfach vorkommen. Wenn jeder Schüler 24 Wörter zusammengesucht hat, schreibt er einen englischen Text, in dem möglichst alle 24 Wörter eingeflochten werden. Der Text kann eine kurze Geschichte, ein Brief, ein Lied oder auch eine Anzeige für ein Produkt sein, dass die Schüler verkaufen sollen. Genauso können Sie die Schüler auch bitten, acht bis zehn Fragen mit den 24 Wörtern zu formulieren.

Einsatzmöglichkeiten und Variationen

Landeskunde und Inhalt wiederholen
✎ **Sie brauchen:** Papier

Sie können die Schüler mit Hilfe dieser Aktivität auch landeskundliche und sachbezogene Informationen wiederholen lassen. Lassen Sie sie z.B. die Namen von Elementen und ihre dazugehörigen Symbole aus dem Periodensystem der Elemente, Informationen über ein Land, Beispiele für einen bestimmten Verbtyp, Präpositionen, typische Speisen aus Mittelmeerländern oder Gewässernamen sammeln und daraus in der schriftlichen Anschlussübung einen Text formulieren.

Predictions

⇨ **Ziel** Antworten eines Mitschülers auf bestimmte Fragen vorhersagen
✎ **Sie brauchen** Fragen an die Schüler, Tabelle zum Notieren der Antworten (s. Vorlage in Abb. 6.2 auf S. 139)

Vorbereitungstipps und Durchführungshinweise

Bilden Sie Gruppen aus drei Schülern, die einander noch nicht so gut kennen. Geben Sie ihnen zunächst die Tabelle mit den Vorhersagen (s. Abb. 6.2 auf S. 139), die Sie an den Kenntnisstand und die gewünschten Themen anpassen. Die Schüler sollen nun vorhersagen, wie die anderen Mitglieder der Gruppe die Fragen in der linken Spalte beantworten werden. Dann befragen sich die Gruppenmitglieder gegenseitig, schreiben die Antworten in die entsprechende Spalte und prüfen, wie viele ihrer Vorhersagen zutreffend waren.

Abb. 6.2 „Predictions"-Tabelle

Download

Predictions

Question	Student 1	Student 2	Student 3
What is your favourite colour?	Prediction: Correct answer:	Prediction: Correct answer:	Prediction: Correct answer:
How old are you?	Prediction: Correct answer:	Prediction: Correct answer:	Prediction: Correct answer:
What is your favourite activity?	Prediction: Correct answer:	Prediction: Correct answer:	Prediction: Correct answer:
How many cats do you have?	Prediction: Correct answer:	Prediction: Correct answer:	Prediction: Correct answer:
What is your middle name?	Prediction: Correct answer:	Prediction: Correct answer:	Prediction: Correct answer:
What is your favourite season?	Prediction: Correct answer:	Prediction: Correct answer:	Prediction: Correct answer:
What was your favourite vacation?	Prediction: Correct answer:	Prediction: Correct answer:	Prediction: Correct answer:
How many places have you lived?	Prediction: Correct answer:	Prediction: Correct answer:	Prediction: Correct answer:
What is your least favourite food?	Prediction: Correct answer:	Prediction: Correct answer:	Prediction: Correct answer:
What is your favourite book?	Prediction: Correct answer:	Prediction: Correct answer:	Prediction: Correct answer:

Einsatzmöglichkeiten und Variationen

Mit dieser Methode können Sie alle möglichen mündlichen Fragen auf Englisch üben. Wenn Sie die Aufgabe für fortgeschrittenere Schüler in einer Klasse etwas schwieriger machen oder auch der ganzen Klasse eine zusätzliche Herausforderung präsentieren wollen, lassen Sie sie sechs bis acht eigene Fragen formulieren. Entweder arbeiten sie dabei allein und lassen die Gruppe entscheiden, welche Fragen verwendet werden, oder die Gruppe verfasst die Fragen gemeinsam. Haben sie ihren Fragenkatalog zusammengestellt, kontrollieren Sie Rechtschreibung, Ausdruck und Grammatik der Fragen, bevor die Schüler mit ihren Vorhersagen beginnen. Geben Sie den Fragentyp vor, oder lassen Sie ihn offen. Bei fortgeschritteneren Schülern sollten Sie ganz einfache Fragen im Vorfeld für tabu erklären.

Question chain

⇨ **Ziel** Fragen zu beliebigen Themen stellen und beantworten
✎ **Sie brauchen** eine oder mehrere Fragen, die die Schüler üben sollten

Vorbereitungstipps und Durchführungshinweise

Mit dieser Aktivität soll geübt werden, Fragen zu stellen und sie zu beantworten. Damit das auch funktioniert, sollten Sie sich vor Beginn der Übung die Zeit nehmen, die Fragen zu demonstrieren, die die Schüler trainieren sollen. Als Auftakt stellt ein Schüler seinem Nachbarn zur Rechten eine Frage. Der beantwortet sie und stellt seinem eigenen Nachbarn zur Rechten dieselbe Frage.

Einsatzmöglichkeiten und Variationen

Verwenden Sie diese Aktivität, um Wortschatz und Grammatik im Rahmen von Fragenbildung zu üben. Variieren Sie, indem Sie gleichzeitig mehrere Fragen im Kreis herumgehen lassen. Mit einem Ball können Sie die Reihenfolge ändern, in der die Schüler antworten. Wenn Ihnen daran gelegen ist, dass die Fragen rasch „herumgereicht" werden, sollten Sie darauf achten, dass Sie keine Fragen stellen, die komplexe Antworten erforderlich machen. Falls dieses Niveau für Ihre Schüler zu einfach ist, lassen Sie sie selbst die Fragen formulieren, die sie ihrem Nachbarn stellen. Passen Sie den Schwierigkeitsgrad an den Kenntnisstand Ihrer Schüler an. Fügen Sie mit der Aufgabe, die Fragen und Antworten aufzuschreiben, eine schriftliche Komponente hinzu. Zum Schluss prüfen Sie die Arbeit der Schüler auf ihre Richtigkeit.

Beispielfragen

➡ What is your name?
➡ How are you?
➡ What will you do tomorrow?
➡ What did you do last weekend?
➡ Where did you go yesterday?
➡ What do you like to do in the summer?
➡ What did you see when you were on vacation?
➡ Who is the current president of the United States of America?
➡ …

Rhythm

⇨ **Ziel** ein Thema zu einem Rhythmus wiederholen
✎ **Sie brauchen** keine besonderen Materialien; möglicherweise empfiehlt es sich jedoch, vor der Aktivität die Vokabeln, die Sie festigen wollen, mit Hilfe von Flashcards zu wiederholen

Vorbereitungstipps und Durchführungshinweise

Suchen Sie sich ein Wortfeld oder bestimmte Verben aus, die Sie wiederholen wollen. Sie könnten z.B. das Wortfeld „Familienmitglieder" wählen. Nun setzen sich alle Schüler mit Ihnen in einen Stuhlkreis, und Sie machen zunächst den folgenden Rhythmus vor: Auf den ersten Schlag klatschen Sie sich einmal mit beiden Händen auf die Oberschenkel. Auf den zweiten Schlag klatschen Sie in die Hände. Auf den dritten Schlag schnippen Sie einmal mit den Fingern der rechten Hand. Auf den vierten Schlag schnippen Sie mit den Fingern der linken Hand. Wenn alle Schüler sich den

Rhythmus eingeprägt haben, fangen Sie mit der Übung an: Alle klatschen/ schnippen gleichzeitig im Rhythmus, und Sie nennen auf den dritten und den vierten Schlag einen Begriff aus dem gewählten Wortfeld (z.B. „my" und „brother"). Sagen Sie auf jedes Schnippen ein Wort. Nun ist der nächste Schüler rechts von Ihnen an der Reihe und muss einen anderen Begriff nennen, der in dieses Wortfeld passt. Dabei darf er keinen Schlag auslassen. Gerät der Rhythmus ins Stocken, geht das Spiel von vorne los. Im Laufe des Spiels können die Schüler andere Wortfelder ausrufen.

Einsatzmöglichkeiten und Variationen

Setzen Sie diese Methode ein, wenn die Schüler genug Zeit hatten, die Vokabeln zu üben, sodass sie nicht lange nachdenken müssen und schnell reagieren können. Eine kurze Wiederholung mit Flashcards oder ein kurzes Brainstorming an der Tafel ruft den Schülern die Wörter in Erinnerung und macht das Spiel lebhafter. Sie können das Spiel auch so spielen, dass derjenige, der an der Reihe ist, alle vorangegangenen Wörter wiederholen muss, bevor er sein eigenes Wort hinzufügt. Eine weitere Variante wäre, auf den letzten beiden Schlägen die ganze Gruppe die Wörter wiederholen zu lassen, die derjenige genannt hat, der an der Reihe ist. Wenn der Schüler z.B. „my sister" sagt, sagt die ganze Klasse gemeinsam bei den nächsten Schnipp-Zählzeiten ebenfalls „my sister", bevor dann der rechte Nachbar des Schülers an der Reihe ist, einen neuen Begriff zu nennen.

Weitere Themenbeispiele

➡ Tiere
➡ Lieblingsspeisen
➡ was man für die Körperpflege braucht
➡ was man an einem Samstagnachmittag machen kann
➡ Sachen, die man nicht in den Urlaub mitnehmen möchte
➡ unregelmäßige Verben (Schüler 1: „I see", Schüler 2: „I saw", Schüler 3: „I've seen"; Schüler 4 beginnt mit einem neuen Verb in *present tense* usw.)
➡ ...

Snowball fight!

⇨ **Ziel** Fragen zu einem beliebigen Thema stellen und beantworten
✎ **Sie brauchen** für jeden Schüler ein weißes Blatt Papier

Vorbereitungstipps und Durchführungshinweise

Formulieren Sie eine Reihe von Fragen, und bitten Sie die Schüler, sie auf ein Blatt Papier zu schreiben. Sie können die Schüler auch selbst Fragen bilden lassen. Geben Sie ihnen dazu entweder eine bestimmte Fragenart vor, die geübt werden soll, oder halten Sie alle Optionen offen. Gehen Sie durch die Klasse, und prüfen Sie, ob die Fragen richtig aufgeschrieben wurden. Um diese Überprüfung abzukürzen, lassen Sie die Schüler die Fragen zunächst von einem Partner nachsehen.

Sobald die Fragenzettel fertig sind, weisen Sie die Schüler an, drei anderen Schülern ihre Fragen mündlich zu stellen. Wenn sie mit dem Fragenkatalog durch sind, können sie ihr Blatt zu einem „Snowball" knüllen und sich etwa eine Minute lang gegenseitig damit bewerfen. Machen Sie sie darauf aufmerksam, dass sie sich die „Snowballs" nicht gegenseitig an den Kopf werfen dürfen. Wenn die Minute um ist, lassen Sie jeden Schüler einen „Snowball" aufheben, das Papier glatt streichen und die Fragen darauf schriftlich beantworten. Prüfen Sie die Antworten, und geben Sie den Schülern Rückmeldungen zu ihrer Arbeit.

Mit dieser „Schneeballschlacht"-Methode können Sie außer Fragen und Antworten auch jedes andere Thema trainieren.

Einsatzmöglichkeiten und Variationen

Diese Aktivität ist gut für Vokabel- und Grammatikwiederholungen und die Wiederholung landeskundlicher und sachbezogener Informationen geeignet. Den Schülern macht sie vor allem deshalb Spaß, weil sie dabei eine „Schneeballschlacht" austragen können. Aufzustehen und sich zu bewegen, bringt immer eine willkommene Abwechslung. Außerdem können Sie auf diese Weise schnell überprüfen, wie gut die Schüler ein Thema verstanden haben.

Weitere Themenbeispiele

➡ Fragen mit *who* formulieren und beantworten
➡ Fragen im *past tense*, 2. Person Singular, formulieren und beantworten
➡ Fragen über einen Ausschnitt aus einer Geschichte oder einem Buch formulieren, das die Schüler gerade lesen
➡ die fünf schwierigsten wesentlichen Fragen aus einer Lerneinheit aufschreiben
➡ Richtig/Falsch-Aussagen über ein Land aufschreiben, das die Schüler gerade durchnehmen
➡ ...

Student investigation

> ⇨ **Ziel** Fragen über Mitschüler stellen und beantworten
> ✎ **Sie brauchen** Tabelle für Detektivarbeit (s. Vorlage in Abb. 6.3 auf S. 145)

Vorbereitungstipps und Durchführungshinweise

Statt eines klassischen Eins-zu-eins-Interviews lassen Sie die Schüler Fragen stellen, mit deren Hilfe sie etwas über einen Mitschüler erfahren. Die Fragen formulieren Sie selbst oder geben den Schülerpaaren die Aufgabe, sich welche auszudenken und in die Tabelle einzutragen. Einer von beiden muss nun seine Mitschüler befragen und Informationen über seinen Partner einholen. Ihn selbst darf er jedoch nicht befragen, er ist ganz auf die Auskünfte seiner Klassenkameraden angewiesen. Weiß einer von ihnen keine Antwort, muss der Interviewer einen anderen Gesprächspartner finden, der ihm weiterhelfen kann. Zum Schluss muss der Partner angeben, wie wahr oder falsch die Antworten sind, die der Interviewer über ihn gesammelt hat. Falls noch Fragen offen sind, muss er sie beantworten. Bitten Sie die Schüler, ihre Erkenntnisse schriftlich festzuhalten und der Klasse zu präsentieren, oder lassen Sie sie einen improvisierten Vortrag anhand ihrer Notizen halten. Eine besondere Herausforderung: Fragen Sie, ob jemand in der Klasse in der Lage ist, mit den Fragen in der Tabelle Erkundigungen über Sie zu sammeln und Sie der Klasse vorzustellen.

Abb. 6.3 Tabelle für die „Student investigation"

Student investigation

Questions	Answers	Name of students who answered
1.		
2.		
3.		
4.		
5.		
6.		
7.		
8.		
9.		
10.		
11.		
12.		

Einsatzmöglichkeiten und Variationen

Je nach Kenntnisstand können Sie die Art der Fragen variieren, die die Schüler über ihren Partner stellen. Auch unterschiedliche grammatische Strukturen lassen sich auf diese Weise gezielt üben.

Weitere Themenbeispiele

➡ Fragen über die Familien der Schüler, ihre Haustiere, Interessen, Vorlieben und Abneigungen, Lieblingssportler, -schauspieler, -musiker usw.

➡ Fragen über die Zukunftspläne der Schüler (wobei „Zukunft" heißen kann: am Wochenende, in den Sommerferien, nach der Abschlussprüfung usw.)

➡ Fragen zu Aktivitäten der Schüler während der Ferien (dabei könnten die Befragten Mutmaßungen anstellen, was die Mitschüler wohl gemacht haben)

➡ Fragen, wohin ein Schüler fahren, in wessen Haut er schlüpfen, welchen Beruf er ergreifen würde, wenn er die Wahl hätte

➡ ...

Take a stand

⇨ **Ziel** auf eine Aussage zu einem beliebigen Thema reagieren, indem man sich in die eine oder die andere Raumhälfte stellt

✎ **Sie brauchen** Fragenkatalog, Klebeband

Vorbereitungstipps und Durchführungshinweise

Bereiten Sie einen Fragenkatalog zu einem Thema vor, mit dem die Schüler gerade beschäftigt sind oder das sie wiederholen sollen. Teilen Sie den Klassenraum mit einer Klebebandlinie in zwei Hälften, oder ziehen Sie einen imaginären Strich. Schreiben Sie ein Pluszeichen auf eine Tafelhälfte; das bedeutet, dass diejenigen, die sich in dieser Raumhälfte versammeln, der Aussage zustimmen. Das Minuszeichen auf der anderen Tafelhälfte steht für die Ablehnung der Aussage. Eröffnen Sie die Übung mit einer Wahr/Falsch-Aussage. Die Schüler überlegen sich ihre Antwort und gehen in die entsprechende Raumhälfte. Die Aussagen können ganz einfach sein, z.B. „I have a brother", „I have a pet", „I wash the dishes at my house" usw., Sie können es aber auch mit komplexeren Ideen versuchen. Mit dieser Aktivität haben Sie die Möglichkeit, die Einstellung der Schüler zu wichtigen Themen zu erkunden, ohne dass sie sich dazu äußern müssen. Gleichzeitig fördert die Übung das Hörverständnis und gibt den Schülern die Gelegenheit, umherzugehen. Machen Sie weiter, bis Sie alle Aussagen aufgebraucht haben oder die Schüler das Interesse verlieren.

Einsatzmöglichkeiten und Variationen

Auch diese Aktivität ist so flexibel gestaltet, dass sie sich gleichermaßen für Wortschatz-, Grammatik-, Landeskunde- und inhaltliche Wiederholungen eignet. Außerdem lässt sich die Schülergruppe damit rasch für eine Paaraktivität einteilen. Die Schüler unterhalten sich entweder mit Gleichgesinnten, die in derselben Hälfte stehen wie sie selbst, oder sie diskutieren mit jemandem, der eine entgegengesetzte Ansicht vertritt und in der anderen Hälfte des Raumes steht.

Setzen Sie diese Aktivität ein, um die Schüler für eine beliebige Nachfolgeaktivität in Gruppen aufzuteilen. Diese Absicht sollten Sie jedoch nicht durchblicken lassen, weil sie sonst vielleicht dieselbe Antwort geben wie die Freundin, um mit ihr in derselben Gruppe zu sein. Stellen Sie so viele Fragen, wie Sie mögen, bevor Sie die Einteilung vornehmen. Erinnern Sie die Schüler daran, dass ihre Einstellung oder ihre Vorstellung von der Antwort ausschlaggebend für ihre Seitenwahl ist. Sie sollten sich nicht von der Haltung ihrer Freunde leiten lassen.

Die Schüler stellen die Fragen
✎ **Sie brauchen:** Fragenkatalog

Geben Sie den Schülern die Gelegenheit, bei dieser Aktivität auch das Sprechen zu trainieren. Immer wenn sie sich für eine Raumhälfte entscheiden, stellen sie jemandem auf ihrer Seite eine Frage auf Englisch. Diese Fragen können spontan kommen, Sie können aber auch bei jedem Seitenwechsel Fragen an die Tafel schreiben. Entweder ist es immer dieselbe Frage oder eine aus einem Fragenkatalog – oder aber, die Schüler fragen sich gegenseitig, warum sie der Aussage zustimmen bzw. sie ablehnen.

Weitere Themenbeispiele

➡ Wortschatz und grammatische Strukturen, um Vorlieben und Abneigungen auszudrücken: „I like to swim", „I really dislike eating fish"...
➡ Richtig/Falsch-Aussagen als Test vor und nach einer Lektion
➡ beliebige Frage- und Antwortformen auf Englisch üben (hierfür eignet
sich besonders die oben angegebene Variante)
➡ Ansichten zu kontroversen Themen äußern
➡ ...

Teacher on the spot

⇨ **Ziel** die Schüler bilden Fragen, auf die der Lehrer antwortet
(das gibt den Schülern die Möglichkeit, ihren Lehrer näher
kennenzulernen)
✎ **Sie brauchen** Tabelle, um Fragen und Antworten festzuhalten
(s. Vorlage in Abb. 6.4 auf S. 149)

Vorbereitungstipps und Durchführungshinweise

Zunächst notieren die Schüler drei Fragen, die sie Ihnen gerne stellen
möchten, möglichst auf Englisch. Erklären Sie ihnen, dass es Fragen sein
sollten, die sie selbst ohne Probleme beantworten würden und die dem
schulischen Zusammenhang angemessen sind. Die Schüler bilden 5er-Grup-
pen, tragen ihre Fragen zusammen und vergewissern sich, dass keine Frage
mehrmals auftaucht. Jede Gruppe bestimmt einen Sprecher, der die Hand
hebt und Ihnen die Fragen stellt. Schreiben Sie sie für alle sichtbar an die
Tafel. Gleichzeitig tragen die Schüler sie in ihrer Tabelle ein (s. Abb. 6.4
auf S. 149) oder schreiben sie auf ein einfaches Blatt Papier. Dabei dürfen
sie nicht vergessen, Platz für die Antworten zu lassen. Wenn alle Fragen
gestellt sind, schreiben die Schüler auf, wie Sie ihrer Meinung nach antworten werden. Dann wechseln sie sich beim Fragenstellen ab und notieren
Ihre Antworten. Schreiben Sie selbst die Antworten ebenfalls auf, damit
die Schüler die Schreibweise vergleichen und korrigieren können. Für jede
Antwort, die sie richtig vorhergesehen haben, bekommen die Schüler einen
Punkt. Die Gruppe, die am Ende die meisten Punkte hat, gewinnt.

Abb. 6.4 „Teacher on the spot"-Vorlage

Teacher on the spot

Question	Predicted answer	Actual answer	Points
1. Where are you from?			
2. What is your favourite sport?			
3. What do you like to do?			
4. How old are you?			
5. Do you have siblings?			
6. How old are your siblings?			
7. What is your favourite colour?			
8. What are their names?			
9. What is your favourite food?			
10. Where do you like to eat?			
11. Do you like onions?			
12. Do you have a pet? What kind?			
13. Do you like to read?			
14. What is your favourite book?			
15. What is your favourite movie?			
16. Who is your favourite actor?			
17. What do you do on the weekend?			
		Total points:	

Einsatzmöglichkeiten und Variationen

Bei dieser Aktivität sollten Wortschatz und grammatische Strukturen im Vordergrund stehen. Auch wenn sie als Möglichkeit für die Schüler gedacht ist, ihren Lehrer besser kennenzulernen, können die Fragen und Antworten als Beispiel für einen ähnlichen Austausch unter den Schülern dienen. Als zusätzliche Übung können Sie die Fragen sammeln, die die Schüler sich ausgedacht haben, sie abtippen und kopieren. Bitten Sie die Schüler, diese Fragen über sich selbst zu beantworten, sodass Sie ebenfalls etwas über sie erfahren. Wiederholen Sie diese Aktivität im Laufe des Schuljahres gelegentlich, wenn weitere Frageformen im Unterricht vorgekommen sind. So lernen Lehrer und Schüler einander immer besser kennen.

Weitere Themenbeispiele

➡ Ja/Nein-Fragen üben
➡ Fragewörter üben
➡ Wortfelder „Persönliche Charaktereigenschaften", „Familienmitglieder", „Vorlieben und Abneigungen" oder „Hobbys und Sport" festigen
➡ Fragen aus mehreren Lektionen wiederholen
➡ Fragen auf den Gebrauch des *past tense* ausrichten: „What were you like as a child?", „What did you do as a child/middle school student/ high school student?"
➡ Lassen Sie die Schüler die Fragen, die sie Ihnen gestellt haben, über sich selbst beantworten und einen kurzen Text schreiben oder eine kleine Präsentation vor der Klasse vorbereiten. Die Mitschüler hören zu und machen sich in einer Tabelle Notizen zu jedem Vortragenden.
➡ ...

Time's up!

⇨ **Ziel** Fragen zu einem beliebigen Themen stellen und beantworten
✎ **Sie brauchen** Eieruhr

Vorbereitungstipps und Durchführungshinweise

Bei dieser Aktivität wird vor allem die mündliche Kommunikation in einer großen Gruppe gefördert. Sie brauchen eine Eieruhr oder einen anderen Timer, der sich gut werfen lässt.

Die Schüler bilden einen Kreis. Immer abwechselnd gehört ein Schüler zu Team A, der nächste zu Team B usw. Stellen Sie auf dem Timer eine bestimmte Zeitspanne ein. Dann stellen Sie eine Frage und werfen ihn einem Schüler zu. Dieser muss die Frage beantworten, eine neue stellen und den Timer an einen Mitschüler weitergeben. Dieses Hin und Her aus Fragen und Antworten geht so lange weiter, bis der Timer läutet. Wer ihn in diesem Moment in der Hand hält, verliert einen Punkt für sein Team. Das Team mit den wenigsten Verlustpunkten gewinnt.

Bei diesem Spiel ist Aufmerksamkeit gefordert; die Schüler wollen den steten Fluss von Fragen und Antworten nicht unterbrechen, weil sie nicht mit dem Timer in der Hand erwischt werden wollen. Vielleicht empfiehlt sich die Regel, dass der Timer in jeder Runde bei jedem Schüler nur einmal landen darf.

Einsatzmöglichkeiten und Variationen

Setzen Sie diese Aktivität in den Bereichen Wortschatz, Grammatik, Landeskunde und sachbezogene Fragestellungen ein. Legen Sie vorab fest, welche Art von Fragen erlaubt ist, und schreiben Sie einige Beispiele an die Tafel, falls es sich dabei um eine Frage oder eine Struktur handelt, die die Schüler nicht kennen. Geben Sie ihnen Gelegenheit, die Fragen vor Beginn der Aktivität mit Mitschülern zu üben. Korrigieren Sie dabei alle Aussprachefehler, die Sie mitbekommen. Wenn Sie die Übung ein bisschen schwieriger machen und außerdem zuvor Gelerntes wiederholen wollen, sagen Sie den Schülern, dass sie alle Fragen einsetzen können, die sie gelernt haben.

Fragenkatalog des Lehrers

✎ **Sie brauchen:** Fragenkatalog

Geben Sie den Schülern vor Beginn der „Time's up!"-Aktivität als Gedächtnisstütze eine Liste der Fragen, die sie bereits mit ihnen geübt haben. Erlauben Sie ihnen, sich die Liste anzusehen und sie mit ihren Mitschülern
zu trainieren. Geben Sie ihnen auch Zeit, bei Verständnis- oder Aussprache-
problemen nachzufragen. Sobald der Wettkampf beginnt, dürfen die Schüler
den Fragenkatalog nicht mehr einsehen. Einzige Ausnahme: Anfängerklas-
sen, denen es noch schwerfällt, unter Druck eigene Fragen zu bilden.

Fragenbeispiele

➡ What's your favourite ...
➡ What do you like to do?
➡ What did you eat for breakfast today?
➡ Where do you live?
➡ What profession do you want to have?
➡ Who in this class ... (plays baseball, likes cats etc.)?
➡ If you could go anywhere, where would it be?
➡ ...

Touch red

⇨ **Ziel** Farben lernen und dabei durch den Raum gehen

✎ **Sie brauchen** einen Raum mit Sachen in vielen unterschiedlichen
Farben

Vorbereitungstipps und Durchführungshinweise

Dies ist eine einfache, aber lustige Art, die Farben zu lernen. Bitten Sie
die Schüler, aufzustehen. Geben Sie ihnen die Anweisung: „Touch red!" Die
Schüler gehen durch den Raum und suchen sich etwas Rotes zum Anfassen.
Geben Sie dann andere Farben an, Sie können aber auch geometrische Formen nehmen. Wenn Sie eine Klasse haben, die Wettbewerbe liebt, stellen
Sie die Regel auf, dass kein roter (gelber, grüner usw.) Gegenstand gleichzeitig von zwei Schülern berührt werden darf. Wer nichts Rotes findet,

scheidet aus. Sie können auch eine weitere Eigenschaft hinzufügen: „Touch something soft and red!", „Touch something shiny and white!" usw.

Two truths and a lie

⇨ **Ziel** Richtig/Falsch-Aussagen über sich selbst machen
✎ **Sie brauchen** Papier

Vorbereitungstipps und Durchführungshinweise

Dies ist eine gute Kennenlern-Aktivität. Geben Sie den Schülern ein paar Minuten Zeit, über sich und Sachen, die sie gemacht haben, nachzudenken. Dabei sollen sie auch an die Zeit denken, als sie jünger waren. Dann schreiben sie zwei wahre und eine unwahre Aussage über sich selbst auf (z.B. „My favourite dish is chicken curry", „I've never been to Spain" etc.). Sie müssen ihre Lügen glaubhaft machen und gleichzeitig die unwahrscheinlichsten Wahrheiten über sich selbst notieren.

Einsatzmöglichkeiten und Variationen

Setzen Sie diese Aktivität entweder zum Kennenlernen ein, oder erweitern Sie sie. Bei fortgeschrittenerem Kenntnisstand können die Schüler versuchen, den vermeintlichen oder tatsächlichen Lügner auffliegen zu lassen und ihn mit Fragen nach *when, with whom, where* usw. zu löchern. Lassen Sie die Schüler über eine oder beide wahre Aussagen über sich selbst einen kurzen Text in ihr Heft/Tagebuch schreiben. Sie können auch über die unwahre Aussage etwas schreiben, wenn sie dabei überzeugende Argumente vorbringen, warum die Aussage wahr ist oder warum sie sich wünschten, dass sie wahr wäre. Sie stellen ihre Texte der Klasse vor, zeigen sie einem Partner oder geben sie Ihnen zur Kontrolle.

Walk-around activities

> ⇨ **Ziel** Fragen zu einem beliebigen Themen stellen und beantworten und dabei durch den Raum gehen
> ✎ **Sie brauchen** Vorlage für Walk-around activities (s. Vorlage in Abb. 6.5 auf S. 155)

Vorbereitungstipps und Durchführungshinweise

Walk-around activities sind vielseitig einsetzbar und ermöglichen es den Schülern, aufzustehen, umherzugehen und dabei Informationen von ihren Mitschülern zu sammeln. Diese Aktivität eignet sich als Eisbrecher und zum Wiederholen oder Festigen von Lernstoff. Ein passendes Arbeitsblatt kann ganz unterschiedlich gestaltet sein. In der vorliegenden Tabelle (s. Abb. 6.5 auf S. 155) tragen Sie in jede Zelle eine Frage ein. Die Schüler gehen mit dem Arbeitsblatt in der Hand durch den Raum, stellen ihren Mitschülern Fragen und halten ihre Antworten fest.

Einsatzmöglichkeiten und Variationen

Wie die nachfolgend vorgestellten Varianten zeigen, bieten Walk-around-Aktivitäten eine Möglichkeit, Wortschatz, Grammatik, Landeskunde und sachbezogene Themen zu festigen und zu üben.

Eisbrecher

✎ **Sie brauchen:** Vorlage für Walk-around activities

Mit dieser Variante haben Sie zu Beginn eines Schuljahres einen wirkungsvollen Eisbrecher an der Hand, mit dessen Hilfe die Schüler einander besser kennenlernen. Stellen Sie Fragen nach dem „Find someone who ..."-Muster wie in den Beispielen in der Vorlage.

Je seltsamer und aufschlussreicher die Fragen, desto besser. Sie wecken das Interesse der Schüler an der Übung und fördern die Bereitschaft, sich auszutauschen. Schreiben Sie in jede Zelle der Vorlage eine Aussage. Bei ihrer Wanderung durch das Klassenzimmer notieren die Schüler die Namen derjenigen in der entsprechenden Zelle, auf die eine Aussage zutrifft.

Möglichkeit 1

Abb. 6.5 Vorlage für „Walk-around activities"

Download

Find someone who ...

... likes to eat pizza for breakfast			
... has a poodle	...		
... likes to golf	... doesn't like liver		
... has been to Africa	... knows an English greeting		

Vorgaben durch den Lehrer

✎ **Sie brauchen:** Vorlage für Walk-around activities

Schreiben Sie vor Beginn der Übung eine Frage in jede Zelle der Vorlage. Fordern Sie die Schüler auf, durch den Raum zu gehen und ihren Mitschülern alle Fragen auf der Vorlage zu stellen. Sie notieren die Antworten und vielleicht auch die dazugehörigen Namen der Mitschüler in den entsprechenden Zellen der Tabelle. Anschließend schreiben Sie die Informationen, die die Schüler zusammengetragen haben, an die Tafel oder auf eine OHP-Folie und stellen weitere Fragen zu den Ergebnissen. Auf diese Weise lassen sich sowohl Fragen und Antworten auf Englisch als auch Wortschatz, Grammatik, inhaltsbezogene und landeskundliche Themen üben.

Fragen der Schüler

✎ **Sie brauchen:** Papier oder eine 3x3-Tabelle

Um die Schüler aktiver einzubinden, bitten Sie sie, selbst Fragen zu formulieren. Geben Sie ihnen eine Tabelle mit 4x4 Zellen, oder lassen Sie sie ein Blatt Papier so falten, dass 16 Rechtecke entstehen. Die Schüler schreiben 16 Fragen (eine Frage pro Rechteck), lassen aber auch Platz für Antworten. Kontrollieren Sie, ob alles richtig geschrieben ist, und lassen Sie sie dann durch den Raum gehen, um die Fragen zu stellen und die Antworten festzuhalten.

Eisbrecher-Bingo

✎ **Sie brauchen:** Vorlage für Walk-around activities

Präsentieren Sie den Schülern eine Kombination aus Eisbrecher und Bingo als Walk-around-Übung. Sie eignet sich auch als Namen-Bingo am Beginn eines Schuljahres. Geben Sie das „Find someone who ..."-Muster oder einen anderen Fragentyp vor. Auf dem Bingobrett notieren die Schüler den Namen desjenigen, der die Frage beantwortet hat. Wenn Sie mit den Schülernamen Bingo spielen wollen, nehmen Sie zum Ausrufen der Namen am besten den Sitzplan oder schreiben sie auf Karteikarten.

Bingo mit wichtigen Fragen

✎ **Sie brauchen:** Vorlage für Walk-around activities

Überlegen Sie sich im Vorfeld, welche Fragen die Schüler beantworten sollen. Schreiben Sie z.B. Fragen wie „What time is it?" und „What is the weather like?" auf alle Bingobretter (pro Zelle eine Frage), bis alle Zellen beschriftet sind. Bereiten Sie zu jeder Frage eine Antwort vor, die Sie auf eine eigene Karteikarte schreiben. Manche Antwortkarten kann es doppelt geben, damit jeder Schüler eine Antwortkarte erhält. Zu Beginn der Übung geben Sie jedem Schüler zusätzlich ein mit Fragen bestücktes Bingobrett. Die Schüler gehen nun durch den Raum und stellen ihren Mitschülern eine beliebige Frage von ihrem Bingobrett. Wenn einer seinen Mitschüler fragt: „What time is it?", und der andere hat eine Wetterangabe als Antwortkarte, dann sollte er mit „I don't know" antworten. Wenn der Fragensteller dann als Nächstes die Frage: „What is the weather like?" stellt, kann sein Gegenüber mit der Wetterangabe antworten. Der Fragensteller notiert die Antwort zu seiner Frage in der entsprechenden Zelle des Bingobretts sowie den Namen des Antwortgebers. Eventuell kann er auch noch ein Bild dazu malen. Anschließend stellt der andere Mitschüler Fragen, bis er eine Antwort vom ersten Schüler erhält. Danach trennt sich das Paar, und jeder sucht sich einen neuen Mitschüler, von dem er eine passende Antwort zu bekommen versucht.

Wenn alle ihre Bingobretter ausgefüllt haben, sammeln Sie die Antwortkarten ein und bitten die Schüler, sich wieder an ihre Tische zu setzen. Beginnen Sie nun mit dem Ausrufen. Sobald ein Schüler drei Felder in einer Reihe (horizontal, vertikal oder diagonal) markiert hat, ruft er „Bingo!".

Weitere Themenbeispiele

➡ Utensilien für die Schule
➡ Speisen
➡ Fragen mit wichtigen Fragewörtern
➡ Fragen in der Vergangenheitsform
➡ Fragen zu Australien, nachdem die Schüler sich mit diesem Thema beschäftigt haben
➡ Fragen zu Sachen, die die Schüler gerne oder nicht gerne machen
➡ ...

What is it?

⇨ **Ziel** Fragen zu einem Gegenstand stellen und beantworten

✎ **Sie brauchen** Gegenstände oder Bilder von Gegenständen, die Sie einführen oder wiederholen möchten

Vorbereitungstipps und Durchführungshinweise

Als Vorbereitung sammeln Sie Gegenstände oder Bilder von Gegenständen, die Sie einführen oder wiederholen wollen. Setzen Sie sich mit den Schülern in einen Kreis, und machen Sie vor, wie das Spiel ablaufen soll:

Der Schüler rechts (oder links) neben Ihnen fragt: *„What is it?"*
Sie nennen das Wort für den Gegenstand.
Derselbe Schüler fragt dann: *„Is it for me?"*
Sie sagen: *„Yes, it's for you."*

Reichen Sie den Gegenstand oder das Bild an den Schüler weiter. Dieser spielt dieselbe Abfolge von Fragen und Antworten mit seinem Nachbarn durch.

Einsatzmöglichkeiten und Variationen

Diese Aktivität eignet sich am besten für die Wortschatzarbeit mit Vokabeln, die sich veranschaulichen lassen, entweder durch Gegenstände oder durch Bilder. Nehmen Sie auch Dinge, wie ein Gummihuhn oder eine Plastikspinne, in Ihre Kollektion auf, das hat normalerweise einen belebenden Effekt. An den mündlichen Teil der Übung können Sie eine schriftliche Aufgabe anschließen: Legen Sie alle Gegenstände gut sichtbar auf einen Tisch, und bitten Sie die Schüler, Sätze, Fragen, einen kurzen Text oder einen Dialog zu schreiben, in dem möglichst viele Gegenstände vorkommen. Die Sätze und Fragen eignen sich für Sprachanfänger, während Text oder Dialog eine gute Aufgabe für fortgeschrittenere Schüler sind.

Variante 1

Wurfübung

✎ **Sie brauchen:** verschiedene Gegenstände

Statt die Gegenstände der Reihe nach durch den Kreis zu reichen, werfen Sie sie irgendeinem Schüler zu. Das zwingt alle Teilnehmer zu größerer Aufmerksamkeit, weil sie nicht wissen, in welche Richtung der nächste Gegenstand fliegt.

Variante 2

Weitere Gegenstände hinzufügen

✎ **Sie brauchen:** verschiedene Gegenstände

Wenn die Schüler den Ablauf von Fragen und Antworten gut eingeübt haben, bringen Sie nach und nach mehr Gegenstände in Umlauf. Irgendwann geraten die Schüler oder die Gegenstände durcheinander – dann ist es Zeit, aufzuhören.

Weitere Themenbeispiele

➥ Bauernhoftiere (nehmen Sie Stofftiere oder Spielzeugfiguren, falls Sie welche haben)

➥ Utensilien für die Schule

➥ Kleidung

➥ Körperpflegeartikel

➥ Verkehrsmittel (Spielzeugauto, Miniatur-Doppeldecker etc.)

➥ Speisen und Nahrungsmittel (nehmen Sie z.B. Holz- oder Plastikgemüse oder Sachen aus dem Kinderkaufladen)

➥ Farben

➥ Formen

➥ ...

Zoo animals

⇨ **Ziel** Tiere an ihren typischen Geräuschen erkennen

✎ **Sie brauchen** Papierstreifen, auf denen jeweils der Name
eines Tieres steht

Vorbereitungstipps und Durchführungshinweise

Diese Aktivität lässt sich als Eisbrecher oder als Wiederholungsübung für
Tiernamen einsetzen. Jeder Tiername erscheint auf drei Streifen. Vergewissern Sie sich, dass Sie genug Papierstreifen für alle Schüler haben. Geben
Sie jedem Schüler einen Papierstreifen mit einem Tiernamen darauf. Erklären Sie ihnen, dass sie aufstehen, die Augen schließen und das Tier nach-
ahmen sollen. Gleichzeitig horchen sie auf Tierlaute, die sich so ähnlich
anhören, und bahnen sich vorsichtig einen Weg zu den Schülern, die diese
Laute machen. Wenn sich alle 3er-Gruppen gefunden haben – oder meinen,
gefunden zu haben –, dürfen sie die Augen öffnen, den Namen ihres Tieres
nennen und die Papierstreifen vergleichen. Sie können diese Aktivität auch
einsetzen, um die Klasse für folgende Aufgaben in 3er-Gruppen zu unterteilen.

Weitere Themenbeispiele

➡ Geräusche, die man mit bestimmten Berufsgruppen verbindet
(Schreiner, Klempner, Lehrer, Sekretärin, Krankenschwester ...)
➡ Geräusche, die man mit bestimmten Orten verbindet (Küche, Auto-
werkstatt, Zoo, U-Bahn, Flughafen ...)
➡ Geräusche von verschiedenen Verkehrsmitteln
➡ Geräusche von Küchengeräten oder anderen Haushaltsgeräten
➡ ...

Spiele 7

Name der Übung und kurze Erläuterung	Seite	Lerninhalte				Art der Kommunikation	
		Wo	Gr	In	La	mündlich	schriftlich
20 questions Ein Schüler geht vor die Tür, während die anderen sich auf einen Gegenstand oder Mitschüler einigen, der erraten werden muss. Der Zurückkehrende kann bis zu 20 Ja/Nein-Fragen stellen, um das Geheimnis zu lüften.	172	•	•			•	•
Apples to apples Bereiten Sie Karten mit je einem Adjektiv bzw. einem Nomen vor. Die Schüler bilden Gruppen, und jeder erhält fünf Nomen-Karten. Ein Rundenrichter deckt eine Adjektiv-Karte auf. Die anderen müssen entscheiden, welches ihrer Nomen am besten zu diesem Adjektiv passt. Der Rundenrichter sucht die beste Kombination aus und vergibt einen Punkt an denjenigen, der das Nomen „geliefert" hat.	174	•		•	•	•	•
Around the world Bei diesem Wettbewerb treten Schüler gegeneinander an. Wer die richtige Antwort auf eine Frage oder Übersetzung zu einem deutschen Wort/Satz weiß, gewinnt und tritt gegen einen Schüler in der nächsten Bankreihe an.	175	•	•	•	•	•	
Battleship Mit Hilfe von Koordinaten versucht ein Schüler, die Position der gegnerischen Schiffe herauszufinden und sie zu versenken. Wer das als Erster schafft, gewinnt.	176	•	•	•		•	•
Bingo Die Schüler zeichnen Bilder oder schreiben Wörter in ein 5x5-Raster. Der Lehrer ruft das Wort aus, und wer fünf in einer Reihe hat, ruft „Bingo!".	178	•	•	•	•		

Wo = Wortschatz   Gr = Grammatik   In = Inhalt   La= Landeskunde

Name der Übung und kurze Erläuterung	Seite	Lerninhalte				Art der Kommunikation	
		Wo	Gr	In	La	mündlich	schriftlich
Board games Suchen Sie Brettspiele, die die Schüler im Unterricht auf Englisch spielen können, machen Sie selbst welche, oder ermuntern Sie die Schüler, sich welche auszudenken.	181	•	•	•	•	•	•
Board races Teilen Sie die Klasse in Gruppen zu fünf oder sechs Schülern ein. Sie müssen nacheinander zur Tafel laufen und Konjugationen, Vokabeln usw. anschreiben. Die Punktevergabe richtet sich danach, ob die Antworten richtig sind und wie schnell ein Team war.	183	•	•	•	•		•
Buzz Ein Spiel zum Zahlenüben. Die Schüler zählen der Reihe nach und müssen „Buzz!" sagen, wenn sie an ein Vielfaches von 7 geraten.	184	•				•	•
Can you say it? Schülergruppen versuchen, unbekannte Wörter auszusprechen, die an der Tafel stehen.	185	•	•	•	•	•	•
Card stack challenge Bereiten Sie drei Kartenstapel vor. Jeder Stapel steht für ein anderes Satzglied. Die Schüler versuchen, gemeinsam einen Satz mit den Wörtern zu bilden, die sie mit den Karten ziehen.	186	•	•	•	•	•	•
Casino Der Lehrer bereitet einen Fragenkatalog zu einem zu wiederholenden Thema vor. Bevor sie die nächste Frage zu Gesicht bekommen, schließen die Schüler Wetten ab, ob sie sie richtig beantworten können.	188	•		•	•		•

Wo = Wortschatz   Gr = Grammatik   In = Inhalt   La= Landeskunde

Name der Übung und kurze Erläuterung	Seite	Lerninhalte				Art der Kommunikation	
		Wo	Gr	In	La	mündlich	schriftlich
Category tag Die Schüler spielen Fangen. Zum „Auftauen" müssen sie ein Wort aus einem bestimmten Wortfeld nennen.	190	•		•	•	•	
Charades Die Schüler setzen ein Wort oder eine Situation szenisch um. Die Zuschauer raten auf Englisch, bevor die Zeit abgelaufen ist. Als Klasse, mit zwei Mannschaften oder in kleinen Gruppen spielbar.	191	•	•	•	•	•	
Circumlocution game Die Schüler bilden zwei Mannschaften. Einer umschreibt ein Wort, das seine Teamkollegen raten müssen. Raten sie richtig, bekommt die Mannschaft einen Punkt.	193	•	•	•	•	•	
College quiz bowl Die Schüler bilden zwei Mannschaften. Der Lehrer stellt Fragen. Wer als Erster die Hand hebt, um die Frage zu beantworten, kann einen Punkt für seine Mannschaft gewinnen.	194	•	•	•	•	•	
Connect four Die Schüler spielen zu zweit oder in Gruppen. Auf einem Raster, das dem Spiel „Vier gewinnt" nachempfunden ist, müssen die Schüler so auf eine Frage antworten, dass die Antwort ein Element aus einer Spalte und eines aus einer Reihe enthält. Ist die Antwort richtig, darf die Gruppe den Punkt für sich markieren, an dem sich die Koordinaten treffen. Das Ziel ist es, vier Richtige in einer Reihe zu bekommen und gleichzeitig die Gegner zu blockieren.	196	•	•			•	

Wo = Wortschatz   Gr = Grammatik   In = Inhalt   La = Landeskunde

Name der Übung und kurze Erläuterung	Seite	Lerninhalte				Art der Kommunikation	
		Wo	Gr	In	La	mündlich	schriftlich
Continuation Die Schüler bilden einen Kreis und bekommen jeder ein Verb oder eine andere Vokabelkarte. Sie zeigen sich zunächst gegenseitig ihre Verben. Die Runde beginnt damit, dass ein Schüler einen Satz bildet, in dem sowohl das eigene Verb als auch das Verb eines anderen Schülers enthalten ist. Wer einen schlüssigen Satz bildet, darf sich setzen. Die anderen Schüler spielen weiter.	198	•	•			•	
Dress up! Bei diesem Spiel müssen die Schüler die Kleidungsstücke anziehen, die ihnen von einem Mitglied des gegnerischen Teams aus der Klamottenkiste zugeteilt werden. Sie müssen die Sachen benennen, die sie tragen.	200	•	•			•	•
Five Teilen Sie die Klasse in zwei Gruppen auf. Das Ziel des Spiels ist es, Fragen richtig zu beantworten und dadurch Punkte zu gewinnen. Aus jeder Gruppe stellen sich fünf Schüler in einer Reihe auf, es sei denn, eine Frage wird nicht richtig beantwortet. Für jeweils fünf Schüler, die eine korrekte Antwort geben, gibt es einen Punkt für die Gruppe. Wenn jemand nicht richtig antwortet, bekommt die gegnerische Gruppe zwei Punkte. Das gilt auch, wenn jemand schummelt.	201	•	•	•	•	•	

Wo = Wortschatz   Gr = Grammatik   In = Inhalt   La = Landeskunde

Name der Übung und kurze Erläuterung	Seite	Lerninhalte				Art der Kommunikation	
		Wo	Gr	In	La	mündlich	schriftlich
The flyswatter game Schreiben Sie die Wörter, die geübt werden sollen, an die Tafel (oder hängen Sie entsprechende Bilder auf), oder projizieren Sie sie per OHP/Beamer an die Wand. Die Schüler bilden zwei Gruppen. In jeder Gruppe bekommt einer eine Fliegenklatsche. Sie rufen ein deutsches Wort aus, und die Schüler müssen so schnell wie möglich auf die Übersetzung an der Tafel/Wand schlagen, um einen Punkt zu gewinnen (bei Bildern rufen sie das englische Wort aus).	202	•	•	•	•		•
Go fish! Erstellen Sie Kartenpaare, auf denen jeweils ein Wort und ein entsprechendes Bild erscheinen. Jeder Spieler nimmt sich fünf bis sieben Karten. Die Schüler fragen sich gegenseitig, ob ein anderer eine Karte hat, die zu einer von denen passt, die er in der Hand hält. Wenn das der Fall ist, muss der andere seine Karte abgeben. Wenn er keine passende Karte hat, darf er stattdessen seine Mitspieler nach Karten fragen. Wer am Ende die meisten Paare hat, gewinnt.	203	•	•	•	•	•	
The guessing game Die Schüler bilden zwei Gruppen, jede Gruppe schickt ein Mitglied aus dem Raum. Der Rest überlegt sich einen Gegenstand, den sie erraten müssen, indem sie Fragen nach den Einsatzmöglichkeiten dieses Gegenstandes stellen.	206		•			•	

Wo = Wortschatz   Gr = Grammatik   In = Inhalt   La = Landeskunde

Name der Übung und kurze Erläuterung	Seite	Lerninhalte				Art der Kommunikation	
		Wo	Gr	In	La	mündlich	schriftlich
Hot potato sentences Die Schüler bilden einen Kreis. Der Schüler mit dem Ball beginnt. Er sagt das erste Wort eines Satzes und gibt den Ball weiter an seinen Nachbarn. Dieser wiederholt das erste Wort und fügt ein weiteres an. Machen Sie so lange weiter, bis man kein Wort mehr sinnvoll anfügen kann, und beginnen Sie einen neuen Satz.	207	•	•			•	•
Lable it in time Die Schüler finden Wort-Bild-Paare und arbeiten dabei gegen die Zeit.	208	•	•	•	•		•
Off to the races! Die Schüler bilden mehrere Gruppen, die in einem Pferderennen gegeneinander antreten. Sie beantworten die Fragen des Lehrers, überlegen gemeinsam und schreiben die Antworten auf Mini-Tafeln. Wenn die Frage richtig beantwortet wird, rückt die Mannschaft einen Platz auf der „Rennbahn" weiter. Die Mannschaft, deren Rennpferd die Ziellinie als Erster erreicht, gewinnt.	210	•	•	•	•	•	•
Oh no! Die Schüler bilden zwei Mannschaften und beantworten Fragen des Lehrers zu einem beliebigen Thema. Alle schreiben die Antworten auf ihre Mini-Tafel, überlegen gemeinsam, und dann präsentiert der Gruppensprecher die beste Antwort. Für jede korrekte Antwort gibt es Punkte. Es gibt allerdings auch „Nieten"-Fragen, bei denen man alle Punkte wieder verlieren kann.	211	•	•	•	•	•	•

Wo = Wortschatz   Gr = Grammatik   In = Inhalt   La= Landeskunde

Name der Übung und kurze Erläuterung	Seite	Wo	Gr	In	La	mündlich	schriftlich
		\ Lerninhalte				Art der Kommunikation	

Name der Übung und kurze Erläuterung	Seite	Lerninhalte Wo	Gr	In	La	Art der Kommunikation mündlich	schriftlich
Pictionary® Die Schüler malen abwechselnd Begriffe auf, die die Mitglieder ihres Teams erraten müssen.	212	•	•	•	•	•	
Presents Die Schüler sammeln Geschenkideen sowie Dinge, die jemand gerne macht, auf Karteikarten. Die Klasse wird in vier Gruppen eingeteilt, und jeder Schüler bekommt eine Karteikarte mit einer Geschenkidee. Der Lehrer liest die Vorliebe einer Person vor, und die Schüler versuchen, das passendste Geschenk zu finden.	213	•	•	•	•	•	•
Ring a word Geben Sie ein deutsches Wort vor. Schüler von konkurrierenden Mannschaften kommen an die Tafel und versuchen, so schnell wie möglich das englische Gegenstück zu finden und es zu umkringeln. Schreiben Sie jedes Wort zweimal auf, und geben Sie den Teams unterschiedlich farbige Kreide oder Stifte. Punkte gehen an den Ersten, der das Wort umkringelt, oder an beide Teams dafür, dass sie das Wort gefunden haben.	216	•	•	•	•		•
Row races Die Schüler bilden Reihen. Jede Reihe stellt eine Mannschaft dar und bekommt eine Mini-Tafel. Der Lehrer bittet den ersten Schüler, eine Aufgabe zu erfüllen, z.B. eine Verbkonjugation. Der Schüler schreibt die Konjugation und gibt die Tafel weiter an den nächsten in der Reihe. Die Schüler fügen die Formen hinzu, bis die Tabelle vollständig ist. Punkte gibt es für korrekte Antworten.	217	•	•	•	•		•

Wo = Wortschatz   Gr = Grammatik   In = Inhalt   La= Landeskunde

Name der Übung und kurze Erläuterung	Seite	Lerninhalte				Art der Kommunikation	
		Wo	Gr	In	La	mündlich	schriftlich
Scattergories® Teilen Sie die Schüler in Gruppen oder Paare auf, geben Sie ihnen einen Buchstaben vor, und lassen Sie sie möglichst viele Wörter aufschreiben, die mit diesem Buchstaben beginnen. Schüler mit größerem Wortschatz können sich dabei auch auf Begriffe aus einem bestimmten Wortfeld beschränken.	219	•		•	•		•
Scrabble® Die Schüler spielen eine Variante des traditionellen Scrabble®-Spiels. Sie bilden Wörter und schreiben sie in ein Scrabble®-Raster.	221	•	•	•	•		•
Simon says Die Schüler üben Anweisungen und Aktionsverben, indem sie das machen, was Simon sagt. Wenn jedoch vor der Aufforderung nicht „Simon says" gesagt wird und die Schüler die geforderte Bewegung trotzdem durchführen, sind sie für den Rest der Runde ausgeschieden.	221	•				•	•
Spud Jeder Schüler bekommt eine Zahl zugeordnet, die er sich merken muss. Die Schüler bilden einen Kreis, und einer von ihnen kommt in die Mitte. Er ruft eine Zahl aus, und der Schüler mit dieser Zahl muss in den Kreis laufen, den Ball fangen und „Spud!" rufen. Alle anderen versuchen, wegzulaufen, doch sobald „Spud!" gerufen wird, müssen sie stehen bleiben. Der Schüler mit dem Ball darf drei Schritte machen, um jemanden mit dem Ball abzuwerfen. Gelingt das nicht, bekommt er einen Straf-Buchstaben. Wer alle vier Buchstaben von „Spud" hat, ist ausgeschieden.	224	•	•	•	•	•	

Wo = Wortschatz   Gr = Grammatik   In = Inhalt   La = Landeskunde

Name der Übung und kurze Erläuterung	Seite	Lerninhalte				Art der Kommunikation	
		Wo	Gr	In	La	mündlich	schriftlich
Tic-tac-toe Die Schüler bilden Paare. Einer von beiden bekommt das X, der andere das O zugeordnet. Jeder schreibt eine Antwort auf eine Frage des Lehrers auf. Wenn X an der Reihe ist und eine richtige Antwort aufschreibt, darf er ein X in das Spielfeld machen. Wenn X falsch antwortet, O aber richtig, kann O den Punkt gewinnen und ein O in das Spielfeld setzen. Sobald ein Schüler drei X bzw. drei O in einer Reihe hat, hat er gewonnen.	**225**	•	•	•	•		•
There's no subject Die Schüler bekommen einen Aussagesatz oder eine Frage ohne Subjekt. Um einen Punkt für ihr Team zu gewinnen, müssen sie herausfinden, was das Subjekt ist.	**227**	•		•	•	•	•
Verb war Schülerpaare bekommen einen Kartenstapel mit Zeiten und einen mit Infinitiven. Sie legen die Karten mit der Schrift nach unten auf den Tisch, nehmen eine Karte von jedem Stapel, und wer als Erster die richtige Verbform nennt, bekommt den Punkt.	**228**	•	•			•	•
Vocabulary puzzles Erstellen Sie ein Vokabelpuzzle, bei dem die Schüler englische Wörter und ihre deutsche Übersetzung aneinanderlegen müssen.	**229**	•	•	•	•	•	•
What do you remember? Stellen Sie zwei Listen mit Informationen zusammen, die die Schüler wiederholen sollen. Jede Frage hat einen anderen Punktwert. Die Schüler bilden zwei Mannschaften, die einander abwechselnd die Fragen stellen. Die Punkte werden z.B. nach dem Schwierigkeitsgrad der Fragen vergeben.	**232**	•		•	•	•	•

Wo = Wortschatz   Gr = Grammatik   In = Inhalt   La = Landeskunde

Name der Übung und kurze Erläuterung	Seite	Lerninhalte				Art der Kommunikation	
		Wo	Gr	In	La	mündlich	schriftlich
What's in the bag? Legen Sie Gegenstände in einen Beutel, die die Schüler ertasten und beschreiben sollen. Sie stecken abwechselnd die Hand hinein und raten, was sich in dem Beutel befindet.	233	●	●	●	●	●	●
Word race game Geben Sie den Schülerr verschiedene Buchstabenkombinatinoen. In Gruppen versuchen sie, aus diesen Buchstaben so viele Wörter wie möglich zu legen.	234	●					●

Wo = Wortschatz   Gr = Grammatik   In = Inhalt   La= Landeskunde

20 questions

> ⇨ **Ziel** Ja/Nein-Fragen stellen und beantworten, die Namen der
> Mitschüler und die Wörter für typische Klassenzimmer-Gegenstände
> wiederholen
>
> ✎ **Sie brauchen** keine Materialien für die Originalversion des Spiels,
> bei Variationen können jedoch Utensilien nötig sein

Vorbereitungstipps und Durchführungshinweise

Schicken Sie ein oder zwei Schüler vor die Tür, während die anderen sich
auf einen weiteren Mitschüler oder einen Gegenstand im Raum einigen,
den der/die abwesende(n) Schüler später durch Ja/Nein-Fragen heraus-
bekommen muss/müssen. Helfen Sie am Anfang mit zwei Beispielfragen:
„Is it an object?", „Is it a person?" Sie können eine bestimmte Art der
Frage festlegen, z.B. Fragen, in denen Adjektive vorkommen, Fragen zur
Funktion des Gegenstandes oder Sachen, die der zu erratende Mitschüler
gerne macht. Wer nicht mehr als 20 Fragen braucht, um die Antwort zu
raten, gewinnt. Loben Sie einen Preis aus, wenn Sie möchten.

Einsatzmöglichkeiten und Variationen

Dieses Spiel lässt sich vor allem einsetzen, wenn die Schüler lernen, Ja/
Nein-Fragen auf Englisch zu stellen und zu beantworten. Sie können dem
Fragensteller die Sache etwas einfacher machen, indem Sie die Auswahl
der zu ratenden Gegenstände auf gut sichtbare Dinge beschränken oder
auf solche, die kürzlich im Unterricht vorgekommen sind.

In kleinen Gruppen spielen

✎ **Sie brauchen:** Kartenstapel mit Nomen (Leute, Orte, Dinge)
Lassen Sie die Schüler paarweise gegeneinander antreten. Geben Sie jedem
Paar einen Stapel mit Karten, auf dem Wörter aus den Wortfeldern „Leute",
„Orte" und „Dinge" stehen. Ein Partner nimmt eine Karte auf. Ein Partner
des gegnerischen Paares hat eine Minute Zeit, mit Hilfe von Ja/Nein-Fragen
das Wort auf der Karte zu erraten. Für jedes richtig erratene Wort gibt es
einen Punkt. Um Zeit zu sparen, lassen Sie eine Schülergruppe die Karten
für eine andere Schülergruppe anfertigen. Wenn Ihre Schüler gerne Wett-

Variante 1

bewerbe austragen, ermuntern Sie sie, Karten mit schwierigeren Wörtern zu schreiben, und loben Sie einen Preis für den Gewinner aus.

Wichtige Fragen üben

✎ **Sie brauchen:** Listen mit Fragen und entsprechende Lösungsblätter mit Antworten

Teilen Sie die Klasse in 4er-Gruppen, und lassen Sie innerhalb der Gruppen ein Zwei-gegen-Zwei-Duell ausfechten. Geben Sie jedem Schülerpaar eine der Listen mit Fragen, die sie üben sollen. Jedes Paar braucht einen anderen Fragenkatalog sowie ein Lösungsblatt mit den passenden Antworten. Das erste Schülerpaar stellt den beiden anderen in der Gruppe die Fragen auf seiner Liste. Die Befragten haben 15 Sekunden Zeit, die Fragen zu beantworten. Ist die Antwort falsch, bekommen die Fragensteller den Punkt. Ist die Antwort richtig, geht der Punkt an die Befragten. Bei einer falschen Antwort sollte das fragende Paar dem anderen die richtige Antwort nennen.

Weitere Themenbeispiele

➡ Schulutensilien
➡ Bilder und Vokabelkarten zur aktuellen Lektion
➡ Dinge im Klassenzimmer, z.B. Türen, Fenster, Poster oder Flaggen an den Wänden
➡ Lustige Sachen aus der Requisitenkiste, auf dem Tisch des Lehrers oder im Klassenschrank
➡ ...

Apples to apples

⇨ **Ziel** Nomen und Adjektive üben und verknüpfen sowie entscheiden, welche die beste Kombination aus Nomen und Adjektiv in einer bestimmten Situation ist

✎ **Sie brauchen** einen Kartensatz mit Adjektiven und einen mit Nomen

Vorbereitungstipps und Durchführungshinweise

Bereiten Sie einen Kartensatz mit Adjektiven und einen mit Nomen vor. Am besten nehmen Sie Karten in zwei unterschiedlichen Farben, um die Wortarten auch visuell unterscheidbar zu machen. Für eine Zeit sparende Möglichkeit, die Karten herzustellen, bietet es sich an, eine Tabelle zu erstellen und in jede Zelle ein Adjektiv zu schreiben. Sie können auch die Spielkartenvorlagen aus diesem Buch verwenden. Drucken Sie alle Adjektivkarten auf farbige Pappe, und schneiden Sie sie aus. Mit den Nomen machen Sie es ebenso.

Für das Spiel bilden die Schüler 3er- bis 8er-Gruppen. Geben Sie den Schülern die Karten, weisen Sie sie aber an, die Adjektivkarten auf dem Tisch zu lassen. Ein Schüler pro Gruppe übernimmt die Rolle des Rundenrichters, er darf in dieser Runde nicht mitspielen. In der nächsten Runde ist ein anderer Schüler an der Reihe. Der Rundenrichter teilt jedem Schüler fünf Nomenkarten aus und dreht dann eine Adjektivkarte um. Die Schüler suchen aus ihrer Auswahl an Nomen dasjenige heraus, das am besten zu dem Adjektiv passt. Dieses legt er vor sich auf den Tisch, der Rundenrichter bewertet die beste Kombination und gibt die Adjektivkarte und einen Punkt an den Schüler, der das Nomen beigesteuert hat. Der Schüler zur Linken des Rundenrichters übernimmt seine Funktion in der nächsten Runde und verteilt neue Nomen an die Mitspieler. Das Spiel kann beliebig ausgedehnt werden. Wer am Schluss die meisten Adjektivkarten vorweisen kann, gewinnt.

Einsatzmöglichkeiten und Variationen

Die Beschränkung auf Nomen und Adjektive macht dieses Spiel grammatisch nicht besonders ergiebig. Man kann jedoch auch Subjekte und Verben in der Infinitivform als die beiden Wortkategorien wählen. In diesem Fall bekommen die Schüler die Subjektkarten ausgeteilt, während der Runden-richter die Infinitivkarten umdreht. Lassen Sie die Schüler den witzigsten Satz aufschreiben, den sie mit ihren beiden Wörtern bilden können. Statt eine Subjektkarte auf den Tisch zu legen, geben die Schüler ihren Satz an den Rundenrichter, der den witzigsten Satz mit einem Punkt prämiert. Lassen Sie die Schüler den Satz aussuchen, den sie am lustigsten fanden, und bitten Sie sie, ihn in einen kleinen Text oder eine kurze Geschichte einzubauen.

Weitere Themenbeispiele

➡ Nomen-Adjektiv-Kombinationen aus Berufen und charakteristischen Adjektiven
➡ Nomen-Adjektiv-Kombinationen mit Gegenständen und Adjektiven, die Größe, Alter, Qualität, Oberflächenbeschaffenheit usw. beschreiben
➡ Subjekt-Infinitiv-Kombinationen mit Verben in einer bestimmten Zeitform und einer Reihe interessanter Gegenstände
➡ ...

Around the world

⇨ **Ziel** Fragen beantworten
✎ **Sie brauchen** Question-Flashcards

Vorbereitungstipps und Durchführungshinweise

Für dieses Spiel bedarf es keiner besonderen Vorbereitung. Der beginnende Schüler stellt sich neben einen anderen Mitschüler. Halten Sie eine Flash-card mit einer Frage hoch. Wer die Frage als Erster beantwortet, gewinnt die Runde. Ist der Gewinner der stehende Schüler, so geht er weiter und stellt sich hinter den nächsten Schüler. Wenn der sitzende Schüler gewinnt, steht er auf und nimmt den Platz des stehenden Schülers ein. In diesem Fall setzt sich der Verlierer an seinen Platz. Um zu gewinnen, muss ein Schüler eine ganze Runde durch das Klassenzimmer drehen und dann zum

Ausgangspunkt zurückkehren. Diese Aktivität eignet sich wunderbar, um die letzten Minuten vor Stundenschluss auszufüllen. Und Sie haben eine weitere Einsatzmöglichkeit für die Flashcards, die Sie angefertigt haben.

Einsatzmöglichkeiten und Variationen

Mit diesem Spiel können Sie Wortschatz, Grammatik, Landeskunde und sachbezogene Themen üben. Jede Art von Frage, die auf eine Flashcard passt und eine kurze Antwort erfordert, ist geeignet.

Themenauswahl

➡ beliebiger Wortschatz
➡ Schriftsteller und ihre Bücher
➡ Matheaufgaben, um Zahlen zu üben
➡ Fragen zur Landeskunde, z.B. zu Festen und Feiertagen
➡ Konjugationstraining mit einer Zeitangabe und einem Verb
➡ ...

Battleship

⇨ **Ziel** Vokabeln verwenden und wiederholen, Verben im Zusammenhang mit bestimmten Zeitformen konjugieren, Subjekt und Prädikat kombinieren, Possessivbegleiter und Nomen kombinieren
✎ **Sie brauchen** „Battleship"-Vorlage (s. Abb. 7.1 auf S. 177)

Vorbereitungstipps und Durchführungshinweise

Beim „Schiffeversenken" geht es natürlich darum, die Schiffe des Gegners zu treffen. Teilen Sie die Klasse in kleine Gruppen, und geben Sie jedem Schüler ein Spielfeld aus Kästchen, auf dem er vier unterschiedlich große Schiffe versteckt. Die Partner versuchen, die Schiffspositionen mit Hilfe der Koordinaten des Kästchenrasters herauszufinden (s. Vorlage).

Abb. 7.1 „Battleship"-Vorlage

Download

Battleship

	to wake up early	to shower	to brush one's hair	to eat breakfast	to go to school	to do homework	to eat supper	to watch television	to go to bed	to sleep
simple present										
present progressive										
simple past										
past progressive										
present perfect										
present perfect progressive										
past perfect										
past perfect progressive										
future										
conditional										

Submarine:

Destroyer:

Battleship:

Aircraft carrier:

Write the guesses you and your partner made in the spaces provided.

My guesses:
1.
2.
3.

My partner's guesses:
1.
2.
3.

Einsatzmöglichkeiten und Variationen

Setzen Sie dieses Spiel zur Wiederholung von grammatischen Themen ein. Setzen Sie z.B. in die linke Spalte Zeitangaben und in die obere Reihe Infinitivformen ein. Jeder Schüler positioniert nun seine Schiffe in dem Raster. Der Reihe nach müssen die Schüler zum Tippen auf eine bestimmte Koordinate das Verb passend zur Zeitform konjugieren. Gehen Sie während des Spiels durch den Raum, kontrollieren Sie, ob die Konjugationen korrekt sind, und bieten Sie gegebenenfalls Ihre Hilfe an. Auf der „Battleship"-Vorlage notieren die Schüler ihre Sätze, mit denen sie geraten haben. Das Spiel lässt sich auch für beliebige Wortschatzübungen einsetzen, z.B. für einzelne Farb- oder Zahlwörter oder für komplexere Kombinationen, bei denen sie Wörter für Wetter und Monatsnamen verwenden und Sätze bilden, wie „The weather is nice in January".

Weitere Themenbeispiele

➡ Zeitangaben und Verben (regelmäßig und unregelmäßig)
➡ Possessivbegleiter und Gegenstände
➡ Nomen-Adjektiv-Kongruenz
➡ Farben und Zahlen
➡ Wetter und Monatsnamen
➡ ...

Bingo

⇨ **Ziel** eine englische Vokabel einem Bild oder einem deutschen Wort zuordnen

✎ **Sie brauchen** eine 5x5-Bingobrett-Vorlage und Abdeckplättchen (s. Abb. 7.2 auf S. 180)

Vorbereitungstipps und Durchführungshinweise

Dies ist ein bewährter Favorit im Fremdsprachenunterricht. Bei den traditionellen Bingobrettern steht „Bingo" über den Spalten, und in den 25 Kästchen, aus denen das Bingobrett besteht, steht jeweils eine Zahl. Die Schüler hören die Zahlen auf Englisch und legen ein Plättchen in das Kästchen, in dem die Zahl steht. Wer eine vertikale, horizontale oder diagonale 5er-Reihe voll hat, gewinnt. Die Regel kann auch lauten, dass die vier Zahlen in den Ecken oder alle Zahlen auf dem Brett abgedeckt sein müssen.

Einsatzmöglichkeiten und Variationen

Mit Bingo können Sie Wortschatz, sachbezogene und landeskundliche Themen und einige grammatische Strukturen wiederholen. Geben Sie den Schülern fertige Bingobretter oder -raster (natürlich müssen es viele verschieden ausgefüllte Raster sein, damit nicht alle Schüler gleichzeitig „Bingo!" rufen), oder lassen Sie sie selbst anfertigen.

Die Schüler zeichnen ein Bingobrett

Variante 1

✎ **Sie brauchen:** ein 5x5-Bingoraster und Abdeckplättchen

Geben Sie den Schülern das leere Bingoraster. Wiederholen Sie Vokabeln, und lassen Sie sie gleichzeitig ihr Bingobrett anfertigen. Sagen Sie ihnen das Wort, zu dem sie in ein beliebiges Kästchen das passende Bild malen oder die Übersetzung schreiben sollen. Geben Sie ihnen etwas Zeit zum Malen, und machen Sie dann weiter, bis die Schüler alle Wörter illustriert/ übersetzt haben und das Brett voll ist. Verteilen Sie die Abdeckplättchen, und beginnen Sie mit dem Ausrufen. Dazu nehmen Sie entweder die Flashcards, die Sie sowieso schon für die Wortschatzarbeit gemacht haben, oder Sie verwenden Karten, die Sie für das Spiel beschriften. Sie können auch eine Liste mit den Lektionsvokabeln nehmen und die Wörter markieren, die Sie ausrufen. Nehmen Sie für jede Runde ein anderes Symbol zum Markieren, dann können Sie die Vokabelliste mehrmals benutzen.

Walk-around mit mündlicher Frageübung und Bingo

Variante 2

✎ **Sie brauchen:** ein 5x5-Bingoraster

Dieses Spiel eignet sich gut als Kennenlern-Übung zu Beginn eines Schuljahres. Die Schüler nehmen ihr Bingobrett, gehen durch den Raum und fragen andere auf Englisch nach ihrem Namen. Sie notieren die Namen der Mitschüler auf dem Brett, das dann bei einem Bingospiel verwendet wird. Wenn Sie den Namen und einige Informationen über die Schüler auf Karteikarten im DIN-A6-Format festhalten, können Sie sie zum Ausrufen benutzen. Es funktioniert aber natürlich auch einfach mit der Klassenliste.

Abb. 7.2 Vorlage Bingobrett

Bingo!

Board games

⇨ **Ziel** Brettspiele anfertigen und spielen, um gesprochene und
geschriebene Sprache zu üben

✎ **Sie brauchen** die Materialien variieren je nach Spiel;
möglicherweise brauchen Sie:
- Brettspiele aus englischsprachigen Ländern
- Papier (DIN A4 oder größer)
- Pappe
- Laminiergerät
- Filzstifte/Buntstifte
- Spielkarten
- Spielfiguren

Vorbereitungstipps und Durchführungshinweise

Brettspiele lassen sich auf unterschiedliche Weise im Unterricht einsetzen.
Entweder bieten Sie den Schülern typische Brettspiele aus englischsprachigen Ländern für die Zeit nach einer Klassenarbeit oder an speziellen Spiele-
tagen an. Oder Sie denken sich mit den Schülern gemeinsam ganz neue
Spiele aus oder variieren bekannte Brettspiele für Ihre Zwecke. Wenn Sie
selbst etwas gestalten wollen, fertigen Sie am besten eine Kopiervorlage
an, die Sie kopieren, von den Schülern ausmalen lassen und laminieren
können. Für größere Spielvorlagen nehmen Sie entweder ein größeres Pa-
pierformat oder kleben zwei DIN-A4-Blätter zusammen. Auf Pappe ausge-
druckt sind die Spielbretter etwas robuster. Das Ausmalen oder Illustrieren
macht vor allem den künstlerisch interessierten Schülern Spaß, entweder
allein oder in Gruppen. Spielkarten erstellen Sie am einfachsten über die
Tabellenfunktion am PC. Auf diese Weise können Sie ohne großen Aufwand
gleich große Karten gestalten. Lassen die Schüler eine Frage pro Zelle
eingeben. Drucken Sie sie auf unterschiedlich farbigen Pappen aus, um
gegebenenfalls zwischen verschiedenen Fragetypen unterscheiden zu
können. Nehmen Sie z.B. grüne Pappe für Grammatikfragen und rote für
Wortschatzfragen.

Einsatzmöglichkeiten und Variationen

Mit selbstgemachten Brettspielen können Sie Wortschatz, Grammatik, Landeskunde und Inhalt wiederholen. Wenn die Schüler ein Spiel anfertigen, weisen Sie sie darauf hin, dass sie wichtige Themen und Vokabeln der Lektion einfließen lassen sollten, an der sie gerade arbeiten. Geben Sie ihnen klare Vorgaben an die Hand, was Sie von einem solchen Spiel erwarten, und betonen Sie, wie wichtig es ist, alles richtig zu schreiben. Setzen Sie das Spiel später im Schuljahr ein, um Themen aus vorangegangenen Lektionen zu wiederholen.

Themenbeispiele für Brettspiele

➥ einfache Themen wiederholen: Zahlen, Farben, Wochentage, Wetter, Uhrzeit, Datum und einfache Fragen („What is your name?", „How are you?")

➥ Themen und Verben wiederholen, die mit der Schule zu tun haben: Schulutensilien, Leute, die in einer Schule arbeiten, Unterrichtsfächer, Verben und Grammatik, um über die Schule zu sprechen, Uhrzeit, Ordnungszahlen usw.

➥ Wenn Sie eine landeskundliche Lektion über ein englischsprachiges Land abgeschlossen haben, knüpfen Sie mit Ihrem Brettspiel an Dinge an, die Sie besprochen haben: Architektur und berühmte Orte, berühmte Leute (Künstler, Architekten, Musiker, politische Führer, Wissenschaftler usw.), Geschichte, Geografie und Regionen, unterschiedliche Sprachen, typische Eigenarten der Sprachen, Vokabeln und Grammatik zum Thema usw.

➥ Wenn Sie mit den Schülern „Alice's Adventures in Wonderland" gelesen haben, lassen Sie sie ein Spiel mit den wichtigsten Figuren und ihren Eigenarten, den Themen des Buches, wichtigen neuen Vokabeln usw. entwerfen.

➥ ...

Board races

⮕ **Ziel** im Rahmen eines Spiels Konjugationen, Wortschatz oder
Informationen aus einem bestimmten Bereich wiederholen

✎ **Sie brauchen** nichts

Vorbereitungstipps und Durchführungshinweise

Dieses Spiel scheucht die Schüler aus ihren Sitzen und gibt ihnen gleichzeitig die Möglichkeit, ein Thema Ihrer Wahl zu üben. Bilden Sie zunächst
Gruppen mit fünf bis sechs Schülern. Jede Gruppe bekommt eine Nummer
und einen deutlich abgegrenzten Bereich an der Tafel/am Whiteboard
zugewiesen. Um den Spielverlauf zu verdeutlichen, gehen wir davon aus,
dass die Schüler ein bestimmtes Verb konjugieren sollen. Sobald Sie den
Startschuss geben, läuft ein Schüler aus jeder Gruppe los und schreibt die
simple present-Form an die Tafel. Dann läuft jeder zu seiner Gruppe zurück,
reicht die Kreide/den Stift weiter, und die nächsten Schüler machen sich
auf den Weg. Sie schreiben die *simple past*-Form an, und so geht es weiter,
bis alle Zeitformen des Verbs an der Tafel stehen. Die Schüler haben die
Möglichkeit, vor dem Ende der Runde Fehler ihrer Teamkollegen zu korrigieren, wenn sie welche sehen. Wählen Sie einen Rundenrichter, der beobachtet,
in welcher Reihenfolge die Teams fertigwerden. Zum Schluss bitten Sie alle
Schüler, sich die Antworten an der Tafel anzusehen. Wenn es Fehler gibt,
wird die betreffende Gruppe disqualifiziert und erhält keine Punkte. Bewerten Sie alle Gruppenergebnisse. Die Schüler sind motiviert, die Antworten
an der Tafel kritisch zu betrachten, weil sie auf diese Weise verhindern
können, dass andere Gruppen Punkte bekommen. Überlegen Sie sich, ob
Sie dem ersten Team, das alle Antworten richtig hat, mehr Punkte geben
wollen oder ob alle Teams mit richtigen Antworten die gleiche Punktzahl
bekommen. Spielen Sie mehrere Runden.

Einsatzmöglichkeiten und Variationen

Diese Wettrennen funktionieren am besten, wenn Sie ein einziges Thema
und eine Aufgabe nehmen, die in zahlreichen Einzelschritten zu erledigen
ist. Konjugationen sind ideal. Normalerweise sollte es für jeden in der

Gruppe eine Antwort geben, die er an die Tafel schreibt. Achten Sie also darauf, dass Sie die Gruppen entsprechend einteilen. 5er- oder 6er-Gruppen funktionieren meist am besten.

Weitere Themenbeispiele

➥ Possessivbegleiter und Nomen (my house, your house, his house ...)
➥ Pronomen
➥ ausgeschriebene Zahlen, z.B. in 3er-Schritten (three, six, nine, twelve ...)
➥ Länder und Hauptstädte in Europa
➥ zu einem fiktionalen Werk, das die Schüler gerade lesen: wichtige Charaktere, ihre Eigenarten, ihre Rolle im Roman usw.
➥ Dinge, die man in einer Küche, einem Wohnzimmer usw. findet (nehmen Sie für jede Runde einen anderen Raum)
➥ Dinge, die man in bestimmten Abteilungen eines Kaufhauses findet
➥ wichtige Beiträge einzelner historischer Figuren
➥ ...

Buzz

⇨ **Ziel** mündliches Zahlentraining
✎ **Sie brauchen** nichts

Vorbereitungstipps und Durchführungshinweise

Zahlen zu üben kann langweilig werden, aber mit diesem Spiel wird es bestimmt spannend! Die Schüler bilden einen Kreis, im Sitzen oder im Stehen. Sie fangen bei 1 an zu zählen und reichen dabei einen Ball durch den Kreis. Wenn sie bei der 7 angelangt sind, müssen sie stattdessen „Buzz!" sagen. Alle Zahlen, die eine 7 enthalten (7, 17, 27 ... = Buzz!), müssen durch „Buzz!" ersetzt werden. Machen Sie die ganze Sache dadurch ein bisschen komplizierter, dass auch ein Vielfaches von 7 ersetzt werden muss (7, 14, 17, 21, 27 ... = Buzz!).

Can you say it?

⇨ **Ziel** Anwendung von Ausspracheregeln auf neue Wörter;
bekannte Wörter wiederholen und neue lernen
✎ **Sie brauchen** nichts

Vorbereitungstipps und Durchführungshinweise

Mit diesem Spiel werden Wortidentifikation und Aussprache trainiert.
Teilen Sie die Klasse in zwei Gruppen, oder treten Sie selbst gegen die ganze Klasse an. Schreiben Sie ein Wort an die Tafel. Wenn ein Team das Wort richtig übersetzen und aussprechen kann, bekommt es einen Punkt. Bei Fehlern bekommt das andere Team die Möglichkeit, das Wort zu übersetzen und auszusprechen und den Gegnern einen Punkt zu stehlen.
Um die Aufgabe für weiter fortgeschrittene Schüler etwas schwieriger zu machen, lassen Sie sie das Wort auch umschreiben.

Einsatzmöglichkeiten und Variationen

Dieses Spiel eignet sich für den Anfängerunterricht, wenn die Schüler beginnen, Aussprachemuster zu lernen und bestimmte Buchstabenfolgen mit bestimmten Lauten in Verbindung zu bringen.

Wörter, die die Schüler aussuchen
✎ **Sie brauchen:** Papier, Vokabelliste (nicht zwingend), Wörterbuch (nicht zwingend)
Geben Sie den Gruppen Zeit, eine Vokabelliste zusammenzustellen, mit der sie die gegnerische Gruppe herausfordern wollen. Dabei dürfen sie ihre Vokabellisten aus den vergangenen Lektionen und Wörterbücher zu Hilfe nehmen. Dann geben beide Gruppen ihre Listen bei Ihnen ab.

Weitere Themenbeispiele

➥ beliebige Wortfelder, vor allem solche, die schwierige Wörter oder Lautfolgen enthalten, auf die Sie die Schüler aufmerksam machen wollen
➥ für Fortgeschrittene: komplexere Wörter, um Aussprache und Umschreibung zu trainieren

➡ eine Liste mit Wörtern, die wegen bestimmter Buchstabenkombinationen ausgesucht wurden

➡ ...

Card stack challenge

⇨ **Ziel** Verben konjugieren, Sätze bilden, Präpositionen in einer Redewendung oder einem Satz anwenden, Nomen und Adjektive richtig anordnen, Kongruenzregeln anwenden

✎ **Sie brauchen** Karteikarten

Vorbereitungstipps und Durchführungshinweise

Fertigen Sie je einen Kartenstapel mit Subjekten, Verben in der Infinitivform und Objekten an. Sie können sie selbst vorbereiten oder sich mit den Schülern gemeinsam Wörter ausdenken und die Karten von Freiwilligen beschriften lassen. Schreiben Sie dazu die Wörter an die Tafel. Sie können es auch so machen, dass verschiedene Schülergruppen sie für andere Schülergruppen in der Klasse schreiben. Verwenden Sie für jedes Satzglied eine andere Kartenfarbe. Sie können farbige Karteikarten verwenden oder farbige Pappen passend zurechtschneiden.

Für das Spiel teilen Sie die Klasse in zwei Gruppen. Bestimmen Sie zwei Rundenrichter und einen Punktezähler, die in keiner Gruppe mitspielen. Die Richter wählen abwechselnd eine Karte von jedem Stapel. An der Tafel wartet jeweils ein Abgeordneter aus jedem Team. Die Rundenrichter lesen die drei Karten vor und stellen sich so auf, dass die Schüler an der Tafel nicht voneinander abschreiben können. Sie haben 30 Sekunden Zeit, den originellsten und längsten Satz anzuschreiben, in dem sie die drei Wörter unterbringen. Die Rundenrichter vergeben Punkte für die Länge des Satzes: ein Punkt pro Wort. Außerdem gibt es Punkte für Kreativität. Dabei können sie eine Höchstpunktzahl von fünf Punkten ansetzen. Wenn die Schüler den gleichen Satz schreiben, gehen beide leer aus. Geben Sie den Rundenrichtern 30 Sekunden Zeit für die Punktevergabe, dann geht es weiter zur nächsten Runde.

Einsatzmöglichkeiten und Variationen

Bei diesem Spiel geht es um Wortschatz und Grammatik. Wenn Sie Landeskunde und Inhalt einfließen lassen wollen, wählen Sie entsprechende
Subjekte und Objekte.

Willkürliche Antwortwahl

Variante 1

✎ **Sie brauchen:** Mini-Tafeln für die Schüler, Folienstifte/
Whiteboard-Marker

Es gelten die gleichen Regeln wie oben beschrieben, mit einer Ausnahme:
Jeder Schüler hat seine eigene Mini-Tafel und schreibt einen Satz mit
den vorgegebenen Wörtern. Der Rundenrichter bestimmt einen beliebigen
Schüler aus jedem Team, der seinen Satz vorlesen soll. Die Bewertung
erfolgt wie oben.

Zu zweit

Variante 2

✎ **Sie brauchen:** Mini-Tafeln, Folienstifte/Whiteboard-Marker

Es gelten die gleichen Regeln wie oben beschrieben, mit einer Ausnahme:
Teilen Sie die Klasse in zwei Teams ein, und setzen Sie immer zwei „Gegner" nebeneinander. Die Rundenrichter lesen die drei Wörter vor, und jeder
Schüler schreibt einen Satz. Wenn sie fertig sind, tauschen die „Gegner"
ihre Tafeln aus und kontrollieren den Satz des anderen. Die Punktzahl richtet sich nach der Länge des Satzes. Wenn er nicht richtig ist, gibt es keine
Punkte. Eventuell lassen Sie die Schüler ihre Mini-Tafeln auch hochhalten,
damit Sie sie lesen und überprüfen können, oder Sie gehen durch den Raum
und sehen sich Antworten an, bei denen die Schüler sich nicht sicher sind.
Die Schüler spielen entweder nur in Paaren gegeneinander, oder ihre Punkte werden mit denen ihrer Teammitglieder zusammengerechnet.

Zu dritt

Variante 3

✎ **Sie brauchen:** für jede 3er-Gruppe einen Satz Karten, Mini-Tafeln,
Folienstifte/Whiteboard-Marker

Spielen Sie diese Version mit 3er-Gruppen. Jeder Schüler nimmt eine
Karte auf, und zusammen schreiben sie einen Satz, in dem alle drei Wörter
vorkommen. Trainieren Sie je nach Kenntnisstand der Schüler eine Reihe
von Zeitformen mit dieser Aktivität. Sie können dieses Spiel auch als zeit-

lich begrenzte Übung durchführen, bei der die Schüler immer weitere Karten von ihren Stapeln aufnehmen müssen, um in einer vorgegebenen Zeit so viele grammatisch korrekte Sätze wie möglich zu bilden. Verändern Sie die Kartenstapel ein wenig, um unterschiedliche grammatische Themen anschneiden zu können. Üben Sie direkte Objektpronomen, indem Sie die Schüler den Satz so schreiben lassen, dass das Objekt gegen ein direktes Objektpronomen ausgetauscht wird. Für komplexere Sätze können die drei Wörter von den Stapeln mit einer Präpositionalphrase, einem Adjektiv usw. ergänzt werden.

Weitere Themenbeispiele

➡ Konjugation in allen Zeitformen
➡ entscheiden, ob Sätze schlüssig oder unsinnig sind, die aus einer Mischung von Karten entstehen, bei der beides herauskommen kann
➡ ...

Casino

> ⇨ **Ziel** Wiederholung von Themen aus dem Unterricht, Wettbewerb einzelner Schüler gegen die Klasse
> ✎ **Sie brauchen** „Casino"-Vorlage (s. Abb. 7.3 auf S. 189)

Vorbereitungstipps und Durchführungshinweise

Mit diesem Spiel lassen sich Informationen aller Art wiederholen. Verteilen Sie die Spielvorlage (s. Abb. 7.3 auf S. 189) oder Schmierpapier an die Schüler, und bitten Sie sie, das Blatt in vier Spalten aufzuteilen: „bets", „answers", „winnings" und „losses". Geben Sie an, wie viel Geld sie für ihre erste Wette zur Verfügung haben. Entweder bekommen alle Schüler die gleiche Summe, oder Sie variieren die Beträge. Bevor Sie die erste Frage stellen oder zeigen, muss jeder Schüler den Betrag notieren, den er in dieser Runde als Wetteinsatz setzen will. Der Einsatz darf sein Guthaben jedoch nicht übersteigen. Stellen Sie die Frage, und lassen Sie die Schüler die Antwort in die „answer"-Spalte schreiben. Dann zeigen oder nennen Sie

Abb. 7.3 „Casino"-Vorlage

Casino								
Bets	**Answers**						**Winnings +**	**Losses -**
Budget:	€						Total winnings:	Total losses:
							Grand total:	

ihnen die richtige Antwort. Wer richtig geantwortet hat, darf sich den Wetteinsatz als „winning" gutschreiben, wer eine falsche Antwort gegeben hat, muss ihn von seinem Guthaben als „loss" abziehen. Wenn Sie dem Schüler, der das meiste Geld zusammengetragen hat, einen Preis geben wollen, sollten Sie vielleicht sicherstellen, dass alles mit rechten Dingen zugeht. Dazu könnten Sie die Schüler gegenseitig nachprüfen lassen, ob die Antworten und die Wettgewinne oder -verluste stimmen.

Category tag

⇨ **Ziel** Wortfelder wiederholen
✎ **Sie brauchen** nichts

Vorbereitungstipps und Durchführungshinweise

Dieses Spiel eignet sich vor allem für Wortschatzwiederholungen. Suchen Sie ein Wortfeld aus, z.B. Speisen, Kleidung oder Wetter. Grundvoraussetzung für Ihre Wahl sollte sein, dass die Schüler die Vokabeln gut genug kennen, um sie flüssig auf Englisch abrufen zu können. Dies ist ein Lauf- und Fangspiel, daher brauchen Sie etwas Platz im Klassenraum. Entweder Sie oder ein Schüler übernimmt die Rolle des Fängers. Wenn ein Schüler gefangen – also berührt – wird, friert er für den Rest der Runde fest, es sei denn, er kann ein Wort aus dem Wortfeld nennen. Dabei darf es keine Wortwiederholungen geben (wer ein Wort wiederholt, friert ebenfalls fest).

Einsatzmöglichkeiten und Variationen

Nehmen Sie für jede Runde ein neues Wortfeld. Richten Sie es so ein, dass die „Festgefrorenen" erlöst werden können, wenn sie dem „Erlöser" ein Wort aus dem festgelegten Wortfeld nennen können. Spielen Sie das Spiel ganz auf Englisch, und bringen Sie den Schülern ein paar passende Redewendungen bei, z.B. „Help me", „Over here!", „Save me!".
Wer Deutsch spricht, friert ebenfalls fest.

Weitere Themenbeispiele

➡ Speisen
➡ Wetter
➡ Berufe
➡ Haustiere
➡ Wochentage und Monate
➡ berühmte Künstler
➡ Dinge aus der Natur
➡ ...

Charades

⇨ **Ziel** Vokabeln szenisch umsetzen und von Mitschülern auf Englisch erraten lassen
✎ **Sie brauchen** Vokabelliste oder Word-Flashcards

Vorbereitungstipps und Durchführungshinweise

Dieses bekannte Spiel eignet sich hervorragend zum Üben von Vokabeln, die sich szenisch umsetzen lassen. Teilen Sie die Klasse in zwei Gruppen ein. Der erste Schüler aus einer der Gruppen kommt nach vorne, Sie zeigen ihm ein Wort auf einer Flashcard oder Vokabelliste, und der Schüler hat dann eine Minute Zeit, das Wort in einer Szene darzustellen. Die Schüler aus seiner Gruppe, die die Antwort wissen, stehen auf oder heben die Hand. Rufen Sie einen von ihnen auf – ist die Antwort richtig, bekommt die Gruppe einen Punkt. Wenn der Schüler die falsche Antwort gibt, können Sie der gegnerischen Gruppe die Möglichkeit geben, mit der richtigen Antwort einen Punkt zu holen.

Einsatzmöglichkeiten und Variationen

Dieses Spiel funktioniert am besten mit Wörtern, die sich problemlos szenisch umsetzen lassen. Geeignet sind Aktionsverben, Befehle und verschiedene Nomen. Mit einem entsprechenden Kontext lassen sich auch einige landeskundliche oder inhaltsbezogene Wörter verwenden.

Scharaden in kleinen Gruppen

✎ **Sie brauchen** Vokabelliste oder Word-Flashcards

Teilen Sie die Klasse in Gruppen mit jeweils sieben Schülern auf. Jede Gruppe hat einen Moderator. Er sucht für jede der beiden 3er-Gruppen die Wörter aus, die sich die Gruppen abwechselnd gegenseitig vorspielen. Punkte werden für erfolgreiche Vorstellungen vergeben, die es dem Rest der Gruppe ermöglichen, den Begriff zu raten.

Der Heiße Stuhl

✎ **Sie brauchen** Vokabelliste oder Word-Flashcards

Ein Schüler stellt sich als derjenige zur Verfügung, der die Begriffe szenisch umsetzt. Das Publikum hebt die Hand und nennt ihm das Wort, das er ausagieren soll. Das Ziel der Zuschauer ist es, den „Schauspieler" aus der Fassung zu bringen, daher suchen sie nach immer schwierigeren Wörtern. Wenn es um das Wortfeld „Kleidung" geht und Sie eine Requisitenkiste haben, kann das Publikum dem Schüler auf dem Heißen Stuhl sagen, welche Kleidungsstücke er anziehen soll. Je extravaganter Ihre Kleidersammlung ist, desto besser! Legen Sie vorher fest, wie viele Begriffe die Freiwilligen auf dem Heißen Stuhl richtig umsetzen müssen, um einen kleinen Preis zu gewinnen.

Zusätzliche Schreibübung

✎ **Sie brauchen:** Papier/Heft

Bitten Sie die Schüler nach dem Spiel, möglichst viele der Verben in der Vergangenheitsform aufzuschreiben, die sie in den Scharaden gesehen haben. Sie notieren auch den Namen des Schülers, der es aufgeführt hat. Zur Gedächtnisstütze können sie sich diese Einzelheiten aufschreiben, während das Spiel noch läuft.

Weitere Themenbeispiele

➡ Tiere
➡ Sportarten
➡ Anweisungen im Unterricht
➡ Aktionsverben
➡ Berufe
➡ berühmte Leute

➡ Verkehrsmittel

➡ ...

Circumlocution game

⇨ **Ziel** Begriffe umschreiben und von einem Mitschüler raten lassen

✎ **Sie brauchen** ggf. Vokabelliste oder Word-Flashcards

Vorbereitungstipps und Durchführungshinweise

Mit diesem Spiel üben die Schüler die Fertigkeit des Umschreibens. Teilen Sie die Klasse in zwei Gruppen ein. Ein Schüler aus jeder Gruppe stellt sich vor die Klasse, mit dem Rücken zur Tafel. Schreiben oder zeichnen Sie ein Wort an die Tafel. Ein Schüler aus einer der beiden Gruppen muss aufstehen und den beiden Kandidaten das Wort an der Tafel so umschreiben, dass sie es erraten können. Dabei darf er das Wort selbst nicht erwähnen. Auch die Zuhörer geben keinerlei Hinweise für die Kandidaten. Wenn das Wort z.B. „cookies" lautet, könnte der Schüler es folgendermaßen umschreiben: „You give them to Santa on Christmas, they have chocolate in them, they are round, you bake them in the oven." Der Schüler, der das Wort als Erster rät, holt einen Punkt für seine Mannschaft. Setzen Sie einen angemessenen Zeitrahmen für jede Runde fest. In jeder Runde sollten zwei neue Schüler an die Tafel kommen, und auch der Schüler, der den Begriff beschreibt, sollte wechseln.

Einsatzmöglichkeiten und Variationen

Dieses Spiel bietet gute Übungsmöglichkeiten für die Beschreibung von Leuten, Orten, Dingen und Handlungen.

Kleine Gruppen

✎ **Sie brauchen:** Vokabelliste

Dieses Spiel funktioniert am besten in kleinen Gruppen, weil dann alle Schüler die Gelegenheit haben, teilzunehmen. Teilen Sie die Klasse in Gruppen mit jeweils sieben Schülern auf. Ein Schüler ist der Meister der Liste und zugleich der Rundenrichter. Die verbleibenden sechs Schüler bilden zwei 3er-Gruppen. Der Meister der Liste hat den Wörterkatalog (als Vokabelliste oder als Flashcard-Stapel), den Sie umschrieben haben möchten. Eine Möglichkeit ist, dass ein Schüler ein Wort für seine beiden Teamkollegen umschreibt. Der Meister der Liste stoppt die Zeit und notiert den Punktestand. Wenn die Rater nicht auf den richtigen Begriff kommen, kann das andere Team sein Glück versuchen. Rät es richtig, bekommt es zwei Punkte. Das Team mit der höchsten Punktzahl gewinnt.

Weitere Themenbeispiele

➡ Berufe
➡ bestimmte Speisen
➡ Schulutensilien
➡ Arbeiten im Haushalt
➡ Verben, die mit der Schule zu tun haben
➡ ...

College quiz bowl

⇨ **Ziel** Wiederholung von Lernstoff als Wettkampf
✎ **Sie brauchen** Fragenkatalog mit den Quizfragen

Vorbereitungstipps und Durchführungshinweise

Bereiten Sie eine Liste mit Fragen vor, die Sie den Schülern ein paar Tage vor dem Spiel geben, sodass sie den Stoff gezielt wiederholen können. Teilen Sie die Klasse in Gruppen mit jeweils drei oder vier Schülern auf. Lassen Sie jede Gruppe den Namen eines Sportclubs (einer Firma, eines Autos) aussuchen, den sie beim Spiel vertreten. Stellen Sie eine Frage. Wer sie beantworten kann, soll die Hand heben. Der Erste, der sich meldet, darf antworten. Machen Sie die ganze Sache noch ein bisschen spannender, und verteilen Sie Rasseln, Tambourine usw. an die Schüler. Wer antworten will, macht sich mit seinem Musikinstrument bemerkbar. Jede richtige Antwort bringt einen Punkt für das Team, dem der Antwortende angehört.

Einsatzmöglichkeiten und Variationen

Mit diesem Spiel können Sie Wortschatz, Grammatik, Inhalt oder Landes-kunde wiederholen. Alle Fragearten bieten sich an, von Multiple-Choice-Fragen bis Kurzantworten ist alles geeignet. Variieren Sie, indem Sie die Teams sich beim Antworten abwechseln lassen.

Zwei Teams und ein Publikum

✎ **Sie brauchen:** Fragenkatalog mit den Quizfragen

Bilden Sie zwei kleine Quizteams, der Rest der Klasse ist das Publikum. Geben Sie den Zuhörern eine Liste der Fragen, die bei dem Quiz gestellt werden. Wenn sie die Antworten hören, schreiben sie sie auf. Alternativ lassen Sie sie vor dem Quiz beantworten, sodass sie sie beim Quiz gege-benenfalls korrigieren können. Die Quizteilnehmer können nach dem Spiel eine vollständige Fragenliste mit den richtigen Antworten bekommen, da sie während des Quizz schlecht mitschreiben können.

Selbstverfasstes Quiz

✎ **Sie brauchen:** Fragenkatalog der Schüler für das Quiz oder Kopiervorlage mit Fragen

Lassen Sie die Schüler ein paar Tage vor dem Quiz zu zweit oder in Gruppen die Fragen aufschreiben, die sie wichtig finden und die im Quiz wiederholt werden sollten. Gleichzeitig können Sie sie auch bitten, Ihnen die Antwor-ten zu den Fragen einzureichen. Suchen Sie sich die besten Fragen für das Quiz aus, und fügen Sie ein paar eigene Fragen hinzu, wenn Sie den end-gültigen Fragenkatalog zusammenstellen.

Weitere Themenbeispiele

➡ Fragen zu Figuren, Geschichte, Konflikt usw. in der aktuellen Klassenlektüre
➡ Fragen zur Grammatik
➡ Wiederholung aller wichtigen Fragen des Jahres
➡ Wiederholung für eine Abschlussprüfung
➡ ...

Connect four

⇨ **Ziel** Konjugation in vorgegebener Zeitform
✎ **Sie brauchen** Vorlage für „Vier gewinnt" (s. Abb. 7.4 auf S. 197)

Vorbereitungstipps und Durchführungshinweise

Spielen Sie dieses Spiel mit der ganzen Klasse, in kleinen Gruppen oder paarweise. Sie brauchen eine Spielvorlage mit sechs Reihen und fünf Spalten. Nehmen Sie die Vorlage in Abbildung 7.4 (s. S. 197), oder gestalten Sie selbst eine. Das Ziel des Spiels ist es, als erstes Team vier richtige Antworten in einer Reihe, einer Zeile oder einer diagonalen Linie in der Farbe des Teams zu bekommen. Dazu gehört auch die Strategie, das gegnerische Team daran zu hindern, eine 4er-Reihe zu bekommen. Wenn Sie mit der ganzen Klasse spielen, bilden Sie zwei Gruppen. Kopieren Sie die Spielvorlage auf eine OHP-Folie, oder projizieren Sie sie auf das Whiteboard. Sie brauchen Marker in zwei Farben, für jedes Team eine. Die Schüler müssen am unteren Ende des Rasters beginnen und sich nach oben vorarbeiten, wie im richtigen „Vier gewinnt"-Spiel. Falls Sie mit dem Spiel Verbkonjugationen üben wollen, liest das erste Team eine Zeitform und ein Verb aus der Tabelle vor und konjugiert. Wenn die konjugierte Form richtig ist, schreiben sie die Konjugation in das entsprechende Feld, und zwar in der Farbe dieses Teams. Das nächste Team wählt ebenfalls eine Zeit-Verb-Kombination aus und konjugiert. Legen Sie im Vorfeld fest, wie Sie mit falschen Antworten verfahren: Wenn Team A eine falsche Form angibt, kann Team B den Punkt möglicherweise für sich gewinnen, wenn es die richtige Form nennt. Um mehr Schüler am Spiel zu beteiligen, verteilen Sie die Spielvorlage als Kopie an die Schüler. Jeder schreibt eine Antwort auf die gestellte Frage auf, auch wenn sein Team nicht an der Reihe ist.

Einsatzmöglichkeiten und Variationen

Setzen Sie jedes Thema aus den Bereichen Wortschatz, Grammatik, Inhalt und Landeskunde ein, das sich für ein Raster wie in Abbildung 7.4 eignet.

Abb. 7.4 „Connect four"-Vorlage

Connect four

	to know	to believe	to drink	to write	to live	to see
present progressive						
simple past						
present perfect						
future						
past perfect						
simple present						

Spiel zu zweit oder in Gruppen

Geben Sie den Schülern eine leere Vorlage, auf der sie ihre Antworten notieren. Wenn Sie es für angebracht halten, können Sie ihnen auch eine Vorlage mit bereits eingetragenen Antworten geben, sodass sie vergleichen können. Bei kleinen Gruppen empfiehlt es sich, einen Schüler als Spielführer einzusetzen, der die Antworten der anderen Mitspieler auf ihre Richtigkeit überprüft.

Weitere Themenbeispiele

➡ einfache Ja/Nein-Fragen mit Subjekt und Verb bilden
➡ Kongruenz von Possessivbegleitern und Nomen üben
➡ Sätze bilden: ein Subjektpronomen und eine Infinitvform in die linke Spalte, je ein Ort als Überschrift für die restlichen Spalten; das Verb muss konjugiert, der Ort mit einer passenden Präposition in den Satz eingebunden werden
➡ ...

Continuation

> ⇨ **Ziel** Verben und Wortschatz wiederholen und mündlich anwenden
> ✎ **Sie brauchen** Word-Flashcards

Vorbereitungstipps und Durchführungshinweise

Dieses Spiel lässt sich mit beliebigen Vokabeln spielen. Wenn Sie es mit Verben spielen wollen, brauchen Sie Flashcards mit Infinitivformen. Suchen Sie ein Wortfeld aus, das die Schüler üben sollen. Lassen Sie sie aufstehen und sich im Kreis aufstellen. Geben Sie jedem Schüler eine Flashcard, nehmen Sie sich selbst auch eine, und stellen Sie sich zu den Schülern in den Kreis. Alle halten ihre Karte sichtbar vor sich. Beginnen Sie das Spiel, indem Sie einen Satz bilden, der Ihr Verb und das eines Schülers enthält. Die Aufgabe besteht darin, einen schlüssigen Satz aus dem eigenen Wort und dem eines anderen zu bilden und zusätzlich das Vokabular einzufügen, das nötig ist, um die Verben einzubinden und miteinander zu verknüpfen.

Hier ein Beispiel: „In the morning I get up and I eat breakfast". Derjenige, der *to eat breakfast* auf seiner Flashcard stehen hat, muss aus seinem und einem anderen Verb schnell einen Satz bauen. Wer mit einer richtigen Satzkonstruktion aufwarten kann, darf sich setzen. Dabei nimmt er sein Verb gewissermaßen mit: Die anderen, die noch im Kreis stehen, dürfen sein Verb nicht mehr benutzen. Wenn ein Schüler nicht in der Lage ist, einen korrekten Aussagesatz zu bilden, muss er im Kreis stehen bleiben und weiterspielen. Der letzte, der noch steht, beginnt die neue Runde.

Einsatzmöglichkeiten und Variationen

Spielen Sie dieses Spiel mit Wortarten, wie Verben oder Nomen, mit Wortfeldern oder anderen Kategorien. Es lässt sich gut einsetzen, wenn Sie einen bestimmten Bereich wiederholen wollen. Allerdings kann es auch sehr lustig und zugleich lehrreich sein, den Schülern eine Ansammlung willkürlich zusammengestellter Wörter zu geben und sie daraus Sätze bilden zu lassen. Schwieriger wird es, wenn Sie eine Zeitform festlegen oder die Schüler die Zeitform selbst bestimmen lassen.

Weitere Themenbeispiele

➡ Sommeraktivitäten
➡ Familienmitglieder und was sie zusammen machen
➡ Arbeiten im Haushalt
➡ Schulaktivitäten
➡ Sport und Freizeit
➡ Wortfeld „Picknick"
➡ Auswahl an nicht themengebundenem Vokabular
➡ ...

Dress up!

⇨ **Ziel** im Rahmen einer mündlichen Beschreibung die Begriffe
für Kleidungsstücke nennen, die man anziehen soll
✎ **Sie brauchen** Kiste mit Kleidungsstücken

Vorbereitungstipps und Durchführungshinweise

Mit diesem Spiel üben Sie die Bezeichnungen für Kleidung. Dafür brauchen
Sie eine Auswahl an den unterschiedlichsten Kleidungsstücken für Ihre
Klasse. Ein Streifzug durch den Sommerschlussverkauf kann da hilfreich
sein, aber vielleicht wollen Eltern Ihrer Schüler ja auch Platz in ihren Klei-
derschränke schaffen und sortieren etwas für Ihre Sammlung aus. Die
Schüler bilden zwei Mannschaften und bestimmen jeweils einen Mitschüler,
der seine Mannschaft beim Wettbewerb vertritt. Diese Schüler treten vor
die Klasse, jeder von ihnen bekommt vom Vertreter des gegnerischen
Teams drei Kleidungsstücke, die er anziehen muss. Dabei muss er solche
Bemerkungen machen wie „This is my shirt" oder „These are my pants".
Diese Bemerkungen variieren je nach den Übungsabsichten, die Sie mit
dem Spiel verknüpfen. Für jede richtige Aussage zu einem der Kleidungsstücke gibt es einen Punkt, ein zusätzlicher Punkt lässt sich mit einem
passenden Adjektiv machen. Wenn der Schüler, der die drei Kleidungsstücke angezogen und benannt hat, fertig ist, ist der Schüler an der Reihe,
der die Sachen ausgesucht hatte. Machen Sie so lange weiter, bis das Spiel
uninteressant wird oder bis eine bestimmte Punktzahl erreicht ist.

Einsatzmöglichkeiten und Variationen

Um die Zuschauer mehr in das Spiel einzubinden, bitten Sie sie, die Aussagen ihres eigenen oder beider Mannschaftskollegen zu notieren. Auf diese
Weise beobachten sie den Spielverlauf aufmerksamer, und Sie bekommen
gleichzeitig ein paar Sätze, mit denen Sie an das Spiel anknüpfen können.

Hier sind einige Ideen, was Sie damit machen könnten:

➡ Bitten Sie die Schüler, die Aussagen zu illustrieren.

➡ Bitten Sie die Schüler, die Aussagen zu überprüfen und gegebenenfalls zu korrigieren.

➡ Bitten Sie Schüler im Publikum, eine Aussage vorzulesen, während ein anderer Schüler das entsprechende Kleidungsstück hochhält.

Five

⇨ **Ziel** Vokabelwiederholung

✎ **Sie brauchen** Word-Flashcards

Vorbereitungstipps und Durchführungshinweise

Dieses Spiel lässt sich leicht einbauen, wenn Sie ein paar Minuten zwischendurch haben. Sie brauchen nur eine Reihe von Word-Flashcards. Teilen Sie die Klasse in zwei Mannschaften. Jede Mannschaft schickt pro Runde fünf Schüler ins Rennen, die sich vorne in zwei Reihen aufstellen. Zeigen Sie dem ersten Schüler einer Mannschaft eine Flashcard, und fragen Sie ihn, was dieses Wort bedeutet. Gibt er die richtige Antwort, geht die nächste Frage an einen Mannschaftskollegen. Um einen Punkt für die Gruppe zu bekommen, müssen alle fünf Schüler richtig antworten. Nach einer Runde ist automatisch die andere Mannschaft an der Reihe.

Die Schüler müssen von allein auf ihre Antworten kommen – wenn jemand aus ihrer Mannschaft beim Vorsagen ertappt wird, ist die Runde für diese Mannschaft beendet. Das andere Team ist an der Reihe und hat dann die Möglichkeit, mit der richtigen Antwort zwei Punkte zu stehlen. Sie können auch einen „Telefonjoker" einbauen, d.h. dass ein Schüler einmal einen Freund in seiner Mannschaft „anrufen" und um Hilfe bitten kann, wenn er die Antwort auf eine Frage nicht weiß. Wenn der Freund richtig antwortet, darf die Mannschaft weiterspielen. Wenn nicht, können die Gegner die Frage stehlen. Mannschaftskollegen dürfen nur einmal um Hilfe gebeten werden und dürfen vorher nicht signalisieren, dass sie die Antwort wissen.

The flyswatter game

⇨ **Ziel** ein englisches Wort mit einem Bild oder einem deutschen Wort in Verbindung bringen

✎ **Sie brauchen** Tafel oder OHP-Folie mit Wörtern oder Bildern darauf, pro Team eine Fliegenklatsche

Vorbereitungstipps und Durchführungshinweise

Dieses Spiel lässt sich bei allen Wortschatz-, Grammatik-, Landeskunde- und inhaltsbezogenen Themen einsetzen. Lassen Sie die Schüler zwei oder drei Teams bilden. Bereiten Sie das Spiel vor, indem Sie 12 bis 20 englische Wörter auf die Tafel oder eine OHP-Folie schreiben oder die entsprechenden Bilder aufmalen. Rufen Sie einen Schüler von jedem Team nach vorne, und geben Sie jedem eine Fliegenklatsche. Stehen englische Wörter an der Tafel, rufen sie eines auf Deutsch aus; wenn Sie Bilder gemalt/an die Wand projiziert haben, rufen Sie das englische Wort aus. Der erste Schüler, der mit seiner Fliegenklatsche auf das richtige Wort bzw. Bild schlägt, gewinnt einen Punkt für sein Team. Entweder tritt der Gewinner der ersten Runde in der zweiten Runde gegen einen neuen Gegner aus der anderen Mannschaft an, oder beide setzen sich, und zwei neue Konkurrenten stellen sich der Herausforderung.

Einsatzmöglichkeiten und Variationen

Fliegenklatschen zu zweit oder zu dritt

✎ **Sie brauchen:** Vorlage für ein Flyswatter game als Kopiervorlage, farbige Stifte

Bei einer Abwandlung des Spiels schreiben Sie die Wörter oder malen Sie die Bilder auf Papier und machen für jedes Schülerpaar oder für jede 3er-Gruppe eine Kopie. Die Partner oder Gruppenmitglieder treten gegeneinander an, allerdings schlagen sie nicht mit Fliegenklatschen zu, sondern zeigen mit dem Finger auf das entsprechende Wort oder Bild, das dann mit einem farbigen Stift durchgestrichen oder mit den Initialen des Schülers versehen wird, der zuerst darauf gezeigt hat. Bei dieser Version des Spiels können alle gleichzeitig spielen.

Mögliche Erweiterung

Lassen Sie die Schüler ...

➡ die Wörter, Sätze oder anderen Themen aus dem Spiel illustrieren.

➡ Sätze oder eine Geschichte schreiben, in der möglichst viele der Wörter aus dem Spiel vorkommen.

➡ ein Lied mit den Wörtern des Spiels erfinden.

Weitere Themenbeispiele

➡ Wortfeld „Speisen und Nahrungsmittel"

➡ Dinge im Klassenzimmer

➡ Aktionsverben

➡ Redewendungen im Unterricht

➡ Konjugationen in verschiedenen Zeitformen

➡ ...

Go fish!

⇨ **Ziel** englischen Wörtern Bilder oder deutsche Wörter zuordnen

✎ **Sie brauchen** Bild-Wort-Kartenpaare

Vorbereitungstipps und Durchführungshinweise

Dieses Spiel funktioniert wie das traditionelle Quartett-Spiel, allerdings werden hier nicht vier, sondern nur zwei Karten zugeordnet. Sie brauchen einen Kartensatz mit Paaren, den Sie entweder selbst oder von den Schülern herstellen lassen können. Die Paare bestehen jeweils aus einem Bild und dem entsprechenden Wort oder der Redewendung auf Englisch. Erstellen Sie am PC eine Tabelle, und schreiben Sie das Wort in eine Zelle, und fügen Sie ein Bild in die Nachbarzelle ein. Fertigen Sie so viele Wort-Bild-Paare an, wie Sie brauchen (mindestens fünf bis sieben pro Spieler in einer Gruppe). Drucken Sie die Karten aus, und kopieren Sie sie auf dunklere Pappe, damit die Wörter und Bilder nicht durchscheinen. Sie sparen eine Menge Zeit, wenn Sie die Schüler die Karten ausschneiden lassen. Zum Spielen verteilt einer der Schüler jeweils sieben Karten an jeden Mitspieler.

Sie fragen sich gegenseitig nach den Wörtern oder Bildern, die ihnen fehlen. Wer am Schluss die meisten Paare hat, gewinnt.

Einsatzmöglichkeiten und Variationen

„Go fish!" ist ein Spiel auf einfachem Niveau, mit dem die Schüler gut zu zweit oder dritt Vokabeln wiederholen können. Die traditionelle Frage „Do you have ..?" ist auch für Anfänger leicht zu bewältigen. Mit ein bisschen Fantasie lässt sich dieses Spiel auch mit anderen Frage- und Zeitformen erweitern.

Ja/Nein-Fragen

✎ **Sie brauchen:** Bild-Wort-Kartenpaare

Gehen Sie über die „Do you have ...?"-Fragen hinaus, und lassen Sie die Schüler andere Frageformen anwenden. Wenn die Karten das Thema Sport beinhalten, versuchen Sie es mit der Frage „Do you play ...?", bei Kleidungsstücken könnte die Frage „Do you buy (wear, like) ...?" lauten. Wer eine nachgefragte Karte hat, antwortet z.B. mit „Yes, I play ...". Hat er die gewünschte Karte nicht, antwortet er mit „No, I don't play ...". Die Schüler sollen keine Kurzantworten geben, sondern ganze Sätze formulieren. Beim Thema Speisen und Nahrungsmittel heißt die Frage „Does your mom buy ... at the supermarket?" Die Frage „Did you see ...?" lässt sich bei Zootieren, berühmten Leuten, Kunst usw. einsetzen. Ein direktes Objektpronomen in die Antwort einzubauen, ist für Anfänger schon etwas schwieriger, z.B. „Did you eat my cookies?" mit „Yes, I ate them" zu beantworten.

Fragenbildung, Konjugation und Verben üben

✎ **Sie brauchen:** Bild-Verb-Kartenpaare

Fertigen Sie Kartenpaare mit Verben oder Verbalphrasen und entsprechenden Bildern an. Üben Sie die Verben, Fragenbildung und Konjugationen in einer bestimmten Zeitform. Bei manchen Fragen müssen die Schüler eine schlüssige Antwort improvisieren. Eine negative Antwort signalisiert, dass der Schüler die nachgefragte Karte nicht hat.

Sehen Sie sich die folgenden Beispiele und Antworten an:

Variante 1

Variante 2

➡ Do you swim?
  a. *Yes, I swim.*
  b. *No, I don't swim.*

➡ Does your family like to rent movies?
  a. *Yes, we like to rent them.*
  b. *No, we don't like to rent them.*

➡ What does your brother buy?
  a. *My brother buys video games.*
  b. *My brother doesn't buy anything.*

➡ Where did you go?
  a. *I went to the movies.*
  b. *I didn't go anywhere.*

Mit ein bisschen Fantasie lässt sich „Go fish!" auch für fortgeschrittenere Schüler zum Üben der Fragenbildung einsetzen.

Weitere Themenbeispiele

➡ Speisen und Nahrungsmittel
➡ Dinge in einer Garage
➡ Sportausrüstungen
➡ Informationsfragen
➡ Ja/Nein-Fragen
➡ berühmte Leute
➡ Feste und Feiertage
➡ …

The guessing game

⇨ **Ziel** mit Fragen einen geheimnisvollen Gegenstand erraten

✎ **Sie brauchen** keine Materialien erforderlich; eine Vokabel- oder Themenliste könnte jedoch hilfreich sein

Vorbereitungstipps und Durchführungshinweise

Mit diesem Spiel werden Wortschatz und Fragenbildung wiederholt, es lassen sich aber auch verschiedene Frageformen und Vokabeln und Strukturen aus vorangegangenen Lektionen üben. Teilen Sie die Klasse in Gruppen ein. Schicken Sie einen Schüler von jeder Gruppe vor die Tür, während die Klasse einen Gegenstand von einer vorgefertigten Vokabelliste aussucht, den die anderen erraten müssen. Nach ihrer Rückkehr in den Raum stellen die rausgeschickten Schüler einer nach dem anderen Fragen, z.B. „When do I use it?", „Where do I use it?", „Why do I use it?", „Can I eat it?", „Do I wear it?", „Would I want to give it to a friend?" Die Fragensteller können das Wort raten, wenn sie an der Reihe sind und eine Frage gestellt haben. Wer falsch rät, muss eine Runde aussetzen. Wer richtig rät, gewinnt für seine Gruppe einen Punkt. Sie können auch die Anzahl der Fragen, die zu einem Gegenstand gestellt werden dürfen, begrenzen.

Einsatzmöglichkeiten und Variationen

Sie können das Spiel variieren und nur einen Schüler vor die Tür schicken, sodass die Teams abwechselnd an der Reihe sind. Sie können die Klasse auch in kleinere Gruppen einteilen und innerhalb dieser Gruppen Mannschaften gegeneinander antreten lassen. Diese Variante lässt mehr Schüler gleichzeitig zum Zuge kommen.

Weitere Themenbeispiele

➥ Schulutensilien

➥ was man auf Omas Dachboden finden kann

➥ Dinge in der Küche der Schulcafeteria

➥ was man auf eine Reise nach Paris im Frühling mitnehmen würde

➥ Dinge und Tiere im Zoo

- Autoteile
- Dinge in Disneyland
- was man in einem Kaufhaus finden kann
- ...

Hot potato sentences

⇨ **Ziel** gruppenweise Wort für Wort Sätze bilden
✎ **Sie brauchen** einen weichen Ball zum Werfen

Vorbereitungstipps und Durchführungshinweise

Bei diesem Spiel geht es um die Satzbildung. Die Schüler bilden einen Stuhlkreis. Der Lehrer hat den Ball, sagt ein Wort und reicht den Ball nach rechts weiter. Der Schüler, der ihn in Empfang nimmt, wiederholt das erste Wort und fügt so schnell wie möglich ein neues hinzu, dann gibt er den Ball weiter. Die Runde ist zu Ende, wenn ein Schüler kein Wort anfügen kann oder wenn der Lehrer sie abbricht, weil der Satz keinen Sinn mehr macht.

Einsatzmöglichkeiten und Variationen

Schwierigere Regeln

Variante 1

✎ **Sie brauchen:** einen weichen Ball zum Werfen
Schränken Sie die Zeitformen oder den Wortschatz ein, der benutzt werden darf. Stellen Sie Regeln auf, die die Schüler befolgen müssen, indem Sie z.B. den Gebrauch der Gegenwart, der Wörter „and" und „the" und das Subjektpronomen „I" verbieten. Drohen Sie mit lustigen Strafen, falls ein Schüler eine Regel missachtet, oder legen Sie fest, dass er in diesem Fall ausgeschieden ist.

Auf Zeit spielen

Variante 2

✎ **Sie brauchen:** einen Wecker/eine Eieruhr
Nehmen Sie statt des Balls einen Wecker. Die Schüler reichen ihn im Kreis herum. Wenn er klingelt, muss derjenige, der ihn gerade in der Hand hält, aufstehen und so viel wie möglich von dem Satz wiedergeben, der gerade

gebildet wurde. Für eine gute und möglichst vollständige Wiedergabe können Sie mit einem Preis winken. Für diese Variante bietet es sich an, dass Sie oder einer der Schüler Protokoll führt und den entstehenden Satz genau mitschreibt, um eine Kontrollmöglichkeit zu haben.

Zusätzliche Schreibübung 1

✎ **Sie brauchen:** Papier/Heft

Nach dem Spiel bitten Sie die Schüler, möglichst viele Wörter aus jedem Satz aufzuschreiben. Wer den gebildeten Sätzen am nächsten kommt, gewinnt einen Preis.

Zusätzliche Schreibübung 2

✎ **Sie brauchen:** Papier/Heft

Sammeln Sie möglichst viele der gebräuchlichsten und der interessantesten Wörter, die beim Spiel benutzt wurden, an der Tafel. Die Schüler arbeiten in kleinen Gruppen und bilden aus diesen Vokabeln ein paar neue Sätze. Dann lassen Sie sie diese Übung in Einzelarbeit machen. Geben Sie eine Zeitform vor, oder lassen Sie die Schüler die Zeitform selbst wählen.

Label it in time

⇨ **Ziel** Bilder oder Wörter ihren englischen Entsprechungen zuordnen

✎ **Sie brauchen** magnetische Tafel/Whiteboard, Magnetclips oder selbstklebende Magnetstreifen, Image-Flashcards, dazu passende Wortkarten, ggf. Eieruhr

Vorbereitungstipps und Durchführungshinweise

Dies ist eine gute Möglichkeit, Ihre Image-Flashcards einzusetzen. Sie brauchen eine magnetische Tafel. Befestigen Sie auf der Rückseite Ihrer Bildkarten ein kleines Stück Magnetstreifen. Fertigen Sie passende Wortkarten an, entweder auf Karteikarten oder festem Papier. Befestigen Sie auch hier auf der Rückseite ein Stück Magnetstreifen. Hängen Sie die Bilder und Karten an die Tafel, und bitten Sie einen Schüler nach vorn. Geben Sie ihm eine bestimmte Zeitspanne, die Sie entweder mit einer normalen Uhr oder mit einer Eieruhr messen. In dieser Zeit müssen

Wort- und Bildkarten einander zugeordnet werden. Sie können diese Wiederholungsübung in Gruppen oder als Einzelarbeit durchführen. Je nachdem, wie schwierig die Wörter und wie gut die Schüler sind, können Sie die Zuordnungen auch zu zweit vornehmen lassen.

Einsatzmöglichkeiten und Variationen

Wettlauf gegen die Zeit in Gruppen

✎ **Sie brauchen:** magnetische Tafel/Whiteboard, Magnetclips oder selbstklebende Magnetstreifen, Image-Flashcards, dazu passende Wortkarten, ggf. Eieruhr

Wenn Sie dieses Spiel mit der ganzen Klasse spielen, teilen Sie sie in zwei Gruppen, und holen Sie je Gruppe einen Schüler nach vorne. Sie spielen gegeneinander auf Zeit. Wer nach Ablauf der Zeit die meisten richtigen Bild-Wort-Paare gefunden und auf seiner Tafel-Hälfte zusammengestellt hat, gewinnt einen Punkt für sein Team.

Grammatikübung

✎ **Sie brauchen:** magnetische Tafel/Whiteboard, Magnete oder Magnetklebestreifen, Wortkarten für Grammatikübungen

Fertigen Sie für diese Grammatikübung Karten mit den Bezeichnungen „Nomen", „Verb", „direktes Objekt" und „Präposition" an, oder schreiben Sie diese Kategorien als Spalten an die Tafel. Dann schreiben Sie Wortkarten, die in diese Kategorien passen, und heften Sie bunt durcheinandergewürfelt an einen anderen, noch freien Tafelbereich. Die Schüler müssen „bird" unter „Nomen", „runs" unter „Verb" usw. einordnen.

Inhalt und Landeskunde

✎ **Sie brauchen:** magnetische Tafel/Whiteboard, Magnete oder Magnetklebestreifen, Wortkarten für Übungen zu Inhalt und Landeskunde

Mit dieser Methode können die Schüler auch Inhalt und Landeskunde üben. Sie können Daten und Ereignisse zuordnen, Bücher und Schriftsteller usw. Gehen Sie über die einfache Zuordnung hinaus, und lassen Sie die Schüler über einige oder alle der Paare an der Tafel schreiben oder diskutieren, nachdem sie korrekt zugeordnet worden sind.

Variante 1

Variante 2

Variante 3

Weitere Themenbeispiele

➡ Obst und Gemüse
➡ Tiere
➡ Möbelstücke
➡ Pflanzen und Bäume
➡ Gegenstände im Haushalt
➡ Körperteile
➡ der Regenwald
➡ Wetter
➡ Berufe
➡ Uhren und Uhrzeit
➡ ...

Off to the races!

⇨ **Ziel** Informationen zu beliebigen Themen wiederholen
✎ **Sie brauchen** laminierte Bilder, Mini-Tafeln für jede Gruppe, Magnete

Vorbereitungstipps und Durchführungshinweise

Mit diesem Spiel lassen sich alle Themen wiederholen. Bereiten Sie einen Katalog mit Fragen vor, die Sie wiederholen wollen. Sie brauchen für jede Gruppe ein Bild von einem Pferd oder Rennwagen, die auf der Rennbahn antreten. Suchen Sie unterschiedlich farbige Rennwagen, oder nummerieren Sie die Pferde, um sie unterscheiden zu können. Wenn die Pferde und Rennwagen fertig sind, zeichnen Sie eine Rennbahn auf die Tafel. Teilen Sie die Schüler in Gruppen ein. Geben Sie jeder Gruppe eine Mini-Tafel. Stellen Sie die Fragen, und lassen Sie die Schüler eine Antwort auf ihre eigene Tafel schreiben. Sie können sich in ihrer Gruppe über die Antworten unterhalten und die beste aussuchen. Der Gruppensprecher zeigt dem Lehrer die Antwort. Ist sie richtig, rückt das Pferd oder der Rennwagen auf der Rennbahn ein Feld vor. Die erste Gruppe, die die Ziellinie überquert, gewinnt.

Oh no!

⇨ **Ziel** Informationen zu beliebigen Themen wiederholen
✎ **Sie brauchen** Fragenkatalog, Mini-Tafel für jeden Schüler, Folienstifte/Whiteboard-Marker

Vorbereitungstipps und Durchführungshinweise

Dieses Spiel lässt sich an jedes Thema anpassen und eignet sich für die Arbeit sowohl mit der ganzen Klasse als auch mit kleineren Gruppen. Wenn Sie in kleinen Gruppen spielen, braucht jede Gruppe einen Gruppenführer, der die Fragen stellt und die Antworten überprüft. Sie brauchen eine Liste mit Vokabeln, Themen, Fragen, Übersetzungen usw., die Sie wiederholen wollen. Jede Frage sollte mit einem Punktwert zwischen 1 und 25 versehen sein – oder mehr, falls Sie die größeren Zahlen wiederholen wollen. Schreiben Sie neben einige Zahlen in Ihrer Liste statt einer Frage den Ausruf „Oh no!" Vor dem Spiel verteilen Sie Mini-Tafeln und Stifte an die Schüler. Teilen Sie die Schüler in zwei oder drei Gruppen ein. Eine der Gruppen darf eine Zahl wählen. Diese Zahl entspricht der Nummer der Frage und ihrem Punktwert. Stellen Sie die Frage, und bitten Sie alle Schüler, die Antwort auf ihre Tafel zu schreiben. Sie dürfen ihre Antworten innerhalb ihrer Gruppe untereinander vergleichen und sich für eine entscheiden. Der Gruppensprecher gibt die endgültige Antwort. Ist sie richtig, gibt es Punkte. Ist sie falsch, kann eine andere Gruppe mit einer richtigen Antwort die doppelte Punktzahl für sich gewinnen. Diese Regelung motiviert alle, die Fragen zu beantworten, selbst wenn sie nicht an der Reihe sind. Wenn ein Schüler unglücklicherweise eine Zahl nennt, neben der in Ihrem Fragenkatalog ein „Oh no!" steht, verliert seine Gruppe alle bisher gewonnenen Punkte. Das Spiel endet nach einer vorher festgelegten Zeitspanne oder wenn ein bestimmter Punktestand erreicht ist.

Pictionary®

⇨ **Ziel** Wörter bildlich darstellen und auf Englisch erraten lassen

✎ **Sie brauchen** nichts

Vorbereitungstipps und Durchführungshinweise

Dieses Spiel funktioniert am besten mit Wörtern und Ausdrücken, die sich leicht in Bildern darstellen lassen. Sie können damit auch inhaltsbezogene und landeskundliche Themen wiederholen. Die Klasse wird in zwei Gruppen geteilt, und Sie zeigen einem Schüler ein Wort auf einer Flashcard oder einer Vokabelliste, das er an der Tafel in eine Zeichnung umsetzen soll. Seine Mannschaftskollegen müssen das Wort innerhalb einer bestimmten Zeitspanne erraten. Wird das Wort nicht erraten, darf das andere Team den Punkt für sich gewinnen. Auf diese Weise sorgen Sie dafür, dass alle aufmerksam zusehen und zuhören. Die Teams wechseln sich ab, pro Runde gibt es einen Punkt.

Einsatzmöglichkeiten und Variationen

Aufstehen!

Variante 1

Bei großen Gruppen empfiehlt es sich, die Schüler aufstehen zu lassen, wenn sie die Antwort wissen (oder zu wissen meinen), damit nicht alle wild durcheinanderrufen. Nehmen Sie entweder denjenigen, der als Erster aufgestanden ist, oder wählen Sie irgendeinen von denen, die aufgestanden sind.

Für kleine Gruppen

Variante 2

✎ **Sie brauchen:** für jede Gruppe Papier oder eine Mini-Tafel und einen Folienstift/Whiteboard-Marker

Spielen Sie diese Variante mit Gruppen aus vier bis sechs Schülern. Auf diese Weise sind sie stärker beteiligt und haben öfter die Möglichkeit, zu zeichnen und zu sprechen. Gehen Sie durch den Raum, und sehen Sie sich an, wie die Gruppen zurechtkommen. Bei Wortschatzübungen lassen Sie die Schüler die Wörter von ihren Vokabellisten nehmen oder, wenn Sie das Spiel als allgemeinere Wiederholung einsetzen, einfach aus ihrem vorhandenen Wortschatz aussuchen. Eine andere Möglichkeit ist es, einen Satz

Karten oder eine Liste mit Wörtern zu verteilen und ein Gruppenmitglied zum Meister der Liste zu erklären. Er leitet das Spiel und gibt die Wörter für die Zeichnungen vor.

Variante 3

In einer Reihe spielen

✎ **Sie brauchen:** für jede Reihe eine Mini-Tafel und Folienstifte/ Whiteboard-Marker, alternativ Papier

Um Pictionary® in einer Reihe zu spielen, brauchen Sie für jede Reihe eine Mini-Tafel, ersatzweise auch Papier. Die Klasse (oder mehrere Gruppen) stellt sich in einer Reihe auf. Der Erste in der Reihe kommt nach vorn und bekommt von Ihnen das Wort, das er zeichnen soll. Er kehrt zu seinem Tisch zurück, zeichnet das Bild und reicht die Tafel/den Zettel durch die Reihe. Sie können es entweder so machen, dass der Letzte in der Reihe raten muss oder dass jeder in der Reihe, der eine Idee hat, seinen Vorschlag auf das Whiteboard schreiben, zu Ihnen nach vorn laufen und die Antwort abgeben kann. Den Punkt bekommt entweder derjenige, der als Erster mit der richtigen Antwort aufwartet, oder alle Mannschaften mit der richtigen Antwort. In der nächsten Runde wechseln die Schüler die Plätze, sodass der zuvor Erste nun als Letzter in der Reihe steht. Sie können es auch so verabreden, dass derjenige, der die richtige Antwort gegeben hat, nach vorne geht und die Rolle des Zeichners übernimmt. Diese Variante hält die Schüler in Bewegung und sorgt dafür, dass alle beteiligt sind.

Presents

⇨ **Ziel** Wörter für Gegenstände sammeln, die man verschenken kann, Vorlieben und Abneigungen formulieren

✎ **Sie brauchen** Karten mit Gegenständen, Karten mit Aussagesätzen

Vorbereitungstipps und Durchführungshinweise

Bei diesem lustigen Spiel wiederholen Sie viele Verben und Nomen aus bestimmten Wortfeldern. Am besten eignen sich Aktionsverben und alle Nomen für Gegenstände, die man jemandem schenken kann. Verwenden Sie diese Form, um weitere grammatische Strukturen und Zeitformen zu üben. Lassen Sie die Schüler alle Dinge von ihrer Vokabelliste (z.B. aus der letzten Lektion) nennen, die man jemandem als Geschenk kaufen könnte. Um gleichzeitig Beschreibungen zu üben, lassen Sie sie jeweils ein Adjektiv hinzufügen. Geben Sie jedem Schüler zwei Karteikarten, und teilen Sie ihm ein Wort zu, das auf eine der Karteikarten geschrieben wird. Im nächsten Schritt stellen die Schüler gemeinsam eine Liste mit Vorlieben und Abneigungen zusammen, z.B. „he loves to swim", „she likes the cold", „he prefers chocolate ice cream". Sie sollen sich ihre Mitschüler vorstellen und überlegen, was sie mögen oder nicht mögen, was sie gerne tun und was sie nicht so gerne tun. Wenn eine ansehnliche Liste zusammengekommen ist, bitten Sie die Schüler, auf die zweite Karteikarte den Vorlieben-Satz zu schreiben, den Sie ihnen zuteilen. Dann sammeln Sie die Karten ein. (Alternativ können Sie die Geschenke- und Vorlieben-Karten auch selbst vorbereiten.)

Teilen Sie die Klasse in 4er-Gruppen ein. Jede Gruppe bekommt vier Karten mit einem Geschenkvorschlag darauf. Nehmen Sie sich die Aussagen über Vorlieben und Abneigungen vor, und lesen Sie eine davon vor, z.B. „she loves to swim". Die 4er-Gruppen überlegen gemeinsam, ob sie eine passende Geschenkkarte haben (z.B. „swimsuit"). Jede Gruppe gibt ihre beste Karte an den Punktrichter, der sie vorliest und der Gruppe einen Punkt gibt, die ein angemessenes Geschenk für die beschriebene Person hat. Einen weiteren Punkt kann es dadurch zu gewinnen geben, dass man den Schüler identifiziert, auf den diese Aussage zutrifft. Verteilen Sie die eingesammelten Karten neu. Wenn sie mögen, können die Gruppen einzelne Karten mit anderen Gruppen tauschen. Spielen Sie weitere Runden, und variieren Sie die Aufgabe vielleicht, indem Sie die Schüler auffordern, das am wenigsten passende Geschenk auszusuchen.

Einsatzmöglichkeiten und Variationen

Zusätzliche Schreibübung

✎ **Sie brauchen:** Karten mit Gegenständen, Karten mit Aussagesätzen, Papier/Heft

Schreiben Sie verschiedene Kombinationen aus Geschenk und Aussage über Vorlieben und Abneigungen an die Tafel. Lassen Sie die Schüler einzelne Kombinationen aussuchen, über die sie einen kleinen Text schreiben. Passen Sie die Satzstruktur an das Sprachniveau der Schüler an. Ein möglicher Satz könnte z.B. lauten: „He needs new shoes because he likes to run."

Eine andere Möglichkeit wäre, immer zwei Schülern eine Nomen-Karte und eine Aussagen-Karte zu geben. Lassen Sie sie entweder eine Verbindung zwischen beiden herstellen oder sagen, warum sie nicht zusammenpassen. Bitten Sie die Schüler, mehr als einen Satz zu schreiben. Dazu müssen sie ihre Karten auf dem Tisch liegen lassen, aufstehen und zu einem anderen Kartenpaar gehen. Dort bilden sie dann aus den Karten der Mitschüler einen neuen Satz.

Mit dieser Aktivität können Sie auch verneinte Aussagesätze üben: Wenn ein Schüler einen Drachen hat und gerne draußen spielt, könnte der Satz lauten: „He does not need a kite because he does not like to play outside."

Als Hausaufgabe könnten die Schüler Sätze über sich selbst schreiben und sich dabei an das Muster halten, das Sie im Unterricht geübt haben.

Weitere Themenbeispiele

➥ Kleidung
➥ Speisen und Nahrungsmittel
➥ was man auf einem Flohmarkt findet
➥ elektronische Apparate
➥ was man für einen Tag am Strand braucht
➥ ...

Weitere Beispiele für die Aussagenkarten

➥ was man gern oder nicht gern macht
➥ was man lieber machen oder nicht machen würde
➥ was jemand in der Zukunft machen oder nicht machen möchte

➡ was jemand in der Vergangenheit gemacht oder nicht gemacht hat

➡ was man mit einem Lottogewinn machen würde

➡ ...

Ring a word

⇨ **Ziel** Wortschatzwiederholung durch Zuordnen von deutschen und englischen Wörtern

✎ **Sie brauchen** Tafel oder OHP-Folie/Whiteboard, ggf. Folienstifte/ Whiteboard-Marker

Vorbereitungstipps und Durchführungshinweise

Bei diesem Spiel geht es darum, Vokabeln zu erkennen. Es lässt sich aber nicht nur für Vokabeln aller Art einsetzen, sondern auch für Grammatik-, Landeskunde- und inhaltsbezogene Übungen. Schreiben Sie die Wörter, die Sie gerade im Unterricht durchnehmen, ungeordnet auf die Tafel oder eine OHP-Folie. Achten Sie darauf, dass jedes Wort mindestens zweimal vorkommt. Teilen Sie die Klasse in zwei Gruppen auf, und geben Sie jeder Gruppe ein Stück Kreide oder einen Folienstift/Whiteboard-Marker in unterschiedlicher Farbe. Sobald Sie ein Wort auf Deutsch ausrufen, läuft ein Schüler aus jeder Gruppe nach vorne und kreist das entsprechende englische Wort ein. Sie können entweder beiden Schülern einen Punkt geben, wenn sie das englische Wort gefunden haben, oder dem ersten zwei und dem zweiten einen Punkt gutschreiben. Die Gruppe mit den meisten Punkten gewinnt.

Einsatzmöglichkeiten und Variationen

Länder und Hauptstädte

✎ **Sie brauchen:** Tafel oder OHP-Folie/Whiteboard, ggf. Folienstifte/ Whiteboard-Marker

Machen Sie eine Geografieübung daraus: Listen Sie die Hauptstädte von Englisch sprechenden Ländern an der Tafel auf, und rufen Sie die entsprechenden Ländernamen aus. Die Schüler müssen die passende Hauptstadt einkreisen.

Variante 1

Spiel zu zweit

✎ **Sie brauchen:** Zettel mit den Wörtern aus dem Spiel darauf

Dieses Spiel lässt sich in eine Partneraktivität umfunktionieren. Die Schüler arbeiten mit zwei getrennten oder einem einzigen Blatt. Wer als Erster die richtige Antwort umkringelt, gewinnt. Schreiben Sie die Wörter in zwei Spalten auf, für jeden Schüler eine. Dabei können die Wörter in derselben oder in unterschiedlicher Reihenfolge erscheinen. Durch die Spaltenform unterscheidet sich diese Aktivität von der Partnerversion des „Flyswatter game".

Weitere Themenbeispiele

➡ Sportarten, Berufe, Schulutensilien usw. (beliebige Wortfelder in Deutsch und Englisch)
➡ Synonyme
➡ Antonyme
➡ Städte und ihre Wahrzeichen
➡ Gegenstände und wie man sie benutzt (eine Schüssel, aus der man Haferflocken isst, ein Stuhl zum Sitzen usw.)
➡ Zeitformen und ein Verb in dieser Zeitform
➡ Länder und ihre Währungen
➡ berühmte Autoren und ihre Romane
➡ ...

Row races

⇨ **Ziel** Informationen zu beliebigen Themen wiederholen
✎ **Sie brauchen** für jede Reihe eine Mini-Tafel und einen Folienstift/ Whiteboard-Marker

Vorbereitungstipps und Durchführungshinweise

Dieses Spiel eignet sich für beliebige Themen, vor allem aber für die Wiederholung von Verben, Wortarten und Wortschatz. Die Schüler bilden 5er- oder 6er-Gruppen und setzen sich jeweils in eine Reihe. Geben Sie jeweils dem ersten eine Mini-Tafel und einen Folienstift/Marker. Wenn Sie

gerade Konjugationen üben, nennen Sie ihnen z.B. ein Verb und eine Zeitform. Die Schüler schreiben die 1. Person Singular auf und reichen
Tafel und Stift jeweils an den nächsten Schüler hinter sich weiter. Dieser
schreibt die 2. Person Singular auf und reicht die Tafel mitsamt Stift weiter. Die jeweils dritten Schüler schreiben die 3. Person Singular auf. So
geht es weiter mit den nächsten Schülern und den Pluralformen. Der jeweils letzte kann aufspringen und Ihnen die Tafel zur Korrektur geben,
oder Sie lassen die Schüler die Tafel zurück durch die Reihe nach vorne
geben. Dabei sollten sie ihre Formen noch einmal überprüfen. Punkte gibt
es für Genauigkeit und Geschwindigkeit. Die erste Gruppe mit richtigen
Formen bekommt fünf Punkte, die zweite vier usw. Als andere Möglichkeit,
die Punktzahl festzulegen, könnten die Schüler vor der Übung würfeln und
so die Anzahl der Punkte ermitteln, die sie bekommen, wenn alles richtig
ist. Für die nächste Runde wechselt der vorderste Schüler nach ganz
hinten in die Reihe.

Einsatzmöglichkeiten und Variationen

Setzen Sie dieses Spiel zur Wiederholung von Wortschatz, Grammatik,
Landeskunde und Inhalt ein. Verben lassen sich einfach wiederholen, auch
ohne Vorbereitung. Auch Wortfelder sind gut geeignet. Wenn Sie bspw. das
Wortfeld „Speisen und Lebensmittel" haben, können Sie jeden Schüler bitten, ein Wort aus diesem Wortfeld aufzuschreiben. Etwas komplizierter
wird es, wenn Sie sie eine Frage oder einen Aussagesatz bilden lassen, in
denen das Wort vorkommen muss. Falls Sie mit Themen arbeiten wollen,
die in keine klar umrissene Kategorie passen, bereiten Sie eine Folie vor,
auf der jedem Schüler in der Reihe eine Aufgabe aufgetragen wird, sodass
keine Verwirrung entsteht. Wenn das Thema der Folie z.B. „A day at the
beach" ist und Sie nicht nur eine Liste mit Nomen wollen, versuchen Sie
es mit einer solchen Aufgabenstellung:

➡ Student one writes: *something you eat at the beach*
➡ Student two writes: *something you always see at the beach*
➡ Student three writes: *something you do at the beach*
➡ Student four writes: *with whom you go to the beach*
➡ Student five writes: *when you go to the beach*
➡ Student six writes: *why you go to the beach*

Weitere Themenbeispiele

➥ Konjugationen
➥ Possessivbegleiter
➥ Pronomen
➥ Wochentage
➥ berühmte Gebäude und wo sie stehen
➥ Sachen in deinem Zimmer
➥ was man auf einem Flohmarkt findet
➥ ...

Scattergories®

> ⇨ **Ziel** Vokabeln zu bestimmten Wortfeldern wiederholen
> ✎ **Sie brauchen** Karten mit Buchstaben, Liste mit Wortfeldern, leere Zettel mit drei Spalten

Vorbereitungstipps und Durchführungshinweise

Mit diesem Spiel lassen sich vor allem Wortfelder wiederholen. Das können Wörter sein, die Sie zu einem früheren Zeitpunkt im Schuljahr durchgenommen haben, Wörter aus einer aktuellen Lektion oder von einer niedrigeren Lernstufe. Für fortgeschrittenere Schüler eignet sich das Spiel in seiner traditionellen Form. Die Schüler bilden Paare, die Partner treten gegeneinander an. Sie bekommen ein Blatt Papier, in drei Spalten aufgeteilt. In jeder Spalte ist Platz für zehn Wörter. Nennen Sie ein Wortfeld, und wählen Sie einen Buchstaben aus einem Satz Buchstabenkarten. Die Schüler haben etwa 90 Sekunden Zeit, möglichst viele Wörter, die mit diesem Buchstaben beginnen, in die Spalte für dieses Wortfeld zu schreiben. Wenn die Zeit um ist, vergleichen die Schüler ihre Wörter. Für jedes Wort, das der Partner nicht hat, gibt es einen Punkt. Die Punkte für jede Runde werden notiert.

Einsatzmöglichkeiten und Variationen

Variante 1

Für Anfänger

✎ **Sie brauchen:** Karten mit Buchstaben, Liste mit Wortfeldern, leere Zettel mit drei Spalten

Statt die Schüler Wörter aus einem festgelegten Wortfeld suchen zu lassen, die mit einem bestimmten Buchstaben beginnen, lassen Sie sie Wörter mit beliebigen Anfangsbuchstaben aufschreiben. Die Punktewertung ist wie bei der Originalversion beschrieben. Sie können die Schüler auch paarweise gegeneinander antreten lassen.

Variante 2

In Kleingruppen

✎ **Sie brauchen:** Liste mit Wortfeldern, leere Zettel mit drei Spalten oder Mini-Tafeln und Folienstifte/Whiteboard-Marker

Lassen Sie die Schüler in kleinen Gruppen und mit selbstgewählter Geschwindigkeit arbeiten. Geben Sie ihnen eine Liste mit Wortfeldern, von denen sie eins für jede Runde aussuchen. Sie können für jedes Wortfeld einen Buchstaben festlegen oder jedes beliebige Wort aufschreiben lassen, das in das Wortfeld passt. Geben Sie den Schülern entweder einen leeren, in drei Spalten geteilten Zettel oder eine Mini-Tafel. Lassen Sie sich die Listen am Ende der Stunde zeigen, und/oder gehen Sie während des Spiels durch den Raum und werfen ein Auge auf die Arbeit der Schüler.

Zusätzliche Schreibarbeit

✎ **Sie brauchen:** Papier/Heft

Nach dem Spiel lassen Sie die Schüler jeweils zehn Wörter aus ihrer Liste aussuchen und mit einem Partner zusammen ein Gedicht, eine kurze Geschichte, ein paar Sätze, ein Lied usw. schreiben, worin die ausgewählten Wörter vorkommen.

Scrabble®

⇨ **Ziel** Wortbildung zwecks Wortschatzwiederholung

✎ **Sie brauchen** Scrabble®-Vorlage (s. Abb. 7.5 auf S. 222)

Vorbereitungstipps und Durchführungshinweise

Diese Variante des traditionellen Scrabble®-Spiels kann zu zweit oder von zwei Teams mit jeweils höchstens zwei Spielern gespielt werden. Ein Schüler beginnt, indem er auf dem Spielfeld (s. Vorlage in Abb. 7.5 auf S. 222) ein englisches Wort in die Kästchen einträgt. Dabei muss ein Buchstabe das Start-Feld mit Sternchen in der Spielfeldmitte berühren. Das erste Wort sollte möglichst lang sein, damit mehr Möglichkeiten entstehen, neue Wörter anzufügen. Der erste Schüler zählt die Punkte in den Kästchen zusammen, die er benutzt hat, und notiert sich seine Punktzahl. Nun ist der zweite Spieler an der Reihe. Sein Wort muss einen Buchstaben des ersten Wortes überschneiden. Es darf normalerweise kein Wort unmittelbar an ein bereits vorhandenes Wort angesetzt werden, es sei denn, es kommt ein tatsächlich existierendes Wort dabei heraus. In diesem Fall zählen die Punkte des neuen und des vorhandenen Wortes. Bei dieser Version des Spiels wird der Punktwert eines Buchstabens durch eine fett gedruckte Zahl verdoppelt. Eine unterstrichene und kursiv gedruckte Zahl verdreifacht den Wortwert.

Simon says

⇨ **Ziel** Vokabeln wiederholen und szenisch umsetzen, Anweisungen befolgen

✎ **Sie brauchen** nichts

Vorbereitungstipps und Durchführungshinweise

Mit diesem Spiel bringen Sie Ihre Schüler zu einer aktiven Wortschatzwiederholung. Der Lehrer oder ein Schüler stellt sich vor die Klasse. Er ist der Anführer, Simon. Simon sagt den Schülern, was sie tun sollen. Diesen

Abb. 7.5 Scrabble®-Vorlage

Scrabble board

*Numbers that are in bold double the letter's value. (Fett gedruckte Zahlen verdoppeln den Buchstabenwert.)

*Numbers that are in italics and underlined triple the word's value. (Kursiv gedruckte und unterstrichene Zahlen verdreifachen den Wortwert.)

My partner's points: _____

My points: _____

13	1	1	2	1	*3*	1	1	1	*3*	1	2	1	1	13
10	1	1	1	1	*1*	1	1	1	*1*	1	1	1	1	10
1	5	3	1	1	1	3	1	3	1	1	3	3	5	1
1	9	8	3	1	1	3	1	3	1	3	8	9	1	1
4	1	1	7	1	1	2	2	2	1	7	1	1	4	
2	1	1	1	6	1	1	1	1	6	1	1	2		
1	2	2	1	1	5	3	3	5	1	1	2	1		
1	1	1	1	1	1	4	4	1	1	1	1	1		
3	4	5	*1*	3	2	1	*	1	2	3	*1*	5	4	3
1	1	1	1	1	1	4	4	1	1	1	1	1		
1	2	2	1	1	5	3	3	5	1	1	2	1		
2	1	1	1	6	1	1	1	1	6	1	1	2		
4	1	1	7	1	1	2	2	2	1	7	1	1	4	
1	9	8	3	1	1	3	1	3	1	3	8	9	1	1
1	5	3	1	1	1	3	1	3	1	1	3	3	5	1
13	10	1	1	4	2	1	1	3	1	1	2	4	1	1

Anweisungen müssen sie allerdings nur dann folgen, wenn sie mit „Simon says ..." eingeleitet werden. Wer einer Anweisung auch ohne diese Einleitung folgt, scheidet aus. Simon kann versuchen, seine Mitspieler zusätzlich zu verwirren, indem er eine Bewegung einfordert, aber eine andere vormacht.

Einsatzmöglichkeiten und Variationen

Komplikationen

Verkomplizieren Sie das Spiel, indem Sie den Schülern gleichzeitig mehrere Anweisungen geben, die sie verstehen und ausführen sollen, z.B.: „Simon says: touch your head with your right hand and jump while turning around." Tragen Sie ihnen seltsame Sachen auf, wie „Simon says: sit on the floor, raise your arms and legs and jump." Verrückte und/oder schwierig umzusetzende Befehle machen das Spiel interessanter und fesseln die Aufmerksamkeit der Schüler.

Weitere Themenbeispiele

➡ Anweisungen im Klassenzimmer
➡ Hinweise auf einem Flughafen
➡ Aktionsverben
➡ Körperteile
➡ Sportarten
➡ Redewendungen zum Thema „Wetter"
➡ Aufgaben im Haushalt
➡ ...

Spud

⇨ **Ziel** Zahlen oder bestimmte Wörter eines Wortfeldes wiederholen und aussprechen

✎ **Sie brauchen** einen weichen Ball zum Werfen

Vorbereitungstipps und Durchführungshinweise

Bei diesem Spiel handelt es sich um ein altbewährtes Kinderspiel, das mit englischen Wörtern besonders Spaß macht. Es lässt sich vor allem mit einfachen Vokabeln spielen, wenn die Schüler sie gut beherrschen und die meisten oder alle Wörter eines Wortfeldes parat haben, das Sie mit ihnen behandelt haben. Sie können auch berühmte Leute, Länder, Hauptstädte oder anderes einfaches, inhaltsbezogenes oder landeskundliches Vokabular verwenden. Am besten spielen Sie das Spiel draußen oder an einem Ort mit viel Bewegungsfreiheit, wie z.B. in einer Sporthalle. Die Schüler bilden einen Kreis um einen Mitschüler in der Mitte. Weisen Sie jedem Schüler eine englische Zahl zu. Der Schüler in der Mitte wirft den Ball in die Höhe, ruft eine beliebige Zahl und läuft aus der Mitte weg. Derjenige, dessen Zahl er gerufen hat, rennt los, um den Ball zu fangen bevor er wieder den Boden berührt. Gelingt es ihm, wird für den Werfer vom Schiedsrichter an der Tafel oder auf einem Zettel ein „S" notiert. Währenddessen laufen auch die anderen Schüler weg von der Mitte, doch sobald derjenige, dessen Zahl gerufen wurde, den Ball fängt und auf Englisch „Spud!" ruft, müssen alle regungslos stehen bleiben. Der Schüler mit dem Ball darf höchstens drei Schritte auf einen der „eingefrorenen" Mitschüler zu machen. Dann hat er einen Versuch, den „Eingefrorenen" abzuwerfen, der sich zwar nicht von der Stelle rühren, sich aber trotzdem wegducken darf. Wird ein Schüler getroffen und der Ball prallt ab, erhält auch er zur Strafe ein „S" und muss für die nächste Runde in die Mitte. Fängt er den Ball jedoch oder wird gar nicht getroffen, wird für den Werfer ein „S" notiert, der dann wiederum die nächste Runde von der Mitte aus beginnen muss. Sobald jemand alle vier Buchstaben von S-P-U-D bekommen hat, ist er ausgeschieden. Schärfen Sie den Schülern ein, dass sie nicht auf jemandes Kopf zielen dürfen.

Weitere Themenbeispiele

➡ Zahlen
➡ Alphabet
➡ Tiere
➡ Farben
➡ Namen berühmter Leute oder Romanfiguren
➡ Länder und/oder Hauptstädte
➡ Gegenstände im Haushalt
➡ Dinge im Klassenzimmer
➡ Anweisungen oder Aktionsverben (die Anweisung oder Aktion muss richtig ausgeführt sein, bevor man losrennen kann)
➡ unregelmäßige Verben in der Vergangenheitsform
➡ ...

Tic-tac-toe

⇨ **Ziel** Wörter wiederholen und schreiben
✎ **Sie brauchen** Papier oder Mini-Tafeln und Folienstifte/ Whiteboard-Marker

Vorbereitungstipps und Durchführungshinweise

Das Tic-tac-toe-Spiel ist für Wiederholungen mit Wettbewerbscharakter geeignet. Die Schüler bilden Paare. Jedes Paar bekommt einen Zettel oder eine Mini-Tafel. Einer von beiden ist X, der andere 0. In eine Ecke ihres Zettels/ihrer Tafel zeichnen sie ein Tic-tac-toe-Raster (zwei horizontale und zwei vertikale Linien, die zusammen ein Raster mit 3x3 Feldern ergeben). Der Schüler X hat als erster die Chance, sein erstes Zeichen in das Raster zu machen. Beginnen Sie das Spiel, und stellen Sie den Schülern eine Frage. Die Antwort schreiben alle auf ihren Zettel/ihre Tafel. Auch wenn X eigentlich an der Reihe ist, muss 0 ebenfalls seine Antwort aufschreiben. Wenn X eine falsche Antwort gibt, darf 0 einspringen und sein Zeichen machen. Die Schüler halten am besten ihre Zettel/Tafeln hoch, damit Sie die Antworten überprüfen können. Alternativ können Sie eine Liste der Antworten auf eine Folie tippen, sodass die Schüler sie selbst überprüfen können. Wenn X richtig geantwortet hat, darf er sein Zeichen in eins der Felder setzen. Bei der nächsten Runde ist O an der Reihe. (Falls X nicht richtig geantwortet hat, hat O also zweimal nacheinander die Chance, bei einer richtigen Antwort sein Zeichen in das Raster zu setzen.) Gewinner ist, wer zuerst drei X bzw. drei O in eine Reihe (horizontal, vertikal oder diagonal) setzen konnte.

Einsatzmöglichkeiten und Variationen

Spiel in großen Gruppen

✎ **Sie brauchen:** eine Tic-tac-toe-Vorlage auf OHP-Folie oder an der Tafel/ am Whiteboard

Spielen Sie das Spiel mit der ganzen Klasse. Fertigen Sie eine Tic-tac-toe-Vorlage auf Folie an. Wie bei der ursprünglichen Version schreiben die Schüler auch hier ihre Antworten auf, ein Schüler meldet sich und antwortet für seine Gruppe. Ansonsten gelten die Regeln wie zuvor beschrieben.

Spiel zu zweit

✎ **Sie brauchen:** eine vorbereitete Tic-tac-toe-Vorlage

Schreiben Sie eine Frage, einen Aussagesatz, ein Wort oder eine Übersetzung in jedes der Felder einer Tic-tac-toe-Vorlage. Wer einen Platz auf dem Raster für sich und sein Zeichen gewinnen will, muss die Frage auf diesem Feld richtig beantworten. Dabei sind die Schüler abwechselnd an der Reihe. Stellen Sie den Schülern eine Liste mit Antworten/Lösungen zur Verfügung, oder lassen Sie sie in ihren Vokabellisten nachsehen, um die Antworten zu überprüfen. Eine andere Möglichkeit ist es, einen dritten Schüler als Kontrolleur mit einer Antwortenliste auszustatten.

Variante 1

Variante 2

There's no subject

Vorbereitungstipps und Durchführungshinweise

Schreiben Sie verschiedene englische Sätze ohne Subjekt auf einen Zettel, z.B. „My _____ is the son of my grandparents" oder „ _____ is what I use to dry my hair." Zerschneiden Sie den Zettel in Streifen, auf denen jeweils ein Satz steht, und legen Sie alle Streifen in einen Hut. Vielleicht haben Sie ja sogar einen Cowboyhut zur Verfügung. Teilen Sie die Klasse in zwei Gruppen. Sie ziehen abwechselnd einen Streifen aus dem Hut und ergänzen das fehlende Wort. Sie können die Sätze auch auf eine Folie schreiben und sie nach und nach aufdecken, wenn Sie keine Streifen zuschneiden wollen. Für jede richtige Antwort gibt es für die jeweilige Mannschaft einen Punkt. Die Schüler können mündlich oder schriftlich auf Mini-Tafeln antworten.

Alternativ können Sie das Spiel natürlich auch in „There's no verb" o.Ä. umwandeln.

Weitere Themenbeispiele

➡ Dinge für die Körperpflege
➡ Berufe
➡ Haustiere
➡ Möbel und andere Sachen im Haushalt
➡ berühmte Leute
➡ Schüler in der Klasse oder bekannte Lehrer oder Mitarbeiter der Schule
➡ Speisen und Nahrungsmittel
➡ Orte in der Stadt
➡ was man an einem Flughafen macht und was man dort findet
➡ Dinge in einem Hotel
➡ ...

Verb war

⇨ **Ziel** Verben konjugieren

✎ **Sie brauchen** für jede Gruppe einen Satz Zeiten-Karten und einen Satz Infinitiv-Karten

Vorbereitungstipps und Durchführungshinweise

Für dieses Konjugationsspiel brauchen Sie für jede Gruppe einen Satz Karten mit Zeiten und einen mit Infinitiven. Wenn möglich, sollten Sie unterschiedlich farbige Karten verwenden. Zur Anfertigung der Karten empfiehlt sich die Tabellenfunktion am PC. Geben Sie die Zeiten in eine Tabelle ein und die Verben in eine andere (für fortgeschrittene Lerngruppen können Sie verstärkt unregelmäßige Verben einbauen). Kopieren Sie die Vorlage mit den Zeiten auf farbige Pappe und die Infinitive auf andersfarbige Pappe. Sie können Zeit sparen, indem Sie die Schüler die Karten vor dem Spiel ausschneiden lassen. Die Karten lassen sich später für andere Konjugationsübungen wiederverwerten. Sobald die Karten ausgeschnitten sind, kann das Spiel beginnen. Ein Schüler deckt eine Zeitenkarte auf, ein anderer eine Infinitivkarte. Der erste, der das Verb richtig konjugiert, gewinnt einen Punkt. Das Spiel geht über mehrere Runden.

Einsatzmöglichkeiten und Variationen

Zusätzliche Schreibübung

✎ **Sie brauchen:** für jede Gruppe einen Satz Zeiten-Karten und einen Satz Infinitiv-Karten sowie Papier/Heft

Die Schüler ziehen jeweils zehn Zeit- und Infinitiv-Karten und schreiben zehn Fragen oder Aussagesätze mit den entsprechend konjugierten Verben. Eine andere Möglichkeit ist es, sie mehrere Infinitive, aber nur ein oder zwei Zeiten ziehen zu lassen. Sie können die Konjugationen auch in eine Geschichte, einen Dialog, ein Lied oder einen anderen kreativen Text einbauen lassen.

Vocabulary puzzles

⇨ **Ziel** Wortschatzwiederholung in Puzzle-Form, Zuordnung von
   deutschen und englischen Wörtern
✎ **Sie brauchen** Vorlage für ein „Vocabulary puzzle"
   (s. Abb. 7.6 auf S. 230)

Vorbereitungstipps und Durchführungshinweise

Das Vokabelpuzzle ist ein vielseitiges Instrument zur Wiederholung von
Wortschatz, Grammatik, Landeskunde und inhaltsbezogenen Themen. In
der Vorlage (s. Abb. 7.6 auf S. 230) ordnen Sie englische und deutsche Wörter
so an, dass sich die passenden Übersetzungen immer an einem Puzzleteil-
rand gegenüberliegen. Sie haben die Wahl, ob Sie die äußeren Ränder der
Puzzleteile am Rand der Vorlage frei lassen oder noch ein paar Extras als
zusätzliche Herausforderung anfügen wollen. Wörter innerhalb des Puzzles
zu wiederholen, macht die Aufgabe ebenfalls schwieriger. Sie können Zeit
sparen, indem Sie die Schüler die Teile vor dem Spiel selbst ausschneiden
lassen. Kopieren Sie das Puzzle zuvor auf unterschiedlich farbiges Papier.
Das ist hilfreich beim Sortieren der Puzzleteile, wenn Sie das gleiche Puzzle für mehrere Gruppen vervielfältigen. Wenn Sie vorhaben, das Puzzle häu-
figer zu benutzen, sollten Sie überlegen, ob Sie es auf Pappe kopieren und/
oder laminieren. Die Puzzleteile lassen sich gut in Umschlägen oder But-
terbrottüten aufbewahren. Beschriften Sie sie mit einem Filzschreiber.

Einsatzmöglichkeiten und Variationen

Mit Vokabelpuzzles lassen sich Grammatik, Landeskunde und inhaltsbezogene oder allgemeine Vokabeln wiederholen. Die Größe der Puzzlestücke
stellt die einzige Einschränkung dar, weil sie die Länge der verwendeten
Wörter oder Redewendungen begrenzt.

Zusätzliche Schreibübungen
✎ **Sie brauchen:** Vorlage für ein „Vocabulary puzzle" (s. Abb. 7.6
   auf S. 230) und Papier/Heft
Erweitern Sie die Übung, und lassen Sie die Schüler Sätze aus dem Vokabular
bilden, das bei dem Puzzle benutzt wurde. Sie können auch versuchen, einen

Abb. 7.6 Vorlage für ein „Vocabulary puzzle"

Download

Vocabulary puzzle

your nephew / dein Neffe — his dad / sein Papa — our niece / unsere Nichte

| the only child | meine Stiefmutter | unser Haus | his cousins |
| das Einzelkind | my stepmother | our house | seine Cousins |

his mom / seine Mutter — dein Vater / your father — their stepfather / ihr Stiefvater

| ihr Onkel | his son | ihr Kind | their son |
| their uncle | sein Sohn | their child | ihr Sohn |

deine Schwester / your sister — deine Tante / your aunt — her grandchild / ihr Enkelkind

| meine Familie | ihr Großvater | our sisters | my brother |
| my family | their grandfather | unsere Schwestern | mein Bruder |

unser Cousin / our cousin — meine Verwandten / my relatives — their dog / ihr Hund

| her daughter | meine Eltern | ihre Katze | unsere Kinder |
| ihre Tochter | my parents | her cat | our children |

seine Großmutter / his grandmother — mein Cousin / my cousin — our grandparents / unsere Großeltern

besonders langen, aber sinnvollen Satz zu bilden und darin so viele Vokabeln wie möglich unterzubringen.

Weitere Einsatzmöglichkeiten:
➥ jemandem einen Brief mit dem Vokabular schreiben
➥ zu zweit einen Dialog schreiben und der Klasse vorspielen
➥ ein Lied schreiben
➥ ein Bild malen, das Wörter aus dem Puzzle enthält – die Schüler können das Bild dann auch beschriften
➥ falls Sie das Puzzle auf einem Roman aufbauen, bitten Sie die Schüler, eine der Figuren aus der Lektüre zu wählen, diese Figur genauer zu beschreiben und ein Portrait anzufertigen, das sie so zeigt, wie sie nach Ansicht der Schüler aussieht

Weitere Themenbeispiele

➥ Wortschatz auf Deutsch und Englisch
➥ Romane und ihre Figuren
➥ Schriftsteller und ihre Bücher
➥ Sänger und ihre Lieder
➥ Länder und ihre Hauptstädte
➥ Präsidenten und ihre Länder
➥ Synonyme
➥ Antonyme
➥ Zahlen
➥ Gegenstände und ihre Beschreibung
➥ Fragen und Antworten
➥ Zeitangabe-Infinitiv-Kombination und Konjugation
➥ ...

What do you remember?

⇨ **Ziel** Wiederholung von Themen, Fragen beantworten
✎ **Sie brauchen** zwei verschiedene Listen mit Fragen und Antworten

Vorbereitungstipps und Durchführungshinweise

Mit diesem Spiel lassen sich Wortschatz, Grammatik, Inhalt und Landeskunde wiederholen. Wenn Sie alle Antworten genau unter die Lupe nehmen
wollen, spielen Sie es mit der ganzen Klasse. Wenn Sie mehr Schülern
gleichzeitig die Gelegenheit geben wollen, sich zu beteiligen, spielen Sie
es in kleinen Gruppen. Bereiten Sie zwei Listen mit den Dingen vor, die die
Schüler wiederholen sollen. Dabei sollte jede Liste die zu übersetzenden
Fragen, Vokabeln und Sätze in der linken und die Antworten bzw. Lösungen
in der rechten Spalte stehen haben. Machen Sie die Fragen zunehmend
schwieriger, und legen Sie einen ansteigenden Punktwert fest. Die einfachste Möglichkeit ist es, die Fragen fortlaufend zu nummerieren und die
Nummer als Punktwert zu nehmen. Beide Listen sollten möglichst unterschiedlich sein, weil das Spiel von zwei gegnerischen Mannschaften gespielt wird. Geben Sie den Mitgliedern jeder Mannschaft je einen Zettel
oder eine Mini-Tafel, auf dem/der sie ihre Antworten zusammenstellen
können. Jede Gruppe bekommt nun eine der Listen, dann stellen sie sich
gegenseitig die Fragen, wobei die gegnerische Mannschaft die Antworten
mündlich oder schriftlich geben kann. Bei der Fragestellung ist keine Reihenfolge vorgegeben. Jede richtige Antwort wird mit dem Punktwert der
Frage belohnt. Legen Sie vorher fest, wie viele Runden oder wie lange die
Schüler spielen sollten.

Weitere Themenbeispiele

➡ wichtige Leistungen berühmter Personen in Großbritannien nennen
➡ Sätze auf Aufklebern auf gebräuchlichen Haushaltsprodukten übersetzen
➡ unregelmäßige Verben konjugieren und in Sätze einbauen
➡ Synonym oder Antonym zu einem Wort nennen
➡ Fragen zum Tagesablauf beantworten
➡ ...

What's in the bag?

⇨ **Ziel** Fragen bilden, einen Gegenstand in einem Beutel befühlen und
erraten, was es ist
✎ **Sie brauchen** einen blickdichten Stoffbeutel mit verschiedenen
Gegenständen

Vorbereitungstipps und Durchführungshinweise

Bereiten Sie einen Beutel mit Gegenständen vor. Die Schüler dürfen nicht
sehen können, was er enthält. Sie greifen nacheinander hinein und versuchen, den Gegenstand zu identifizieren, den sie fühlen. Sie versuchen, zu
raten, und fragen den Lehrer auf Englisch: „Is it a ...?" Wenn ihre Vermutung
zutrifft, können sie den Gegenstand aus dem Beutel nehmen und bekommen einen Punkt. Nach dem Spiel lassen Sie die Schüler Sätze, einen kurzen
Text oder eine Geschichte über die Dinge aus dem Beutel schreiben. Stellen
Sie alle Gegenstände auf den Tisch, damit die Schüler keinen vergessen.

Einsatzmöglichkeiten und Variationen

Fragen stellen ohne Tasten
✎ **Sie brauchen:** einen blickdichten Stoffbeutel mit verschiedenen
Gegenständen
Legen Sie einen Gegenstand in einen Beutel. Die Schüler dürfen nicht
sehen, was darin ist. Lassen Sie sie Fragen dazu stellen und versuchen,
den Gegenstand zu erraten. Wer richtig rät, kann einen Punkt für seine
Mannschaft ergattern und den Gegenstand oder einen anderen Preis
gewinnen. Spielen Sie eine oder mehrere Runden, und nehmen Sie jedes
Mal einen anderen Gegenstand.

Variante

Word race game

⇨ **Ziel** Wörter aus willkürlichen Buchstabenkombinationen bilden
✎ **Sie brauchen** Liste mit Buchstabenkombinationen, Papier oder
Mini-Tafeln mit Folienstiften/Whiteboard-Markern

Vorbereitungstipps und Durchführungshinweise

Wiederholen Sie mit diesem Spiel beliebige Vokabeln aus dem Unterricht.
Bereiten Sie eine Liste mit Buchstabenkombinationen vor, oder entscheiden Sie spontan, welche Kombinationen Sie nehmen wollen. Lassen Sie die
Schüler 4er-Gruppen bilden, und geben Sie ihnen Zettel oder Mini-Tafeln.
Schreiben Sie eine beliebige Buchstabenkombination an die Tafel, die für
diese Runde gelten soll. Bitten Sie die Schüler, sich möglichst viele Wörter
auszudenken, die nur aus diesen Buchstaben bestehen. Jede Gruppe hat
einen Schriftführer, der die Wörter notiert. Die Gruppenführer der Gruppen
lesen nacheinander die Wörterlisten vor. Die anderen Gruppen hören zu und
streichen die Wörter von ihrer Liste, die sie ebenfalls aufgeschrieben haben. Die Gruppen bringen ihre Listen dann nach vorne. Geben Sie einen
Punkt für jedes Wort, das nicht durchgestrichen ist.

Einsatzmöglichkeiten und Variationen

Zusätzliche Schreibübung
✎ **Sie brauchen:** Liste mit Buchstabenkombinationen, Papier/Heft
Wenn das Spiel vorüber ist, lassen Sie die Gruppen jeweils zehn Wörter aus
ihren Listen aussuchen. Die Schüler arbeiten zu zweit und wählen eine der
folgenden Aufgaben:
➥ Write a sentence that uses all of the words.
➥ Form various logical or illogical sentences.
➥ Create questions using those words.
➥ Invent a short story.

Fünf-Minuten-Lockerungsübungen 8
für Kopf und Beine

* Alle Aktivitäten in diesem Kapitel, die mit einem Sternchen versehen sind, werden mündlich durchgeführt. Die Schüler stehen dazu auf. Es gilt das Ausscheidungsprinzip: Wer eine falsche Antwort gibt, muss sich setzen. Die meisten Aktivitäten können auch für schriftliche Aufgaben verwendet werden.

Name der Übung und kurze Erläuterung	Seite	Lerninhalte				Art der Kommunikation	
		Wo	Gr	In	La	mündlich	schriftlich
Alphabetised adjectives Die Schüler bilden kurze Sätze, bei denen die Adjektive immer mit dem nächsten Buchstaben im Alphabet beginnen. Sie können auch Vorgaben machen, mit welchem Buchstaben das Subjekt beginnen soll, z.B. C: *Camilla is antsy. Caroline is beautiful.*	239	•	•				•
Answering questions with questions* Die Schüler müssen eine Frage stellen, um im Rennen zu bleiben. Der nächste Schüler beantwortet die Frage nicht, sondern stellt eine neue.	239	•	•			•	
Can you come to the party?* Beginnen Sie mit diesem Aussagesatz (oder einem ähnlichen, der die grammatische Funktion aufgreift, die Sie üben wollen): „I am going to the party and I am bringing ___." Die Schüler müssen herausfinden, von welchem Wortfeld Sie ausgehen. Dann sagen sie denselben Satz und ergänzen ihn mit einem Wort aus diesem Wortfeld. Wenn sie etwas raten, das nicht in dieses Wortfeld passt, können sie nicht zu der Party gehen und werden für diese Runde ausgeschlossen.	240	•	•			•	•
Categorise it!* Suchen Sie sich ein Wortfeld zur Wiederholung aus. Um im Spiel zu bleiben, müssen die Schüler ein Wort aus diesem Wortfeld nennen. Wer ein Wort nennt, das bereits vorgekommen ist, oder eines aus einem falschen Wortfeld nimmt, ist ausgeschieden und muss sich setzen.	241	•				•	

Wo = Wortschatz   Gr = Grammatik   In = Inhalt   La= Landeskunde

Name der Übung und kurze Erläuterung	Seite	Lerninhalte				Art der Kommunikation	
		Wo	Gr	In	La	mündlich	schriftlich
Five-letter words* Die Schüler müssen ein Wort mit fünf (oder zwei oder drei) Buchstaben nennen, um im Spiel zu bleiben. Als zusätzliche Herausforderung beschränken Sie den thematischen Bereich, aus dem Wörter stammen dürfen.	242	•				•	•
Grammatically correct nonsens sentences* Die Schüler bilden einen Satz, indem sie einer nach dem anderen ein Wort anfügen. Der Satz darf völlig unsinnig sein, muss aber auf jeden Fall grammatisch korrekt bleiben. Wem kein passendes Wort einfällt oder wer ein falsches Wort vorschlägt, scheidet aus.	243	•	•			•	
Guess that noun! Ein Schüler geht aus dem Raum, und die anderen überlegen sich ein Wort, das er erraten muss. Bei seiner Rückkehr darf er drei Fragen stellen: 1) *Why do you like this thing?*, 2) *When do you like this thing?*, 3) *Where do you like this thing?* Der Schüler kann jeden aus der Klasse fragen und muss eine Antwort bekommen, die so viele Informationen wie möglich enthält und dem Fragenden Hilfestellung beim Raten gibt.	244	•	•			•	
Say it!* Ein Schüler sagt ein Wort aus einem beliebigen Wortfeld. Der nächste sagt ein Wort, das mit dem letzten Buchstaben des vorangegangenen Wortes beginnt. Als Variante kann das nächste Wort mit dem zweiten Buchstaben des ersten oder mit demselben Buchstaben wie das erste anfangen.	245	•				•	•

Wo = Wortschatz Gr = Grammatik In = Inhalt La = Landeskunde

Name der Übung und kurze Erläuterung	Seite	Lerninhalte				Art der Kommunikation	
		Wo	Gr	In	La	mündlich	schriftlich
Tricky sentences* Die Schüler bilden einen möglichst langen Satz, bei dem jedes Wort mit demselben Buchstaben anfängt. Der Satz darf vollkommen verrückt sein, muss aber den grammatischen Regeln entsprechen (Beispiel: *Sara Sandra Smith saw Sam Stewart Swanson swimming silently while softly singing serenades*). Wem kein passendes oder kein richtiges Wort einfällt, setzt sich hin. Ein neuer Satz mit einem anderen Buchstaben darf nur anfangen, wenn der vorangegangene Satz fertig ist.	**246**	•	•			•	•
Word associations* Sie oder ein Schüler nennen/nennt ein englisches Wort, das die Klasse kennt. Der nächste Schüler fügt ein Wort hinzu, das irgendwie mit dem ersten zusammenhängt. Wenn ihm nichts einfällt oder die Verbindung zwischen den Wörtern nicht verständlich ist, muss er sich hinsetzen. Das Spiel geht so lange weiter, bis nur noch ein Schüler übrig ist.	**247**	•	•			•	•

Wo = Wortschatz Gr = Grammatik In = Inhalt La= Landeskunde

Alphabetised adjectives

⇨ **Ziel** Adjektive wiederholen und beschreibende Sätze bilden

✎ **Sie brauchen** nichts

Vorbereitungstipps und Durchführungshinweise

Die Schüler bilden Aussagesätze, bei denen die Adjektive in alphabetischer Reihenfolge jeweils mit einem anderen Buchstaben anfangen. Legen Sie vorher fest, ob sich auch der Anfangsbuchstabe des Subjekts von Satz zu Satz ändern soll, womöglich auch mit einem bestimmten Buchstaben gleich bleiben soll (siehe Beispiel). Variieren Sie, indem Sie Subjekt und Adjektiv alphabetisch verändern.

Beispielsätze:
Camilla is angry.
Carmela is beautiful.
Carlos is careful.
Carolina is diligent.
Cashew nuts are edible.
Canadians are friendly.

Answering questions with questions

⇨ **Ziel** Fragenbildung üben

✎ **Sie brauchen** nichts

Vorbereitungstipps und Durchführungshinweise

Statt die Frage des Vorgängers zu beantworten, müssen die Schüler hier eine weitere Frage stellen, um im Spiel zu bleiben. Die Fragen müssen grammatisch korrekt sein, sonst scheidet der Spieler aus.

Beispielfragen:

Schüler Nr. 1 fragt: *What is your favorite colour?*

Schüler Nr. 2 fragt: *What did you do last night?*

Schüler Nr. 3 fragt: *Did Sofia dance with Pedro on Friday?*

Schüler Nr. 4 fragt: *Where is Carmen?*

Schüler Nr. 5 fragt: *Why doesn't he do his homework?*

Einsatzmöglichkeiten und Variationen

Beschränken Sie die Schüler auf eine bestimmte Frage- oder Zeitform, und legen Sie vielleicht auch fest, wie viele Wörter eine Frage mindestens enthalten sollte.

Can you come to the party?

⇨ **Ziel** Aussagesätze mit unterschiedlichen Zeitformen bilden

✎ **Sie brauchen** nichts

Vorbereitungstipps und Durchführungshinweise

Überlegen Sie im Vorfeld, welche Art des Aussagesatzes die Schüler üben sollen. Die Grundstruktur ist: „I am going to a party and I am taking a _____ ." Die Schüler müssen ein Wort aus einem von Ihnen insgeheim festgelegten Wortfeld einsetzen, um zur Party gehen zu können. Sie beginnen die Runde mit einem Beispiel, damit die Schüler einen Anhaltspunkt haben. Wenn sie etwas einsetzen, das nicht ins Muster passt, können sie nicht zur Party gehen und müssen sich hinsetzen. Das Ziel ist es, als Letzter stehen zu bleiben und sagen zu können, welches Wortfeld oder Wortmuster gefragt war.

Beispielsätze:

➡ Der Lehrer beginnt mit: *I am going to the party and I am taking* _raspberries._

➡ Schüler Nr. 1 sagt: *I am going to the party and I am taking* _cherries._ Der Lehrer antwortet: *Yes, you are going to the party.*

➡ Schüler Nr. 2 sagt: *I am going to the party and I am taking a <u>kiwi</u>.*
Der Lehrer antwortet: *No, you are not going.*
➡ Schüler Nr. 3 sagt: *I am going to the party and I am taking <u>strawberries</u>.*
Der Lehrer antwortet: *Yes, you are going.*
(In diesem Fall mussten die Schüler eine rote Frucht nennen, um zur
Party gehen zu können.)

Einsatzmöglichkeiten und Variationen

Hier ist eine lustige Möglichkeit, eine grammatische Struktur ins Spiel
zu bringen, die die Schüler möglichst oft hören und selbst sagen sollen.
Wandeln Sie dafür die obige Struktur der Aussage ab, und führen Sie eine
Struktur ein, die Sie im Unterricht gerade behandeln. Lassen Sie die Schü-
ler fragen, ob sie zur Party gehen dürfen. Hier sind einige Beispiele für
mögliche Abwandlungen:
➡ I would like to come to your party and bring you a _____ .
Can I come?
➡ I want to go to the party at your house. Can I bring you _____?
➡ I went to my friend's party. I took a _____ .
Did they let me in?
➡ I hope to go to your party if you let me. I want to bring _____ .
Will you let me in?
➡ I would go to your anniversary party and I will bring _____ .
Is that okay?

Categorise it!

⇨ **Ziel** Vokabeln eines bestimmten Wortfeldes wiederholen
✎ **Sie brauchen** nichts

Vorbereitungstipps und Durchführungshinweise

Suchen Sie zunächst ein Wortfeld aus. Um im Spiel zu bleiben, müssen die
Schüler der Reihe nach ein Wort nennen, das zu diesem Wortfeld gehört.
Wer ein nicht passendes Wort sagt, scheidet aus und muss sich setzen.

Themenbeispiele

➡ Speisen und Lebensmittel
➡ Obst
➡ Sport- und Freizeitaktivitäten
➡ Wörter in Verbindung mit Weihnachten
➡ Thanksgiving
➡ Kleidung und verwandte Begriffe
➡ Aktionsverben
➡ der Regenwald
➡ ...

Five-letter words

⇨ **Ziel** Vokabeln aus früheren Lektionen aktivieren und Wörter mit einer bestimmten Anzahl an Buchstaben nennen

✎ **Sie brauchen** nichts

Vorbereitungstipps und Durchführungshinweise

Um in einer Runde bleiben zu können, müssen die Schüler ein Wort mit fünf Buchstaben sagen. Je nach Kenntnisstand sammeln sie vorab passende Wörter allein oder mit einem Partner und schreiben sie auf. Ob sie diese Listen beim ersten Mal benutzen dürfen, wenn Sie dieses Spiel spielen, machen Sie ebenfalls von der Lernstufe abhängig. Wenn die Listen nicht eingesetzt werden dürfen, sollen die Schüler sie wegpacken, damit sie nicht schummeln können. Nun beginnt der erste Schüler und nennt das erste, aus fünf Buchstaben bestehende Wort. Dann ist der nächste an der Reihe. Wer kein passendes Wort mehr sagen kann oder ein bereits gesagtes wiederholt, scheidet aus und muss sich setzen. Ändern Sie in späteren Runden die Anzahl der erforderlichen Buchstaben.

Einsatzmöglichkeiten und Variationen

Schreibübung

✎ **Sie brauchen** Papier/Heft

Dieses Spiel lässt sich leicht zu einer Schreibübung abwandeln. Bitten Sie die Schüler, innerhalb einer bestimmten Zeit möglichst viele Wörter mit fünf Buchstaben aufzuschreiben. Sie können gegen einen Partner, in einer kleinen Gruppe oder gegen die ganze Klasse spielen. Für jedes Wort, das der Partner nicht auf seiner Liste hat, gibt es einen Punkt.

Grammatically correct nonsense sentences

⇨ **Ziel** Grammatik in witzigen Kontexten üben

✎ **Sie brauchen** nichts

Vorbereitungstipps und Durchführungshinweise

Diese Art von Übung ermuntert Ihre Schüler, sich Wörtern mit etwas mehr Fantasie zu nähern. Die Schüler tragen jeweils ein Wort zu Sätzen bei, die zwar grammatisch korrekt, inhaltlich aber vollkommen unsinnig sind. Der Erste beginnt mit dem Artikel oder Subjekt, jeder weitere Schüler im Kreis fügt ein Wort an. Wer kein Wort beitragen kann, das grammatisch in den Satz passt, muss sich setzen. Diese Aktivität eignet sich vor allem zur Wiederholung von grammatischen Themen. Beschränken Sie die Schüler auf eine bestimmte Zeitform oder Satzstruktur, um das Spiel ein bisschen schwieriger zu machen. Lassen Sie entweder jede beliebige Wortanzahl pro Satz zu, oder legen Sie eine Mindestanzahl fest.

Beispielsätze:
➡ The gigantic dog drives to the zoo to take pictures of the little elephants.
➡ The sad book went to the library to check out a funny person.
➡ The glass of sour milk hopped on the tired table.
➡ The blanket went to find a big cat to keep it warm.
➡ The purple apple is generous and gives its green couch to the sad onion.

Guess that noun!

⇨ **Ziel** mit Hilfe von drei Hinweisen ein Nomen erraten
✎ **Sie brauchen** nichts

Vorbereitungstipps und Durchführungshinweise

Ein Schüler, der sich entweder freiwillig meldet oder ausgesucht wird, muss ein Nomen erraten, nachdem er drei Fragen dazu gestellt hat. Schicken Sie ihn vor die Tür, und nennen Sie dem Rest der Klasse das Wort. Rufen Sie den Frager wieder ins Klassenzimmer. Er darf nur drei Fragen stellen (dafür wählt er drei beliebige Mitschüler aus). Sie lauten immer wie im Beispiel links. Seine Mitschüler müssen ihre Antworten so informativ wie möglich gestalten.

Beispiele zum Thema „icecream":
➡ Why do you like it? ➡ I like it because it is cold and sweet.
➡ When do you like it? ➡ I like it on a hot summer day.
➡ Where do you like it? ➡ I like to eat it at the beach.

Einsatzmöglichkeiten und Variationen

Variante

Alles Lüge?
Machen Sie das Fragespiel ein bisschen komplizierter: Die Schüler dürfen auf die Fragen des Fragenstellers auch mit Lügen antworten. Wenn der Fragensteller vermutet, dass sie nicht die Wahrheit sagen, können sie einen weiteren Schüler bitten, die Antwort zu bestätigen. Dieser Schüler darf nicht lügen.

Say it!

⇨ **Ziel** Vokabeln aus früheren Lektionen aktivieren und
unterschiedliche Wörter üben
✎ **Sie brauchen** nichts

Vorbereitungstipps und Durchführungshinweise

Ein Schüler beginnt mit einem Wort aus einem beliebigen Wortfeld. Der
nächste muss mit einem Wort anschließen, das mit dem letzten Buchstaben des vorangegangenen Wortes anfängt (s. Beispiel 1 in Abb. 8.1).
Variieren Sie die Regel, und lassen Sie bspw. jedes nächste Wort mit dem
ersten (Beispiel 2) oder zweiten (Beispiel 3) Buchstaben des vorangegangenen Wortes beginnen.

Abb. 8.1 Beispiel-Wortreihen

	Beispiel 1: Letzter Buchstabe	Beispiel 2: Erster Buchstabe	Beispiel 3: Zweiter Buchstabe
Schüler Nr. 1:	paper	green	sizzle
Schüler Nr. 2:	ruler	gopher	igloo
Schüler Nr. 3:	real	grapefruit	glossy
Schüler Nr. 4:	leap	give	loop
Schüler Nr. 5:	perfume	ghost	overalls
Schüler Nr. 6:	elephant	gigantic	very

Einsatzmöglichkeiten und Variationen

Schreibübung

✎ **Sie brauchen:** Papier/Heft

Bitten Sie einige Schüler, die genannten Wörter festzuhalten, oder verlassen Sie sich darauf, dass alle sich an die Wörter erinnern, die sie benutzt haben. Schreiben Sie die Liste nach dem Spiel an die Tafel, und geben Sie den Schülern die Aufgabe, aus diesen Wörtern lustige Sätze oder Fragen zu bilden oder eine Geschichte oder ein Gedicht zu schreiben.

Tricky sentences

⇨ **Ziel** Satzbildung üben

✎ **Sie brauchen** Papier

Vorbereitungstipps und Durchführungshinweise

Bei dieser nicht ganz einfachen Übung gehen die Schüler durch den Raum und bilden Sätze, bei denen jedes Wort mit demselben Buchstaben beginnt. Bindewörter, wie „in", „on", „to" usw., sind jedoch erlaubt, um einen vernünftigen Satzbau zu ermöglichen. Lassen Sie die Klasse entscheiden, welcher Buchstabe es sein soll, oder legen Sie ihn selbst fest. Dann könnte es ein bisschen schwieriger werden. Erst wenn ein Satz vollständig und abgeschlossen ist, darf ein neuer Satz begonnen werden. Wem kein Wort mit dem entsprechenden Buchstaben einfällt oder wer ein Wort nennt, das grammatisch nicht korrekt ist, scheidet aus und muss sich setzen. Möglicherweise ist es eine gute Idee, die Sätze beim ersten Mal schriftlich bilden zu lassen oder zumindest an der Tafel festzuhalten, sodass die Schüler sich mit dem Prinzip vertraut machen können.

Beispielsätze:
➥ Caroline cautiously crossed Crosby's Crossing, careful not to crush crazy creeping crabs.
➥ Sara Sandra Smith saw Sam Stewart Swanson swimming silently while softly singing serenades.

Einsatzmöglichkeiten und Variationen

Jedes Wort beginnt mit dem nächsten Buchstaben des Alphabets

✎ **Sie brauchen:** ggf. Papier

Hier sollen Sätze gebildet werden, bei denen jedes Wort mit einem neuen Buchstaben beginnt, und zwar mit dem nächsten Buchstaben im Alphabet. Erlauben Sie den Schülern, Sätze zu Ende zu bringen und einen neuen anzufangen, der dann jedoch nicht wieder mit einem Wort mit A, sondern mit dem nächsten Buchstaben des Alphabets beginnt. Die Sätze müssen entweder in einem logischen Zusammenhang zueinander stehen oder können völlig unverbunden nebeneinanderstehen. Räumen Sie die Möglichkeit ein, Bindewörter einzufügen, die nicht in das Buchstabenschema passen. Lassen Sie die Übung mündlich oder schriftlich durchführen.

Beispielsatz:

➡ Ashley burns candles during Elliot's fantastic gathering housed in Josh King's luminous mansion.

Word associations

⇨ **Ziel** Wortschatzaktivierung mit dem Ziel, Assoziationen zwischen Wörtern herzustellen

✎ **Sie brauchen** Papier

Vorbereitungstipps und Durchführungshinweise

Zu Beginn des Spiels sagen Sie ein Wort. Der nächste Schüler im Kreis muss mit einem Wort antworten, das er mit ihrem in Verbindung bringt. Wenn diese Assoziation sinnvoll ist oder wenn der Schüler rasch auf Englisch erläutern kann, warum er meint, dass sein Wort in den Zusammenhang passt, darf er stehen bleiben, und der nächste ist dran. Wer keine Assoziation anbieten kann, scheidet aus und muss sich setzen. Sie können freie Assoziationen erlauben oder die Regel aufstellen, dass die Wörter einem bestimmten Wortfeld angehören müssen. Das Spiel ist zu Ende, wenn nur noch ein Schüler steht. Mit diesem letzten Schüler können Sie noch eine Weile „hin- und herassoziieren" – sofern Sie selbst noch im Rennen sind!

Dieses Spiel eignet sich auch für die Einzel-, Partner- oder Kleingruppenarbeit.

Beispiel-Wortfolge:
Schüler Nr. 1 sagt: *hat*
Schüler Nr. 2 sagt: *head*
Schüler Nr. 3 sagt: *hair*
Schüler Nr. 4 sagt: *razor*
Schüler Nr. 5 sagt: *shaving cream*
Schüler Nr. 6 sagt: *face*

Hinweise für den Download

Alle in diesem Buch mit [⬇ Download] markierten Vorlagen können Sie unter folgendem Link kostenlos downloaden: *www.verlagruhr.de/62275*

Die Dateinamen beinhalten die hier verwendete Abbildungsnummerierung, sodass Sie schnell die passende Datei zur gedruckten Version finden können.

Tabellarische Übersicht des Download-Angebots

	Bezeichnung der Word-Datei
Kapitel 1	Abb_1-01_Bewertungsraster_Selbsteinschaetzung_Beteiligung_am_Unterricht.doc Abb_1-02_Bewertungsraster_fuer_Aktivitaeten_in_englischer_Sprache.doc Abb_1-03_Beurteilungsbogen_der_Aktivitaeten_in_englischer_Sprache.doc Abb_1-04_Tagesuebersicht_ueber_Schuelerverhalten_im_Unterricht.doc
Kapitel 2	Abb_2-01_Vorlage_Leiterspiel.doc Abb_2-02_Bewertungsbogen_fuer_die_wichtigsten_muendlichen_Fragen.doc Abb_2-03_Datensammlung_zu_wichtigen_muendlichen_Fragen.doc Abb_2-04_Karte_mit_Anregungen_fuer_Kurzdialoge.doc Abb_2-05_Bewertungsraster_fuer_Kurzdialoge.doc Abb_2-06_Bewertung_von_Kurzdialogen_mit_Punktevergabe.doc Abb_2-07_Bewertung_von_Kurzdialogen_ohne_Punktevergabe.doc Abb_2-08_Vorlage_Rollenspielkarten.doc Abb_2-09_Bewertungsbogen_fuer_Dialoge_und_Rollenspiele.doc Abb_2-10_Uebersicht_ueber_den_Gebrauch_der_Zielsprache_Englisch.doc
Kaiptel 5	Abb_5-01_Vorlage_Dice_game.doc Abb_5-02_Vorlage_Incident_report_record.doc Abb_5-03_Vorlage_Hear-Say_activity.doc
Kapitel 6	Abb_6-01_Tabelle_Chart-swap_activity.doc Abb_6-02_Tabelle_Predictions.doc Abb_6-03_Tabelle_Student_investigation.doc Abb_6-04_Vorlage_Teacher_on_the_spot.doc Abb_6-05_Vorlage_Walk_around_activity.doc
Kapitel 7	Abb_7-01_Vorlage_Battleship.doc Abb_7-02_Vorlage_Bingo.doc Abb_7-03_Vorlage_Casino.doc Abb_7-04_Vorlage_Connect_four.doc Abb_7-05_Vorlage_Scrabble.doc Abb_7-06_Vorlage_Vocabulary_puzzle.doc

Quellenangaben[*]

Bücher

Blaz, Debora (2001):
A collection of performance tasks and rubrics: Foreign languages
Larchmont, NY: Eye On Education.

Blaz, Debora (1999):
Foreign language teacher's guide to active learning
Larchmont, NY: Eye On Education.

Bowman, Sharon (2003):
How to give it so they get it:
A flight plan for teaching anyone anything and making it stick
Glenbrook, NY: Bowperson Publishing.

Fenton, Sue (2003):
Power talk: Strategies and activities for speaking:
100s of ideas and cues
Newington, CT: Madame Fifi Publications.

Fenton, Sue (2004):
You played a song. Now what?
A survival guide for using songs in the classroom
Newington, CT: Madame Fifi Productions.

Meier, Dave (2000):
The accelerated learning handbook: A creative guide to designing
and delivering faster, more effective training programs
NY: McGraw Hill.

Ojeda, Diego F. (2007):
Enhancing Spanish language instruction: Practical activities
to strengthen your student's proficiency in Spanish
Medina, WA: Institute for Educational Development.

---

[*] Alle hier angegebenen Literatur- und Internetverweise wurden unverändert
aus dem englischen Original übernommen, da es sich um Quellenangaben handelt.
Hilfreiche Literatur für den deutschen Markt finden Sie unten unter „Literaturtipps".

Quellenangaben

Silberman, Mel (1996):
Active learning: 101 strategies to teach any subject
Boston: Allyn and Bacon.

Fachvorträge

Gutschow, Erin and Wagner, Gina (2006, November):
A potpourri of possibilities ... The mommy edition
Paper presented at the World in Wisconsin, Wisconsin in the World:
Proceedings of the Wisconsin Association of Foreign Languages,
Appleton.

Internetquellen

National Capital Language Resource Center:
www.nclrc.org/essentials/index.htm

Richtlinien für Spracherwerb des American Council on the Teaching
of Foreign Languages:
www.actfl.org

Developing Speaking and Writing Tasks, Minnesota Language
Proficiency Assessments, in
www.carla.umn.edu/assessment/MLPA/pdfs/miniguide.pdf (S. 17)

Center for Advanced Research on Language Acquisition
Assessment Resources:
www.carla.umn.edu/assessment/VAC/resources/index.html

Prüfungsvorgaben der Schulen in Arlington County:
www.cal.org/twi/rubrics/oral1–5.pdf

Prüfungsvorgaben der Schulen in Fairfax County:
www.fcps.k12.va.us/DIS/OHSICS/forlang/PALS/rubrics/index.htm

Quellenangaben

New Jersey World Languages Curriculum Framework (Lehrplan):
www.state.nj.us/njded/frameworks/worldlanguages/appendb.pdf#
search=%22PALS%20assessments%20%2Bspanish%22

Webseite der Ultimate Camp Resource:
www.ultimatecampresource.com

Wisconsin's Model Academic Standards for Foreign Languages:
http://dpi.state.wi.us/standards/pdf/fl.pdf

English as a Second Language Games:
www.eslkidstuff.com/gamesmenu.htm

Literaturtipps

Fink, Christine:
55 Five-minute-Games
Sprachspiele für den Englischunterricht
Verlag an der Ruhr, 2011.
ISBN: 978-3-8346-0909-0

Häffner, Christian:
Don't be shy – just try!
Dialogue cards for active English lessons
Verlag an der Ruhr, 2012.
ISBN: 978-3-8346-0980-9

Piel, Alexandra:
Sprache(n) lernen mit Methode
170 Sprachspiele für den Deutsch- und Fremdsprachenunterricht
Verlag an der Ruhr, 2002.
ISBN: 978-3-86072-740-9

Zander, Gisela:
Was ist LRS-Förderung im Englischunterricht?
Verlag an der Ruhr, 2002.
ISBN: 978-3-86072-747-8

Zander, Gisela:
Besser Englisch lernen trotz Lese-Rechtschreib-Schwäche
Arbeitsblätter, Materialien und Tipps
Verlag an der Ruhr, 2002.
ISBN: 978-3-86072-748-5

Verlag an der Ruhr

Postfach 10 22 51
45422 Mülheim an der Ruhr

Telefon 030/89 785 235
Fax 030/89 785 578

bestellungen@cornelsen-schulverlage.de
www.verlagruhr.de

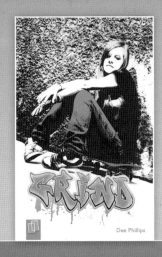

■ **Grind**
Dee Phillips
12 J., 48 S., 12 x 19 cm, Paperback,
vierfarbig
ISBN 978-3-8346-0976-2

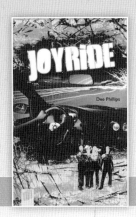

■ **Joyride**
Dee Phillips
12 J., 48 S., 12 x 19 cm, Paperback,
vierfarbig
ISBN 978-3-8346-0978-6

■ **„Grind" –**
Unterrichtsmaterialien
Verena Burbach
Kl. 6, 80 S., Download mit
Unterrichtsreihe, Arbeitsblättern,
Karteikarten, MP3
ISBN 978-3-8346-0977-9

■ **„Joyride" –**
Unterrichtsmaterialien
Verena Burbach
Kl. 6, 60 S., Download mit
Unterrichtsreihe, Arbeitsblättern,
Karteikarten, MP3
ISBN 978-3-8346-0979-3

English For Everyone